Städtebau-Debatten in der DDR Verborgene Reformdiskurse

Edition Gegenstand und Raum

Herausgegeben von Thomas Flierl

Christoph Bernhardt | Thomas Flierl |
Max Welch Guerra (Hg.)

Städtebau-Debatten in der DDR

Verborgene Reformdiskurse

Theater der Zeit

Inhalt

Demokratisierung der Stadtentwicklung

Schon jenseits von Postmoderne und Historismus: ein Wohn- und Geschäftshaus in der Berliner Friedrichstraße (1985, Architekt: Peter Meyer)

Einleitung

Thomas Flierl

In neuem Licht
Architektur und Städtebau in der DDR[1]

Derzeit erfahren DDR-Architektur und -Städtebau eine bemerkenswerte Neueinschätzung. Nicht nur, dass viele Bauten und städtebauliche Ensembles der Ostmoderne mit dem wachsenden zeitlichen Abstand seit dem Ende der DDR 1990 eine positivere baukulturelle Bewertung erleben, auch die Forschung zur Geschichte des DDR-Städtebaus fördert neue Erkenntnisse zutage. So zeigt sich, dass die seit dem Ende der DDR geführte Auseinandersetzung mit und um Architektur und Städtebau in der DDR mittlerweile selbst schon eine Geschichte hat.

1990, im Jahr der Vereinigung beider deutscher Staaten, provozierte die Fachzeitschrift *Arch⁺* mit der These von der DDR-Architektur als einer „Architektur ohne Architekten".[2] Das zielte auf das industrialisierte Bauen in der DDR seit den sechziger Jahren und auf die Übermacht der Bauindustrie ab: Beides habe die Architekten überflüssig gemacht. Mit der Rede vom „Arbeiterschließfach"[3] und der „Platte" schien damals alles über den industrialisierten Wohnungsbau der DDR gesagt. Architektur und Städtebau stellten sich wegen der zentralistischen Strukturen der Politik und des unbegrenzten staatlichen Zugriffs auf Grund und Boden, wegen der Übermacht einer unflexiblen Bauindustrie und des sozial egalitären Ansatzes als die ästhetische Inkarnation einer abstrakten Moderne dar, für deren westliche Variante Heinrich Klotz den Begriff des „Bauwirtschaftsfunktionalismus"[4] fand. Die Koinzidenz ist kein Zufall: Westlicher Wohlfahrtsstaat und östlicher Staatssozialismus gingen historisch gesehen Ende der achtziger Jahre zeitgleich zu Ende. Die westlichen Protagonisten der Postmoderne (zumeist ehemalige überzeugte Modernisten) zogen daraus ihre politischen und ästhetischen Schlüsse. Den mit dem Neuen Bauen bzw. dem nachkriegsmodernen Massenwohnungsbau verbundenen Gewinn an Lebensqualität für breite Bevölkerungsschichten übersahen sie dabei. Paradoxerweise entdeckten sie im Namen einer „Kontinuität der europäischen Stadt", welche die Moderne durchbrochen habe, nun DDR-Architektur und -Städtebau der frühen fünfziger Jahre für sich, einer Zeit, in der die DDR mit ihrer Baupolitik der „nationalen Traditionen" historische Kontinuität behauptet und sich vom „Kosmopolitismus" der westlichen Moderne abzugrenzen versucht hatte. In völliger Umkehrung der politischen und ästhetischen Konfrontation der fünfziger Jahre gewann zum Beispiel die „alte" Karl-Marx-Allee in Ost-Berlin – die frühere Stalinallee galt ihren Erbauern als „die erste sozialistische Straße Deutschlands" – eine enorme baukulturelle Anerkennung als „europäischer Boulevard",[5] eine Anerkennung, die wenig später in eine gelungene denkmalgerechte Sanierung mündete.

Das Hansaviertel, Mitte der fünfziger Jahre als Antwort des „freien Westens" auf die Stalinallee im Stil der Internationalen Moderne in West-Berlin errichtet, und die wiederum als östliche Antwort auf das Hansaviertel zu verstehende „neue" Karl-Marx-Allee, das heißt der seit 1959 errichtete zweite Bauabschnitt der Ost-Berliner Stalinallee (1961 umbenannt), mussten sich dagegen nach 1990 noch lange Zeit gegen den antimodernen Zeitgeist behaupten. Mittlerweile sind auch sie weitgehend denkmalgerecht saniert.

Jüngere Bauforscher aus dem Osten entwickelten den Begriff der „Ostmoderne",[6] um zu markieren, dass es in Ostdeutschland unmittelbar nach dem Krieg ein Anknüpfen an die Vorkriegsmoderne (Neues Bauen, Bauhaus) gab, das jedoch von der Orientierung an den „nationalen Traditionen" abgelöst und erst mit der umfassenden Industrialisierung des Bauwesens erneut aufgegriffen wurde. Aber nicht nur der Rekurs auf das gemeinsame vorkriegsmoderne Erbe war in Ost und West nach der NS-Zeit zunächst gleichermaßen zu verzeichnen, auch die spätere Kritik am sozialen Wohnungsbau und am entfesselten Städtebau der siebziger und achtziger Jahre ähnelte sich in Ost und West. Die behutsame Stadterneuerung West und die politische Orientierung auf das Bauen in den Innenstädten bei gleichzeitiger beginnender interner Fachkritik und der Bürgerbewegung im Osten können aus dem historischen Abstand als eine Konvergenz in den gesellschaftlichen Problemlagen gedeutet werden.

Doch zur deutschen Einigung nach 1990 gehörte, dass die Debatten über Architektur und Städtebau der DDR jahrelang konfrontativ verliefen, dass politische Hegemonie regelmäßig auch durch Entscheidungen über den Abriss von Gebäuden und städtebaulichen Ensembles hergestellt wurde. In diesem Zusammenhang sei nicht nur an den Abriss des Palastes der Republik erinnert, sondern

ebenso an die Debatten in Leipzig, die dem Abbruch des modernen städtebaulichen Ensembles am Brühl den Weg ebneten, oder diejenigen in Dresden über
den Umgang mit der Prager Straße.

Neben Auseinandersetzungen über symbolische Bauwerke, wie den Palast
der Republik, der für den Nachbau des Berliner Schlosses als „Humboldt-Forum"
beseitigt wurde, war die städtebauliche Kontroverse in Berlin besonders heftig.
Fast fünfzehn Jahre währte die Diskussion über das „Planwerk Innenstadt Berlin", das insbesondere den DDR-Städtebau aus dem Stadtgrundriss Ost-Berlins
zu tilgen versuchte und die Zukunft im unkritischen Rückbau auf die vormoderne Stadtfigur propagierte. Während die Diskussion über den Wohnkomplex
an der Karl-Marx-Allee zwischen Alexanderplatz und Strausberger Platz mittlerweile im Sinne einer bestandsorientierten Weiterentwicklung als entschieden betrachtet werden kann, konzentriert sich die Berliner Debatte nun auf den
Stadtinnenbereich zwischen der Spreeinsel und dem Alexanderplatz. Auch hier
lauten die Fragen: Soll die Zukunft im Rückbau vor die Zeit der DDR oder im
Weiterbau nach der DDR bestehen? Kann der großzügig offene Stadtinnenraum
als ein funktionell und gestalterisch zeitgemäß zu qualifizierendes Angebot für
eine öffentliche Nutzung („Rathausforum") begriffen werden, oder muss die ver-
meintliche „Leere" durch die übliche Mischung aus Büros, Kaufen und exklu-
sivem Shopping gefüllt werden? Wie schon am Dresdner Neumarkt zu besichtigen, können vormoderne Leitbilder der Stadtentwicklung zwar die Grundstücke
für eine bauliche Entwicklung „erschließen", sind aber dann oft planrechtlich
ohnmächtig gegenüber einer exorbitanten baulichen Auslastung, die alle historische Fassadierung sprengt und absurde ästhetische Hybride entstehen lässt.
Wer über die Frauenkirche redet, darf heute über den Neumarkt nicht schweigen.

Dass auch andere Entwicklungen möglich sind, lässt sich wiederum in Berlin
beobachten. Was kann den Wandel des Zeitgeistes in den letzten zwanzig Jahren – von der politischen und ästhetischen Konfrontation zwischen Ost und
West, zwischen Historismus und Modernismus – besser bezeugen als die Tatsache, dass nun zwei zivilgesellschaftliche Initiativen, der Hansaviertel e. V. und die
Hermann-Henselmann-Stiftung, gemeinsam diese beiden städtebaulichen Ensembles – die Karl-Marx-Allee (mit der frühen nachkriegsmodernen „Wohnzelle
Friedrichshain", der historistischen alten „Stalinallee" sowie dem die zweite
Ankunft der DDR in der Moderne bezeugenden Abschnitt der Karl-Marx-Allee
zwischen Alexanderplatz und Strausberger Platz) und das Hansaviertel – zur Aufnahme in die deutsche Tentativliste für das UNESCO-Weltkulturerbe vorschla-
gen? Wie in keiner anderen Stadt kann man in Berlin die Konfrontation und in

der Konfrontation auch den Dialog von Architektur und Städtebau in einer ehemals politisch geteilten Welt beobachten.

Die Karl-Marx-Allee und das Hansaviertel sind zeitgeschichtlich und baukulturell aufeinander bezogen, sie bilden die koevolutionäre Struktur einer (wenn auch damals politisch geteilten) europäischen Moderne, die inzwischen selbst historisch geworden ist. Erst im Zusammenhang erschließt sich ihr ganzer historischer und ästhetischer Bedeutungsgehalt. Diese „Doppelhelix" der Berliner Stadtentwicklung zwischen Ost und West bzw. zwischen Modernismus und Historismus, charakteristisch zeitversetzt, die Positionen wechselnd und dennoch Analogien offenbarend, muss als Herausforderung für die planungsgeschichtliche und baukulturelle Forschung begriffen werden, die Koexistenz und Koentwicklung zweier Gesellschaften sowohl mit ihren internen wie im Hinblick auf ihre aufeinander bezogenen Widersprüche zu begreifen.[7]

Heute besteht die Chance, das in der politischen Konfrontation von Ost und West und in der ästhetischen Konfrontation von Historismus und Moderne entstandene Erbe in seinen geschichtlichen, kulturellen und vielfach verborgenen planungsgeschichtlichen Zusammenhängen zu verstehen und so als gemeinsames Erbe in *einer* Stadt zu begreifen und zu präsentieren.

Drei Diskursebenen heutiger Debatten

Ist damit ein Ende der Debatte erreicht? Mitnichten! In den heutigen Debatten über den Städtebau der DDR überlagern sich noch immer mindestens drei Diskurse:

1. Der Diskurs der Stadtentwicklungspolitik: Auf der praktischen Ebene des Umgangs mit dem baulichen Erbe des DDR-Städtebaus stehen Politik, Denkmalpflege und Zivilgesellschaft immer wieder in der Diskussion über Erhaltung, Umbau oder Abriss. Während der „Rückbau" von Wohnsiedlungen am Rande ostdeutscher Städte angesichts der Folgen des ökonomischen und demografischen Strukturwandels und im Rahmen des Bund-Länder-Programms „Stadtumbau Ost" weitgehend einvernehmlich und bei Vorhandensein begründeter Stadtentwicklungskonzepte auch relativ geordnet bewältigt wird, spitzten sich die Debatten über den bauhistorischen Wert und die Zukunftsfähigkeit einzelner Gebäude oder Ensembles in den Innenstädten immer dann zu handfesten stadtpolitischen Konflikten zu, wenn der DDR-Bestand nicht im Hinblick auf seine Eignung für eine bessere Zukunft ernsthaft geprüft, sondern lediglich als Hindernis für eine wiederherzustellende Vergangenheit betrachtet wurde. Die Fachdebatte über die „Kontinuität der europäischen Stadt" versus die Diskontinuitäten nachkriegsmo-

derner (autogerechter) Stadtplanung und über die Grenzen historisierender Rekonstruktion transformierte sich dann regelmäßig in das Verdikt gegen den DDR-Städtebau und wurde ideologisch aufgeladen, indem die Kritik an der (weltweiten) Moderne mit den Argumenten der Kritik am politischen Herrschaftssystem der DDR geführt wurde. Architektur und Städtebau der DDR können so nicht differenziert bewertet werden.

Dieser Diskurs zielt auf eine Allianz mit der Macht, er zielt auf politische Hegemonie, auf symbolische Überwindung eines ungeliebten Erbes. Seine Reichweite ist dennoch begrenzt, denn mit der tatsächlichen Restrukturierung der Innenstädte verliert er seinen vornehmlichen Gegenstand. Und oftmals erweisen sich die getroffenen Entscheidungen zum Abriss bzw. Wiederaufbau einzelner Gebäude in ihren stadt- und infrastrukturellen Auswirkungen als nicht zu Ende gedacht, drohen sie städtebauliche Fragmente, das heißt Missstände, hervorzubringen, die zukünftig selbst Zeugnis geben werden von einer brüchigen Übergangszeit. Eine nachhaltige Stadtentwicklungspolitik benötigt einen entideologisierten Begriff vom städtebaulichen Erbe der DDR.

2. Der Diskurs der Zeitzeugen: Er besteht im Gedankenaustausch mit den seinerzeit Verantwortlichen und Beteiligten im DDR-Bauwesen, das heißt mit jenen Architekten und Stadtplanern, die heute noch als Zeitzeugen auftreten können. Dieser öffentliche Diskurs ist immer noch wesentlich davon geprägt, dass die Architektur und Stadtplanung der DDR und deren Protagonisten nach 1989 eine starke Entwertung in der Öffentlichkeit erfuhren – mit der Folge, dass „Binnenperspektiven", differenzierte Wertungen und seinerzeit widerständige Positionen in der öffentlichen Debatte wenig Gehör fanden. Zeitzeugenschaft und kritische Zeitgeschichtsschreibung stehen notwendig in einem Spannungsfeld. Indem Zeitzeugen lange Zeit nicht oder nur selektiv am offiziellen Diskurs beteiligt wurden, wurden sie oftmals nachträglich als homogenes Kollektiv identifiziert (in der Betrachtung von außen, aber mitunter auch in der Selbstwahrnehmung), das sie aber realiter nicht waren. Nur im kritischen Dialog mit der gegenwärtigen Stadtentwicklungs- und Architekturpolitik sowie in Konfrontation mit den Ergebnissen der Planungsgeschichte können Zeitzeugen als Partner agieren, das heißt auch sich selbst kritisch befragen und dadurch sich und anderen neue Auskünfte geben. Am Leibniz-Institut für Regionalentwicklung und Strukturplanung (IRS) in Erkner werden seit vielen Jahren derartige Begegnungen von Zeitzeugen und Historikern verschiedener Disziplinen in der Konferenzreihe „Werkstattgespräche zur DDR-Planungsgeschichte" gezielt organisiert. Im Sinne einer kritischen Historisierung entsteht aus der Konfrontation von persönlichen Erinnerungen und fachwissenschaftlichen Erkenntnissen ein differenziertes Bild dieser

Epoche des Städtebaus.[8] Die Einbettung in internationale Entwicklungen zeigt die DDR-Planungsgeschichte zudem zunehmend deutlicher als einen von vielen Entwicklungswegen in Europa.

3. Der historiografische Diskurs: Schließlich etablierte sich bereits in den neunziger Jahren eine historiografische Forschung, um systematische Untersuchungen zu den Strukturen und Projekten des Bauens und Planens im DDR-Sozialismus anzustellen. Sie hat in letzter Zeit an Intensität gewonnen und gelangte zu einer zunehmend differenzierteren Bewertung der Schwächen und Stärken dieser Epoche.[9] Der Paradigmenwechsel von der frühen Nachkriegsmoderne zum „Bauen in der nationalen Tradition" Anfang der fünfziger Jahre, der Übergang zur Industrialisierung des Bauwesens seit Ende der fünfziger und dann zum Wohnungsbauprogramm der siebziger und achtziger Jahre sind bislang vor allem als Realisierung zentraler Vorgaben der Politik beschrieben worden. Nun beginnt die planungshistorische Forschung stärker die institutionellen Vermittlungen des DDR-Bauwesens, die Handlungsmöglichkeiten und -grenzen seiner Akteure und deren tatsächliche Positionen zu untersuchen. Dies ist nur möglich, wenn auch die bislang verborgenen Formen kritischer Fachöffentlichkeit in der DDR aufgedeckt werden.

Nur in der Verknüpfung dieser drei Diskurse (Politik/Fachöffentlichkeit, Zeitzeugen, Forschung) und im Dialog ihrer Akteure sind neue Erkenntnisse über Architektur und Städtebau der DDR zu erlangen.

Der Eintritt einer neuen Generation in die Debatte

Die nachkriegsmoderne Architektur in Ost und West und damit auch Architektur und Städtebau in der DDR haben seit einigen Jahren deutlich an Akzeptanz gewonnen. Nun kümmert sich nicht mehr nur die Fachdenkmalpflege, die traditionell den Denkmalwert von Einzelobjekten und städtebaulichen Ensembles aus der DDR bestimmt und sich in der fachlichen Auseinandersetzung mit Eigentümern, Politikern und der breiten Öffentlichkeit für deren Erhalt und sachgerechte Pflege bzw. Erneuerung engagiert. Schwächer geworden ist in jüngster Zeit auch die Kopplung alltagskultureller Erinnerungen und ostdeutscher politischer Repräsentanz in diesen Diskursen, die sich in den Debatten der neunziger Jahre überaus deutlich zeigte.

Vor allem ermöglicht eine neue Generation, die in den kulturellen und wissenschaftlichen Diskurs eingetreten ist, die veränderte Wahrnehmung, Interpretation und Bewertung von Architektur und Städtebau in der DDR. Diese Generation wurde nicht mehr in der politischen und ästhetischen Konfrontation

Ost–West bzw. Historismus–Modernismus sozialisiert. Für sie sind Architektur und Städtebau der sechziger bis achtziger Jahre selbst historisch, Material wie andere Gestaltungsbereiche dieser Zeit (Musik, Mode, Design, Literatur, Medien), um sich aus dem Abstand von anderthalb Generationen selbst kulturell zu definieren. Ermutigend ist auch, dass nun im internationalen Vergleich neue Perspektiven auf Architektur und Städtebau im Ostblock gewonnen werden. So beschäftigten sich die beiden Symposien „Denkmal Ost-Moderne. Aneignung und Erhaltung des baulichen Erbes der Nachkriegsmoderne" (Bauhaus-Universität Weimar, Januar 2011) und „Unbequeme Baudenkmale des Sozialismus. Wandel der gesellschaftlichen Akzeptanz im mittel- und osteuropäischen Vergleich" (Deutsches Historisches Museum, März 2012) von vornherein mit mehreren früheren sozialistischen Ländern, so dass ein Bewusstsein von Gemeinsamkeiten und Unterschieden dieser Architekturen sowie ihrer zeitgeschichtlichen und anhaltenden ästhetischen Bedeutung entsteht. Interessant ist auch, dass beide Konferenzen wesentlich von Nachwuchswissenschaftlerinnen und -wissenschaftlern bzw. Studierenden getragen wurden. Nicht unwesentlichen Anteil an der Konzeptualisierung dieses Erbes hatten die vielen Fotobücher[10] zu diesem Sujet, die geradezu als ein „Zeugenschutzprogramm für Ostmoderne"[11] ihre Wirkung entfalten, dabei jedoch zumeist auf unmittelbare visuelle Faszination setzen. Anders in der Ausstellung der Neuen Gesellschaft für Bildende Kunst „Raumschiff Jugoslawien – Die Aufhebung der Zeit" (September – Oktober 2011 in Berlin), die mit künstlerischen Projekten und theoretischen Standpunkten den Umgang mit der (post-)jugoslawischen Geschichte thematisierte. Architektur und Städtebau waren dabei ein wesentlicher Gegenstand der Reflexion. Die Ausstellung versuchte „kritische Sichtweisen auf die multiplen Politiken der ehemals jugoslawischen Nationalstaaten in der so genannten Transition zum Kapitalismus zu stärken und zu etablieren". Sie fragte „danach, auf welche Weise heute die sozialistische Vergangenheit konstruktiv reflektiert werden kann – eine Vergangenheit, die der jüngeren Generation zumeist nur durch den Filter einer ideologisch motivierten, öffentlichen Ablehnung zugänglich war und ist. Inwiefern eine von Revisionismus und Nostalgie Abstand haltende Anerkennung der Vergangenheit zur Konzeption zukünftiger gesellschaftlicher Veränderungsprozesse beitragen kann, ist eine Frage, die sich nicht in der Auseinandersetzung mit Geschichtsbildern in Exjugoslawien erschöpft. Auch in Berlin scheint es durchaus angebracht, diese Frage im Hinblick auf die Narrative des deutschen Wende- und Einheitsdiskurses zu stellen."[12] Das Misstrauen gegen alte und neue normative Erzählungen bei gleichzeitiger genauer Recherche und ernsthafter ästhetischer Auseinandersetzung ist ein wesentliches Motiv des neuen Zugangs.

Bauhaus-Universität Weimar: die eigene Geschichte als Ressource

In diesem hier grob skizzierten Kontext fand die 1996 reorganisierte und nun so programmatisch benannte Bauhaus-Universität Weimar in den letzten Jahren einen eigenen Zugang zur Geschichte von Architektur und Städtebau in der DDR: durch die Erforschung und Konzeptualisierung der eigenen Vorgeschichte als Hochschule für Architektur und Bauwesen (HAB) in der DDR.

Der maßgeblich von Max Welch Guerra[13] entwickelte methodische Zugriff erschließt die Städtebaugeschichte der DDR durch eine Analyse der Lehre, der Forschung und der Debatten an der Hochschule für Architektur und Bauwesen Weimar, der einzigen universitären Ausbildungsstätte für Planer und einer der drei Ausbildungsstätten für Architekten in der DDR. Dies gibt einen neuen Blick auf den Wandel und die Entwicklung der Stadtentwicklungspolitik frei. In der Erforschung der Geschichte des Studiengangs bzw. der Sektion (Fakultät) Gebietsplanung und Städtebau an der HAB Weimar lassen sich exemplarisch die Paradigmenwechsel der Städtebaukonzepte der DDR studieren. Zugleich werden die Vermittlungen (Konflikte, Kompromisse, Brüche) zwischen den zentralen baupolitischen Vorgaben und der Entwicklung der wissenschaftlichen Fachdisziplin Stadtplanung deutlich, und auch die Optionen und Konzepte der einzelnen Akteure lassen sich genauer erkennen. Fachwissenschaftlicher „Eigensinn" und institutionelle Einbindung in die Strukturen des Hochschul- und des Bauwesens der DDR stellen keine unvermittelten Gegensätze dar, sondern können in gewisser Weise als Bedingungen einer sinnvollen Kopplung von Teilsystemen im Rahmen der Reproduktion und Entwicklung komplexer gesellschaftlicher Strukturen gedeutet werden.

Die Forschung zur HAB Weimar nahm bislang insbesondere die Gründungsgeschichte unter ihrem ersten Rektor Hermann Henselmann (siehe den Aufsatz von Norbert Korrek in diesem Band, S. 19 – 41) sowie das Entstehen einer fachpolitischen Reformplattform in den achtziger Jahren in den Blick (siehe den Aufsatz von Max Welch Guerra in diesem Band, S. 42 – 69). Am Ende der DDR bildete sich von Weimar aus ein fachpolitischer Reformflügel, der eine Zukunft jenseits des herrschenden Wachstumsmodells skizzierte. Da er sich nicht als politische Reformbewegung etablieren konnte, später kein Bündnis mit der Bürgerbewegung zustande kam und mit dem Ende der DDR alle diese Programme ihre Grundlage verloren, blieb diese Position lange unsichtbar.

Der neue produktive Weimarer Blick bricht damit mit dem vorherrschenden Modell der DDR-Geschichtsschreibung, das vor allem die diktatorischen Herrschaftsstrukturen des Regimes und den mehr oder weniger „durchherrschten" Alltag der Menschen kennt und gerade nicht nach den Vermittlungen der Teilsysteme und nach deren jeweiligen Sinnhorizonten fragt.[14] Es bleibt die Aufgabe aller DDR-Forschung, nicht das Zusammenbrechen der DDR, sondern deren vierzigjährige Existenz und Entwicklung als konkrete Gesellschaft und das „Wunder" ihres friedlichen, demokratischen Aufbruchs, das zugleich ihr Ende bedeutete, zu erklären. Auch die Städtebaugeschichtsschreibung benötigt eine gesellschaftstheoretisch und kulturgeschichtlich begründete Periodisierung der fast vierzigjährigen Geschichte von Architektur und Städtebau in der DDR und deren Einordnung in internationale Trends.

Erst wenn die DDR als staatssozialistische Variante nachkriegsmoderner (fordistischer) Gesellschaftsentwicklung begriffen wird, als ein relativ selbständiger gesellschaftlicher Entwicklungsraum, können die städtebaulichen und architektonischen Leitbilder, die bauwirtschaftlichen Grundlagen und deren praktische Anwendung im großen Maßstab, die institutionellen Vermittlungen, die fachwissenschaftliche Reflexion und das Selbstverständnis der Stadtplaner und Architekten – im Rahmen einer sich ökonomisch, sozial und kulturell wandelnden Gesellschaft – auch als *historische* Phänomene erforscht werden. Eine so angestrebte Historisierung ist dann übrigens nicht als Relativierung oder Verharmlosung der DDR misszuverstehen, kann doch das Scheitern des „Realsozialismus" vielmehr genauer begriffen werden und zugleich Impulse für ein koevolutionäres Verständnis moderner Gesellschaftsgeschichte im 20. Jahrhundert liefern. Obgleich in der DDR viele Ökonomen und Philosophen den Übergang zur „intensiv erweiterten Reproduktion" und damit in der Tendenz ein heute als „nachhaltig" bezeichnetes gesellschaftliches Entwicklungsmodell vorausdachten und forderten, scheiterte die DDR gerade daran – nicht aus intellektuellem, sondern aus politischem Unvermögen. Heute steht dieser Übergang zu einem – sozial und ökologisch – nachhaltigen Entwicklungsmodell, noch dazu im globalen Maßstab, immer noch an. Ob er gelingt, ist offen. Am vorangegangenen Scheitern wird man vielleicht die vertanen Chancen zur Erkundung und Etablierung eines neuen Entwicklungswegs, das heißt der fehlenden Kopplung von Geist und Macht, besser verstehen. Die Analyse der verborgenen, also der politisch nicht umgesetzten, folgenlosen Reformdiskurse in der DDR-Städtebaudebatte gehört dazu.

Dazu möchte dieser Band einen Beitrag leisten. Er enthält Aufsätze von Architekten, Stadtplanern und Bauhistorikern und basiert auf dem 7. Hermann-Henselmann-Kolloquium, das am 8. April 2011 an der Bauhaus-Universität in Weimar unter dem Titel „Stadt(planungs)geschichte als Gesellschaftsgeschichte. Der verborgene Reformdiskurs in der Städtebaudebatte der DDR" von der Hermann-Henselmann-Stiftung in Zusammenarbeit mit dem Leibniz-Institut für Regionalentwicklung und Strukturplanung in Erkner und dem Institut für europäische Urbanistik der Bauhaus-Universität veranstaltet wurde.[15] Der besondere Dank der Herausgeber gilt der Rosa-Luxemburg-Stiftung, die das Kolloquium und diesen Band finanzierte. Ohne die engagierten Beiträge des Teams zur Vorbereitung des Kolloquiums in Weimar um Max Welch Guerra und die umsichtige Arbeit der Redakteurin Caroline Kauert von der Bauhaus-Universität Weimar sowie der Lektorin Jana Fröbel und der Gestalterin Kerstin Bigalke wäre dieser Band nicht zustande gekommen. Ihnen sowie dem Verlag Theater der Zeit gilt herzlicher Dank für die gute Zusammenarbeit.

1 Der Autor dankt den Mitherausgebern Christoph Bernhardt und Max Welch Guerra für einige Textpassagen und wertvolle Hinweise.

2 *Arch+* Nr. 103, (1990), H. 4.

3 Drastischer bei Heiner Müller: „Fickzelle mit Fernheizung", vgl. ders., *Germania 3. Gespenster am toten Mann*, Henschel Schauspiel, Berlin 1996 (http://www.henschel-schauspiel.de/media/media/theater/TI-1357_LP.pdf, S. 3, letzter Zugriff 22.5.2012).

4 Heinrich Klotz, *Moderne und Postmoderne. Architektur der Gegenwart 1960 – 80*, Braunschweig, Wiesbaden 1987, S. 34.

5 „Die Karl-Marx-Allee ist der einzige Boulevard, der nach dem Zweiten Weltkrieg in Europa entstand, zugleich auch die wichtigste städtebauliche Leistung Deutschlands in dieser Zeit." Helmut Engel, Wolfgang Ribbe, „Vorwort", in: dies. (Hg.), *Karl-Marx-Allee. Magistrale in Berlin*, Berlin 1996, S. 9.

6 Vgl. Andreas Butter, Ulrich Hartung, *Ostmoderne. Architektur in Berlin 1945 – 1965*, Berlin 2005, sowie Andreas Butter, *Neues Leben, neues Bauen. Die Moderne in der Architektur der SBZ/DDR 1945 – 1951*, Berlin 2006.

7 Mittlerweile wurde der vom Autor erarbeitete Antrag zur gemeinsamen Aufnahme von Karl-Marx-Allee und Hansaviertel/Interbau 1957 in die deutsche Tentativliste für das Weltkulturerbe vom Berliner Senat aufgegriffen.

8 Vgl. die aus den Forschungen bzw. Konferenzen in Erkner hervorgegangenen Publikationen: Christoph Bernhardt, Heinz Reif (Hg.), *Sozialistische Städte zwischen Herrschaft und Selbstbehauptung. Kommunalpolitik, Stadtplanung und Alltag in der DDR*, Stuttgart 2009; Frank Betker, Carsten Benke, Christoph Bernhardt (Hg.), *Paradigmenwechsel und Kontinuitätslinien im DDR-Städtebau. Neue Forschungen zur ostdeutschen Architektur- und Planungsgeschichte*, Erkner 2010; Christoph

Bernhardt, „Die Peripherie als Seismograph. Einblicke in neuere Forschungsergebnisse zur DDR-Stadt(planungs)geschichte", in: *Deutschland Archiv*, 42 (2009), H. 2, S. 256–260.

9 Vgl. Werner Durth, Jörn Düwel, Niels Gutschow, *Architektur und Städtebau der DDR*, Bd. 1 „Ostkreuz. Personen, Pläne, Perspektiven", Bd. 2 „Aufbau. Städte, Themen, Dokumente", Frankfurt am Main/New York 1998; Thomas Topfstedt, „Wohnen und Städtebau in der DDR", in: *Geschichte des Wohnens*, Bd. 5, hg. von Ingeborg Flagge, Stuttgart 1999, S. 419–562; Christoph Bernhardt, Heinz Reif (Hg.), *Sozialistische Städte zwischen Herrschaft und Selbstbehauptung. Kommunalpolitik, Stadtplanung und Alltag in der DDR*, Stuttgart 2009.

10 Vgl. Benjamin Konrad, Maik Novotny, Herta Hurnaus, *Eastmodern: Architecture and Design of the 1960s and 1970s in Slovakia*, Wien, New York 2007; Inka Schube (Hg.), *Roman Bezjak: Socialist Modernism – Archäologie einer Zeit*, Ostfildern 2011; Jan Kempenaers, *Spomenik: The End of History*, Amsterdam 2010; Frédéric Chaubin, *CCCP – Cosmic Communist Constructions Photographed*, Köln 2011; Armin Linke, Srdjan Jovanovic Weiss, *Socialist Architecture: The Vanishing Act*, Zürich 2012.

11 Vgl. http://www.baunetz.de/meldungen/Meldungen-Buecher_im_BauNetz_1676087.html (letzter Zugriff 22.5.2012).

12 Vgl. http://ngbk.de/development/index.php?option=com_content&view=article&id=202&lang=de (letzter Zugriff 22.5.2012).

13 Vgl. Max Welch Guerra, „Städtebau als Triebkraft. Ein fachpolitischer Reformflügel in der späten DDR", in: *Deutschland Archiv*, 42 (2009), H. 2, S. 267–275.

14 Vgl. die Kritik der Expertenkommission zur Schaffung eines Geschichtsverbundes „Aufarbeitung der SED-Diktatur" (Bericht vom 15. Mai 2006, S. 15, Leitung Martin Sabrow, www.stiftung-aufarbeitung.de/downloads/pdf/sabrow-bericht.pdf): „Eine historische Aufarbeitung, die die Interaktion von Herrschaft und Gesellschaft übergeht und die entstehenden und erodierenden Bindungskräfte der DDR in ihren jeweiligen Entwicklungstadien (und damit den lebensweltlichen Rang und Identifikationswert des Alltags) ignorierte, wäre verfehlt und nach Überzeugung der Kommission unvollständig." In einer eigenen Stellungnahme präzisierte Marin Sabrow 2007: „Den Entwurf [der Bundesregierung zum Gedenkstättenkonzept] kennzeichnet des Weiteren eine strukturelle Reduzierung der beiden Diktatursysteme des 20. Jahrhunderts auf ihr Gewalt- und Bedrohungspotential. Er fällt damit hinter den Stand der Forschung zurück. Im ungewollten Ergebnis droht die Gedenkstättenkonzeption damit der nächsten Generation ein verzerrtes Bild der Wirkungsmacht undemokratischer Herrschaft zu überliefern, die im einen Fall eben nicht allein ‚NS-Terrorherrschaft' und im anderen nicht allein ‚SED-Unrecht' war, sondern in beiden Fällen auf erschreckende Weise auch Normalität produzierte. Dies wird am deutlichsten dort, wo der Entwurf die ‚vermeintlichen' und in Anführungsstriche gesetzten ‚Bindungskräfte' des SED-Staats auf das ‚Angst-Anpassungssyndrom des Alltags' reduziert. Eine solche Vereinfachung wird weder dem Phänomen moderner Mobilisierungsdiktaturen gerecht noch der Debatte um das Votum der Expertenkommission. Sie verfehlt mit dieser dichotomischen Auflösung einer vielschichtigen ostdeutschen Erfahrungswelt schon im Ansatz die explizit formulierte Absicht, jeder Ostalgie entgegenzuwirken." (http://hsozkult.geschichte.hu-berlin.de/index.asp?id=910&pn=texte, letzter Zugriff 22.5.2012).

15 Der Band gibt nicht alle Beiträge der Tagung wieder. Anstelle des Vortrages von Simone Hain über Bernd Grönwald, der leider keinen Eingang in den vorliegenden Band finden konnte, setzten die Herausgeber den Nachruf von Bruno Flierl auf Bernd Grönwald aus dem Jahre 2009 sowie einen Text von Bernd Grönwald aus dem Jahre 1989. Die Herausgeber danken insbesondere Michael Bräuer, Bruno Flierl und Wolfgang Kil, die der Einladung folgten, den Band um ihre Beiträge zu ergänzen.

Aufbrüche in Weimar

Norbert Korrek

Neubeginn

Die Umgestaltung der Hochschule für Baukunst und bildende Künste Weimar
unter ihrem Direktor Hermann Henselmann (1946–1949) und der Neubeginn
der Städtebaulehre nach dem Krieg

Ihre Stunde null erlebte die Staatliche Hochschule für Baukunst und bildende
Künste in Weimar am 12. April 1945, als die Amerikaner kampflos in Weimar einrückten. Seit 1942 lag die Leitung in den Händen von Gerhard Offenberg, der wie
alle Beamten verpflichtet worden war, zunächst auf seinem Posten zu verbleiben.
Während der Unterricht in der Abteilung Bildende Kunst im Wintersemester
1944/45 eingestellt worden war, hatte die Abteilung Baukunst die Lehre mit
29 Studenten fortgesetzt. Ende Mai bat Offenberg das seit zwei Wochen im Aufbau befindliche Ministerium für Volksbildung um die Erlaubnis, Examenskandidaten „die Diplomaufgabe [...] stellen zu dürfen, da nach Ablieferung der Diplomarbeit erst die Abschlußprüfung stattfinden"[1] könne. Sechs Studenten[2] schlossen
so noch 1945 ihr Studium mit dem unter Paul Schultze-Naumburg eingeführten
Titel Diplom-Architekt ab, nun aber bereits unter dem Direktorat von Hermann
Henselmann.[3] Der umfangreich beschriebene Prozess der Wiedereröffnung der
Weimarer Hochschule nach dem Zweiten Weltkrieg[4] kann im Folgenden nur um
einige Aspekte des Bauhaus-Anspruchs ergänzt werden, der vor allem in den Anfangsjahren im Zentrum kontrovers geführter Diskussionen stand.[5]

Ein neues Bauhaus

Der auch von politischer Seite unmittelbar nach Kriegsende aufgegriffene Bezug zum Bauhaus mag verwundern. Aber einer der einflussreichen Berater der amerikanischen Militärregierung in Thüringen war Hermann Brill, dem das Bauhaus nicht unbekannt war.[6] Einen Tag nach seiner Entlassung aus dem KZ Buchenwald am 26. April 1945 veröffentlichte er eine Denkschrift, in der ein Plan zum administrativen Wiederaufbau Thüringens entwickelt worden war. Daraufhin wurde Brill mit der Wahrnehmung der Geschäfte des thüringischen Staatsministeriums beauftragt und am 9. Juni zum vorläufigen Regierungspräsidenten ernannt. Vier Tage später stellte er sein Regierungskollegium vor. Zum Leiter des Landesamtes für Volksbildung wurde der Lehrer und Kommunist Walter Wolf ernannt. Brill und Wolf, beide vormals Pädagogikstudenten an der Universität Jena, hatten bereits im KZ Buchenwald im illegalen deutschen Volksfrontkomitee[7] an Plänen für den demokratischen Wiederaufbau zusammengearbeitet.[8]

Noch am Tag der Amtseinführung führten Brill und Wolf ein Gespräch über die Zukunft der Weimarer Hochschule für Baukunst und bildende Künste. In einer kurzen Aktennotiz stehen die oft zitierten Sätze: „An die Stelle der bisherigen Kunsthochschule tritt ein neues Bauhaus. Herr Architekt Ernst Neufert, Gelmeroda, wird mit der Reorganisation und Leitung der neuen Anstalt kommissarisch beauftragt. Er hat in kurzer Zeit einen Reorganisations- und Haushaltplan vorzulegen."[9] Neufert nahm zunächst den Auftrag an, gab ihn jedoch bald zurück, um einer Berufung nach Darmstadt zu folgen. Nachdem Thüringen Teil der Sowjetischen Besatzungszone (SBZ) geworden war, verlor Brill sein Amt. Neue Initiativen gingen nunmehr von Wolf aus. Der sprach am 24. Juli 1945 mit dem Architekten Hermann Henselmann.

Henselmann kannte zwar das Bauhaus nicht aus eigenem Erleben, gehörte aber mit seinen frühen Arbeiten zur jüngsten Generation des Neuen Bauens. Mit seiner Familie nach Gotha geflüchtet, war er seit Kriegsende als stellvertretender Baurat des Landkreises und im Antifaschistischen Komitee tätig, dessen Vorsitzender der Kommunist Hugo Meister war. Meister war es wohl, der den Kontakt mit Wolf herstellte. Einen Tag nach der Unterredung, also am 25. Juli, erhielt Henselmann „ab sofort die kommissarische Leitung"[10] der Weimarer Hochschule mit dem Ziel der Wiedereröffnung zum Wintersemester 1945/46.

Am 18. August 1945 legte Henselmann den bereits von Neufert geforderten Reorganisationsplan vor, in dem er postulierte: „Die Hochschule wird wieder auf den Charakter eines Bauhauses abgestellt, wie vor der Nazizeit." Als Namen schlug er „,Das Bauhaus' – Hochschule für Baukunst und das gestaltende Hand-

und Maschinenwerk" vor.[11] In einem Interview mit der *Täglichen Rundschau*, dem Organ der sowjetischen Besatzungsmacht, erläuterte Henselmann sein Programm, das dem historischen Bauhaus durch die „Einordnung in den Wiederaufbau" eine zeitgemäße Wendung geben sollte.[12] Dennoch konnte die Hochschule nicht wie geplant zum Wintersemester 1945/46 eröffnet werden. Paul Wandel, Präsident der Deutschen Zentralverwaltung für Volksbildung in der SBZ, lehnte die Weiterleitung des Reorganisationsplans an die Sowjetische Militäradministration in Deutschland (SMAD) ab. Der Unterrichtsplan sei „verschwommen und unklar". Im Grunde verlangte Wandel eine Entscheidung zwischen der Hinwendung zum Bauhaus und dem Ausbildungsmuster technischer Hochschulen. Auch sah er in Henselmann die Voraussetzungen für ein Anknüpfen an das Bauhaus „kaum gegeben". Erst „im Verein mit einer Persönlichkeit wie Hassenpflug" ließe sich dieser Mangel beseitigen. Hassenpflug sei aber schon der Berliner Hochschule für bildende Künste verpflichtet.[13]

Henselmann sah sich in seiner Aufbauarbeit nicht bestätigt. Am 21. Januar 1946 verhandelte er in Berlin mit Wandel über den Reorganisationsplan. In Henselmanns Niederschrift heißt es: „Präsident Wandel erklärte, daß an eine Wiedererweckung des Bauhauses im alten Stil nicht gedacht werden dürfe. Er erklärte sich jedoch damit einverstanden, die Probleme des technischen Wiederaufbaus in den Vordergrund der Ausbildung zu stellen."[14] Damit war der Plan, in Weimar ein neues, modifiziertes Bauhaus zu gründen, staatlicherseits beendet.

Berufung von Gustav Hassenpflug

Am Ende der Unterredung bat Wandel Henselmann, eine Woche später auf einer Tagung der führenden bildenden Künstler in der SBZ zu den Zielen der modernen Kunst zu referieren. Henselmann nutzte die Gelegenheit, um mit Wissen Max Tauts mit den ehemaligen Bauhäuslern Joost Schmidt und Gustav Hassenpflug über deren Berufung nach Weimar zu verhandeln. Während Schmidt sich zurückhaltend verhielt, wollte Hassenpflug sich „nach akademischem Brauch die Freiheit der Wahl" zwischen Berlin und Weimar vorbehalten. Ihn reizte besonders, „wenn auch der Architekt Eiermann nach Weimar käme, der in einem Brief die Bereitschaft, an der Hochschule in Weimar zu wirken, zu erkennen gegeben" habe.[15]

Bereits Mitte September 1945 hatte Henselmann in einem Brief an Hassenpflug an vorangegangene Gespräche angeknüpft. Er erinnerte ihn an sein Versprechen: „Wenn die Russen kommen, werde ich ihnen mit dem Rade entgegenfahren." Nachdem sie nun da seien, könne er ihm in Weimar einen Lehrstuhl und praktische Aufgaben im Wiederaufbau anbieten. Da er die „Bauhochschule zu einem modernen Institut" ausbauen wolle, bedauerte er zudem, Eiermann nicht erreichen zu können.[16] Hassenpflug, der bei Kriegsende im Büro Eiermann gearbeitet hatte und bereits über das Planungsbüro des Magistrats der Stadt Berlin von der Berufung Henselmanns zum kommissarischen Direktor der Weimarer Hochschule erfahren hatte, wagte zwar, von „einem ruhigeren Leben" als Professor in Weimar zu träumen, sah sich aber an seine Aufgaben in Berlin gebunden.[17] Von Eiermann habe er sich am 29. April 1945 nach sechstägiger Besetzung von Beelitz-Heilstätten durch die Rote Armee und der darauffolgenden „Wiedereroberung" durch deutsche Truppen während heftigem Artilleriefeuer nur mit einem Händedruck verabschieden können und seitdem nichts von ihm gehört.[18] Henselmann, der die Berufung Hassenpflugs trotz dessen Berliner Engagement weiterverfolgte, konnte das Einverständnis des Landesamts für Volksbildung erreichen. Mitte März 1946 forderte er ihn auf, eine „grundsätzliche und schnelle Entscheidung" zu treffen.[19] Hassenpflug war jedoch inzwischen durch Max Taut zum Beginn des Sommersemesters 1946 eine Berufung an die Hochschule für bildende Künste Berlin in Aussicht gestellt worden.[20] Henselmann bedauerte die Absage Hassenpflugs, die er „natürlich vorausgesehen" habe, und gab seiner Hoffnung Ausdruck, dass „nun Egon [Eiermann] kommen" würde.[21]

Ein Meinungsumschwung deutete sich bei Hassenpflug erst an, nachdem Edwin Redslob[22] ihm „viele interessante und schöne Dinge" über Henselmann und die Weimarer Bauhochschule erzählt hatte.[23] Redslob hatte Henselmann in einer Sitzung des Zentralamts für Volksbildung kennengelernt und dabei die Überzeugung gewonnen, dass er die Weimarer Bauhaus-Tradition vertreten und für ihre Belebung sorgen könne. Hassenpflug begründete sein nunmehriges Interesse damit, dass er immer „die geheime, bisher unausgesprochene Vorstellung" vertreten habe, dass Henselmann „eines Tages in einer großen Position in Berlin landen würde" und sie dann dort zusammenarbeiten könnten. Manchmal würde ihm „richtig übel angesichts der vielen an Jahren und an Geist gealterten, die hier und anderswo" herumsäßen, gleichzeitig beschliche ihn „immer so etwas wie Furcht, wenn" er gleichzeitig feststellen müsse, „wie entsetzlich wenig die ‚Jüngeren' an Zahl" seien, die nun „sehr zusammenhalten" müssten. Hassenpflug bot an, im Herbst 1946 in Weimar über neue Wohn- und Siedlungsformen zu sprechen.[24]

Von der Eröffnungsveranstaltung für die Weimarer Hochschule am 24. August 1946 nahm Hassenpflug die „besten Eindrücke" mit nach Berlin. Besonders freute ihn der „jugendliche Lehrkörper im Vergleich zu den an der Berliner Universität tätigen Greisen".[25] Durch einen sowjetischen Befehl wurde die Wiederaufnahme des Unterrichts an „der Bauhochschule – Hochschule für bildende Kunst in Weimar"[26] zum 1. September 1946 genehmigt. Die in der Anordnung verwandte Bezeichnung der Schule suggerierte eher ein Anknüpfen an die Bauhochschule unter Otto Bartning als an das Bauhaus von Walter Gropius. Um dennoch „Bauhaus-Ideen" im Hochschulalltag umzusetzen, berief Henselmann möglichst viele ehemalige Bauhäusler nach Weimar. Die bauhaustypische Vorlehre übernahmen Peter Keler und Hanns Hoffmann-Lederer. In der Werklehre kümmerte sich Rudolf Ortner um die Nachwuchserziehung im Sinne des Bauhauses. Emanuel Lindner, ein Schüler von Mies van der Rohe, wurde Dozent für moderne Baukunst.[27] 1948 folgte Konrad Püschel. Auch im Rahmenprogramm wurden die Hoffnungen der angereisten Bauhäusler nicht enttäuscht. In einer „Ausstellung des Bauhauses" waren erstmals nach der Verfemung durch die Nationalsozialisten wieder Kunstwerke von Oskar Schlemmer, Wassily Kandinsky und Paul Klee neben der Keramik von Otto Lindig, den Bauhausmöbeln von Marcel Breuer und einem Wandteppich von Hedwig Jungnik zu sehen. Auch Gropius war in der Ausstellung vertreten. Ein ganzer Raum war der „Architektur der Zeit" gewidmet, die „großzügig, weiträumig, mit moderner Anmut" von den „neuen Produktionsweisen und den neuen Aufgaben" bestimmt sei.[28] Hassenpflug, der noch einen Monat zuvor mit dem Bauhaus-Meister Joost Schmidt als Sprecher der Arbeitsgemeinschaft Berliner Bauhäusler zu einer Bauhaus-Ausstellung nach Berlin eingeladen hatte,[29] war es nun, der „die besprochene Zusammenarbeit schnell" fixieren wollte, bevor er zur Vergrößerung seines Berliner Aufgabenkreises gedrängt würde.[30]

Aufbau einer Städtebaulehre

Bereits in der Zeit bis zum offiziellen Lehrbeginn 1946 wandten sich die Lehrer und Studenten den Aufgaben des Wiederaufbaus in Thüringen zu. Henselmann gründete dazu den „Planungsverband Hochschule Weimar", dessen Arbeitsgemeinschaften in etwa den zukünftigen Lehrstühlen entsprachen und auch von den in Aussicht genommenen Professoren geleitet wurden.[31] Er definierte „drei Komplexe" für den Wiederaufbau: den Aufbau der zerstörten Städte und Dörfer, die Unterbringung der Flüchtlinge und den Bau von Bauernhöfen, die infolge der Bodenreform errichtet werden mussten. Bereits mit seiner Antrittsvorlesung zur Rekonstruktion von teilzerstörten Mietsblöcken am 17. Oktober 1946 ordnete sich Hassenpflug in dieses Programm ein.

Gemeinsam mit Ludwig Küttner begann er eine wissenschaftlich fundierte Städtebauausbildung zu etablieren. Dabei konnte kaum auf der vorangegangenen Ausbildung unter Schultze-Naumburg und Offenberg aufgebaut werden, da beide der Stuttgarter Schule und der Heimatschutzarchitektur nahestanden. Vielmehr setzte vor allem Hassenpflug, der in Dessau unter Walter Gropius und Hannes

Meyer studiert und drei Jahre in der Sowjetunion mit Moisej Ginzburg und Ernst May zusammengearbeitet hatte, die Tätigkeit des niederländischen Architekten und Stadtplaners Cornelis van Eesteren[32] fort, der auf Vorschlag von Ernst Neufert 1927 durch Otto Bartning als Dozent für Städtebau[33] an die Staatliche Bauhochschule nach Weimar gerufen worden war.[34] Van Eesteren, der 1922 durch Theo van Doesburg auch das Bauhaus kennengelernt hatte, vertrat bis 1930 in Weimar das Ideal einer funktionalen Stadt und entwickelte sich danach als Stadtplaner von Amsterdam zu einem der bedeutenden Urbanisten der Moderne. Wie Hoffmann-Lederer setzte sich auch Hassenpflug weiter öffentlich für die Wiederbelebung der Tradition des Bauhauses ein.[35]

Entsprechend dem pädagogischen Prinzip des Bauhauses gestaltete Hassenpflug seinen Unterricht im Städtebauseminar als Arbeitsgemeinschaft von Lehrern und Schülern. Er verstand sich nicht als der „ausschließlich Korrekturen gebende Teil, sondern als [der] mitten unter den Studenten Arbeitende, durch dessen Tätigkeit dem Studenten unmittelbar der zukünftige Beruf verkörpert"[36] werde. Von 1948 bis Anfang 1950 richteten sich vor allem die Diplomthemen auf städtebauliche Untersuchungen für den Wiederaufbau von Städten und Gemeinden in Thüringen und auf Entwürfe von Siedlungs- und Wohnhaustypen für Umsiedler. 1948 wurde Hassenpflugs Lehrstuhl die „Staatliche Beratungsstelle für Städtebau in Thüringen" angeschlossen, in deren Auftrag er Wiederaufbauplanungen für etwa vierzig Städte und Dörfer entwickelte.[37] Hassenpflug erwies sich mit seinen radikalen Planungen, oftmals in verkehrsgerechter Form, als konsequentester Vertreter des Neuen Bauens nicht nur an der Weimarer Hochschule. So reichte er 1948 einen viel beachteten, gemeinsam mit Studenten erarbeiteten Wettbewerbsbeitrag für den Wiederaufbau der Altstadt von Nürnberg ein, der den Grundsätzen der Charta von Athen folgte. Das historische Erscheinungsbild der stark zerstörten Stadt Nürnberg wurde lediglich in einer zentralen Zone wiederhergestellt, für das gesamte übrige Areal sah Hassenpflug eine strikte Zeilenbauweise vor.[38]

An seinem Lehrstuhl wurden Diplomarbeiten zum Wiederaufbau der Stadtkerne von Apolda und Gera, zur Neufassung der Raumordnungspläne für Buttstedt und Zeulenroda sowie zur Erweiterung von Meuselwitz, Sondershausen und Schwarza-Rudolstadt erarbeitet. Die Diplomarbeit von Gerhard Stedtler zur Rekonstruktion von Meuselwitz, die mit der Beseitigung der Kriegsschäden gleichzeitig eine schon längst notwendige Altstadtrekonstruktion vorschlug, kann als zeittypische Aufgabenstellung gelten. Der neue Stadtkern in strenger Zeilenbauweise sollte das Zentrum für die gesamte Stadt bilden und alle erforderlichen öffentlichen Gebäude wie Rathaus, Volkshaus und so weiter aufnehmen.[39]

„Tägliche Rundschau" v. 16.9.1945 = № 108 **95**

„Bauhaus" wird wieder Bauhaus
Einrichtung eines Lehrstuhls für landwirtschaftliches Bauen

Von vielen gerühmt und noch mehr gelästert — so stand das von Prof. Gropius geschaffene Bauhaus, das erst in Weimar, dann in Dessau arbeitete, zu Zeiten der Republik mitten im Streit der Meinungen. Es war manchmal etwas gewagt, was das Bauhaus an Experimenten bot, aber es konnte sich rühmen, die fortschrittlichsten Architekten, Maler und Graphiker um sich versammelt zu wissen, und was es auch umfaßte — es war immer interessant. Namen wie Hannes Meyer und Mies van der Rohe, Paul Klee und Lyonel Feininger, Kandinsky und Moholy-Nagy werden für immer mit jener ersten Bauhausperiode verbunden sein, der es nur manchmal an der engen Verbindung mit der baugewerblichen Praxis fehlte, wie man sie bei einer Ausbildungsstätte für den baugewerblichen Nachwuchs eigentlich hätte erwarten sollen, zumal sich das Bauhaus selbst programmatisch zu einer solchen engen Zusammenarbeit mit der Praxis bekannt hatte. Auch waren seine Entwürfe im allgemeinen zu abstrakt, zu wenig der volkstümlichen Tradition verbunden — aber gerade darin lag auch wieder ihr Wert als kühne, eigenartige Neuerung.

Es kam das „Dritte Reich", und damit hielt auch in dem vorher so lebhaften, von äußerster Modernität durchzitterten Bauhaus die gähnende Langeweile Einzug. Die Nazisten tauften es um in „Hochschule für Baukunst und bildende Künste"; sie war fortan keine europäische Angelegenheit mehr, sondern sollte die „ruhige Erziehungs- und Pflanzstätte" sein, auf der öde, scheinmonumentale Baukastenbauen des Hitlerstils die alleinseligmachende, weil einzig zu gut bezahlten Aufträgen führende Kunstmethode gelehrt wurde. Leiter der Hochschule wurde der schon reichlich verkalkte Professor Schultze-Naumburg, der vor dem ersten Weltkrieg durch seine Rückkehr zum Biedermeierstil der Modearchitekt der wilhelminischen Plutokratie geworden war und der sich, als er damit keinen Erfolg mehr hatte, zu Hitler und Günther geschlagen hatte, um mit Hilfe der Rassenhetze wieder ins Geschäft zu kommen.

Enge Zusammenarbeit mit Industrie und Handel

Nun ist auch dieses Kapitel abgeschlossen. Schultze-Naumburg hat endgültig abgewirtschaftet und an seiner Stelle hat ein junger Berliner, Professor Hermann Henselmann, die Leitung der Hochschule übernommen, die nun wieder „Bauhaus" heißen und in erster Linie den Bedürfnissen der Praxis dienen soll.

„Wir wollen mit dem Gedanken der ‚ruhigen Erziehungs- und Pflanzstätte' brechen", erklärt uns Prof. Henselmann. „Wir wollen das Bauhaus mitten in die Zeit und ihre Probleme hineinstellen. Aus diesem Grunde arbeiten wir eng mit dem Handwerk und der Industrie zusammen. Das Bauhaus soll aus drei Abteilungen bestehen: je einer Schule des Handwerks und der Industrie mit einer Lehrzeit von ein bis zwei Jahren; darüber als Oberbau die eigentliche Hochschule mit acht Semestern wie bisher. Zu jedem Lehrgang der Unterstufen Handwerk und Industrie wollen wir mindestens 30 begabte Jungarbeiter aus den Betrieben heranziehen, die von den freien Gewerkschaften (Betriebsräten) und den Betriebsinhabern ausgewählt werden sollen. Berücksichtigt werden dabei alle Zweige des Bauhandwerks und der Bauindustrie, einschließlich der benachbarten und verwandten Gewerbe. Die Jungarbeiter sollen die Möglichkeit haben, in die Hochschule aufzusteigen. Wir werden sie nicht nur an Hand abstrakter Vorlagen ausbilden, sondern auch von ihren eigenen Betrieben Arbeitsproben und Entwürfe erbitten, die dann gemeinsam geprüft, kritisiert und durchgearbeitet werden. Auf diese Weise erhalten wir Material aus der Praxis und geben dieser wiederum Anregungen. Dadurch entsteht eine dauernde Wechselwirkung. Unser Ziel ist es, nicht Zeichnungen, sondern Menschen in die Betriebe zu schicken."

„Werden Sie außerdem noch andere Schüler haben?" — „Das Hauptkontingent der Studierenden werden, wie bisher, Abiturienten, Absolventen von Baugewerksschulen usw. stel-

----

Tägliche Rundschau vom 16. September 1945

AUS TRÜMMERN ZU NEUEM BAUEN

Die Staatliche Hochschule für Baukunst und Bildende Künste in Weimar

Bei den Bemühungen um den Wiederaufbau deutscher Hochschulen für Baukunst und bildende Kunst eine entscheidende Rolle zu. In ihnen werden die jungen Deutschen gebildet, die in der Zukunft ihr Können, ihre Begabung und ihr Wissen dazu verwenden müssen, uns Deut-

PROF. HERMANN HENSELMANN
Ich bin am 3. 2. 1905 geboren. Von meinem dritten Lebensjahr an begann ich zu bauen und zu planen — Schlösser aus Luft und Häuschen aus Steinchen. Normalerweise werden mit den Jahren die Luft geringer und die Steine größer. Meine Bemühungen waren darauf gerichtet, das Verhältnis zwischen Luft und Stein der ersten Kinderjahre beizubehalten, denn ich glaube, daß das wesentliche Gestaltungsmittel der modernen Baukunst jene Luftigkeit ist, die sich unseren Augen in himmlischem Blau so feierlich manifestiert. In Montreux, wo ich zum ersten Mal selbständig baute und zum ersten Male Le Corbusier traf, begann aus den ersten ungeklärten Begriffen eine Anschauung zu entstehen. Das war im Jahre 1931. Am 30. Januar 1933 bin ich gestorben. 1945 bin ich wieder auferstanden inmitten von Gräbern und Ruinen. Nun gilt meine Arbeit dem Ausräumen der Ruinen und der Pflege der Gräber. Die ersten Träume sind abgelöst durch das Bewußtsein. Und dieses Bewußtsein schließt die Erkenntnis ein, daß vor dem Individuum die Gesellschaft steht und daß Baukunst und gesellschaftliche Unordnung unvereinbar sind. Ich habe Vorstellungen von einer Baukunst, die aus einer geordneten, also einer freien menschlichen Gesellschaft entsteht. Sie haben den Zauber eines Traumes und die Kraft einer Vision.

schen wieder menschliche Behausungen zu schaffen, aus dem Chaos der zertrümmerten Städte und Dörfer wieder funktionierende Gemeinwesen zu machen. Von ihnen und von der sorgfältigen Ausbildung dieser Jungen wird es abhängen, ob unsere zerstörte Umwelt eines Tages wieder ein schöneres Aussehen erhält, das aber nicht nur schön, sondern zugleich sinnvoll und zweckentsprechend ist. Vielenorts in Deutschland haben sich sofort nach dem Zusammenbruch verantwortungsbewußte Männer aus Kunst und Wissenschaft zusammengefunden mit dem Ziel, vorhandene Hochschulen wieder in Gang zu bringen oder neue ins Leben zu rufen. Unter ihnen war es vor allem Hermann Henselmann, ein Mann der jüngeren Architekten-Generation, der den Plan einer Bauhochschule in Weimar in die Tat umsetzte und sich aus allen Gegenden Deutschlands ein Lehrer-Kollegium zusammenholte, das wir heute vorstellen.

PROF. HERMANN KIRCHBERGER: Dozent für Wandmalerei und Leiter der Abteilung für Bildende Kunst. — Ausbildung als Maler an der Berliner Hochschule und Akademie der Künste. 1945/46 war er Dozent an der Hochschule für Bildende Kunst in Berlin-Wilmersdorf.

Links:
PROF. GUSTAV HASSENPFLUG: Inhaber des Lehrstuhls für Städtebau II. — Studium am Bauhaus Dessau unter Gropius und Hannes Meyer. 1931/34 war er Städtebauer in der Sowjetunion und anschließend selbständiger Architekt in Berlin. Nach dem Zusammenbruch Leiter der Wiederinstandsetzung der Charité und der Krankenhausplanung Berlin.

Links (S. 26):
PROF. EMANUEL LINDNER: Dozent für moderne Baukunst. — Von 1928/33 Schüler von Mies van der Rohe am Dessauer Bauhaus, anschließend in Berlin als selbständiger Architekt tätig.

PROF. PETER KELER: Doz. für Formenlehre in der Architektur (Vorlehre für Materialbehandlung und Gestaltung). 1919/21 Ausbildung auf der Kunstgewerbeschule Kiel, 1921/26 Schüler von Kandinsky am Bauhaus Weimar, 1927/36 war er freischaffend als Maler und Innenarchitekt in Dresden, außerdem als Schöpfer von Typenmöbeln für die sächsische Möbelindustrie tätig.

Links oben:
PROF. WERNER HARTING: Inhaber des Lehrstuhls für ländliches Bauwesen. — 1924 Mitarbeiter von Prof. Rosenbauer in Stettin, später von Prof. Peter Behrens. Seit 1929 in Berlin selbständig besonders für Arbeitersiedlungen und ländliches Bauwesen tätig. Studienreise nach Italien. Von 1938/39 war er in einem Architektur-Büro in London tätig.

Links Mitte:
PROF. ANTON MILLER: Doz. für landwirtschaftliches Bauwesen; Leiter der durch ihre Veröffentlichungen hervorgetretenen Arbeitsgemeinschaft für ländliches Bau- und Siedlungswesen. — Nach Absolvierung der Baumeisterprüfung Besuch der Hochschule für Baukunst und Bildende Künste in Weimar, anschließend machte er sein Diplom in Stuttgart. Bis zum Ausbruch des Krieges war er praktisch, teilweise als Architekt und teilweise als Siedlungsforscher, im Osten und Südosten tätig.

Links:
PROF. DR. LUDWIG KÜTTNER: Landesplaner im Bundesland Sachsen, einschl. Städtebau, Dorfplanung und Leitung der Baupolizei. — Er begann seine Laufbahn als Zimmerlehrling und besuchte nach abgelegter Gesellenprüfung die Kunstakademie. Breslauer Baugewerkschule mit Abschluß, Begabten-Abitur, Technische Hochschule Berlin, Dipl.-Ing., Regierungs-Baumeister, Dr. Ing. Siedlungstätigkeit, volks- und betriebswirtschaftliche Studien, wissenschaftliche Arbeiten und Veröffentlichungen auf städtebaulichem, preispolitischem und mathematischem Gebiet.

PROF. RUDOLF BÜCHNER: Doz. für Entwurf und Raumgestaltung (leitender Gesichtspunkt: Organische Einheit von Innen- und Außenarchitektur). — Studium an der Hochschule Stuttgart bei Bonatz. Selbständiger Architekt in Berlin. Zusammenarbeit mit Architekt Eiermann (insbesondere Wohnhausbauten in Berlin und Leipzig).

Rechts oben:
PROF. F. A. FINGER: Leiter des Instituts für Baustoffprüfung. — Studium in Darmstadt und Aachen. Nach längerer Tätigkeit im In- und Ausland wurde er Leiter großer Baustellen im Wasser-, Straßen-, Eisenbahn-, Brücken- und Tunnelbau, vor allem im Vorderen Orient. Wissenschaftliche Mitarbeit in der Staatlichen Industrie. 1940 wurde er an die Staatliche Hochschule für Baukunst und Bildende Künste nach Weimar berufen; Inhaber des Lehrstuhls für Baustoffkunde, Ingenieurbau und Statik.

Rechts Mitte:
PROF. HORST MICHEL: Doz. für Textilentwurf und allgemeine Dekoration. 1922/26 Studium an der Kunsthochschule Berlin bei Prof. Ernst Böhm, dann Mitarbeiter von Prof. Bruno Paul. 1930 wurde er Dozent an der Staatlichen Hochschule für Bildende Künste in Berlin.

Rechts:
BAURAT RUDOLF ORTNER: Werklehre (Einführung in Entwurf und Baukonstruktion), Nachwuchserziehung im Sinne des Bauhauses und Lehrbuchausarbeitung. — Ausbildung als Architekt am Bauhaus bei Mies van der Rohe. Seit 1936 war er freischaffender Architekt in Magdeburg und erzielte Erfolge im Kleinwohnungsbau.

PROF. WALTER KLEMM: Kunstgeschichts-Studium, Besuch der Kunstgewerbeschule in Wien. Seine Lehrer waren Kolo Moser, Roller und Amlet. Seine ersten Erfolge errang er mit farbigen Holzschnitten in München und Wien. 1913 wurde er Lehrer an der Weimarer Hochschule für Bildende Kunst. Seine bekanntesten Illustrationen sind die zu Reinecke Fuchs, Tristan und Isolde und Ulenspiegel.

Links oben:
HANS VAN BREEK: Dozent für Bildhauerei. — Praktische Lehrzeit von 1922/27 in Elberfeld. 1927/30 war er an der Kunstakademie Dresden bei Prof. Albiker, 1930/32 an der Kunstakademie Düsseldorf bei Prof. Langer. 1942 erhielt er ein Staatsstipendium für Florenz, Villa Romana. Er war erster Cornelius-Preisträger der Düsseldorfer Akademie.

Links Mitte:
PROF. OTTO HERBIG: Leiter einer Klasse für Malerei. — Nach dem Studium in München und Weimar seit 1920 freischaffend in Berlin, er war Mitglied der ehemaligen Preußischen Akademie der Künste (vor 1933 hingen Bilder von ihm in der National-Galerie und anderen bedeutenden Museen). 1929/30 war er Gast der Deutschen Akademie in Rom.

Links:
DR. WERNER SCHULZE: Doz. für Geschichte der modernen Kunst. Er studierte Architektur an der TH Stuttgart und an der Universität Tübingen Philosophie, Kunstgeschichte und Archäologie, wo er auch promovierte. 1927/32 war er ständiger Mitarbeiter von Zeitschriften und Buchverlagen (Spezialgebiet: moderne Baukunst). Von 1936/44 war er in der Glasindustrie tätig (Sachverständiger für Bauen mit Glas).

PROF. SCHAEFER-AST: Lehrer an der Weimarer Hochschule. — 1890 in Wuppertal geboren, studierte in Düsseldorf. Er wurde durch seine Karikaturen bekannt.

Rechts oben:
PROF. FELIX JACOB: Lehrstuhl für malerische Raumgestaltung. Lehrziel: Bei Ausstellungs- und ähnlichen Bauten Beachtung nicht nur ästhetischer, sondern auch statisch-dynamischer Gesichtspunkte. — Praktische Lehrzeit als Maler, dann Tätigkeit an der Breslauer Kunstakademie von 1917/20, bis 1925 weitere Studienjahre als freier Maler und Graphiker, engste Zusammenarbeit mit der Bauindustrie (Ausstellungsbauten).

Rechts Mitte:
BRUNO QUASS: Dozent für Schriftmalerei. — Ausbildung als Schriftmaler und Graphiker bei Prof. Rosenbauer. Von 1925 an war er freischaffend in Berlin tätig.

Rechts:
HANS HOFFMANN-LEDERER: Lehrfach: Formenlehre für angewandte Kunst. — Praktische Tätigkeit als Steinbildhauer. 1919 Schüler von Prof. Engelmann an der Staatlichen Hochschule für Bildende Künste, von 1920/24 Schüler von Itten, Marcks und Schlemmer am Staatlichen Bauhaus, gleichzeitig Ausbildung bei Feininger und Klee. Von 1924/27 war er Schüler von Prof. Itten in der Schweiz. Im Anschluß an Studienreisen durch Frankreich, Holland und die Schweiz war er freischaffend in Magdeburg und Berlin tätig.

links und oben:
„Aus Trümmern zu neuem Bauen. Die Staatliche Hochschule für Baukunst und Bildende Künste in Weimar", in: *Athena*, Berlin 1946

Peter Keler, Vorlehre an der Abteilung Baukunst, 1947

Gustav Hassenpflug, „Kunst – im Menschlichen verankert. Geist und Geschichte des Bauhauses", 1947

Besprechung am Lehrstuhl
Städtebau II um 1949.
Von rechts: Professor Gustav
Hassenpflug, Assistentin
Edeltraut Volkmer,
Wolf-Dietrich Saalfeld,
Assistent Hermann Räder,
Bernhard Stedtler, Heinrich
Weiß, Bruno Gembalies

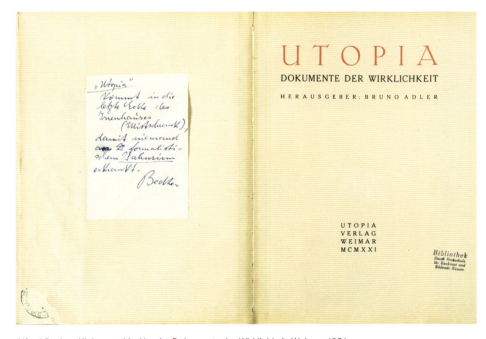

Alfred Becker, Klebezettel in *Utopia. Dokumente der Wirklichkeit*, Weimar 1921

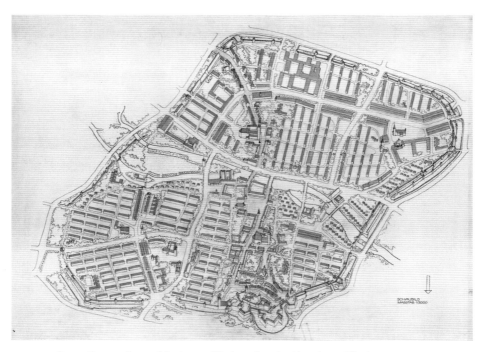

Gustav Hassenpflug und Studenten, Wiederaufbau der Altstadt von Nürnberg.
Isometrie Innenstadt, Wettbewerbsbeitrag 1948

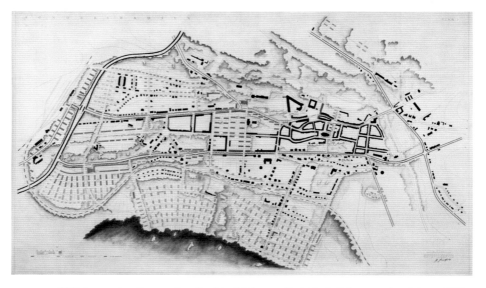

Städtebauseminar Hassenpflug, Bandstadt Schwarza-Rudolstadt, Bebauungsplan, Februar 1950

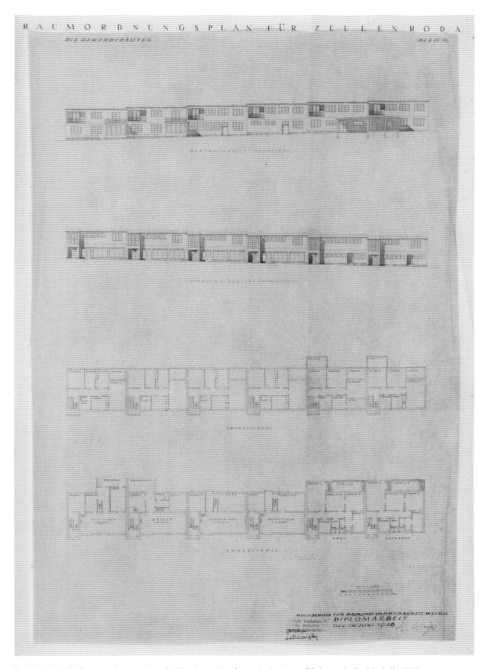

Heinrich Weiß, Raumordnungsplan für Zeulenroda, Gewerbebauten. Diplomarbeit, 30. Juli 1948

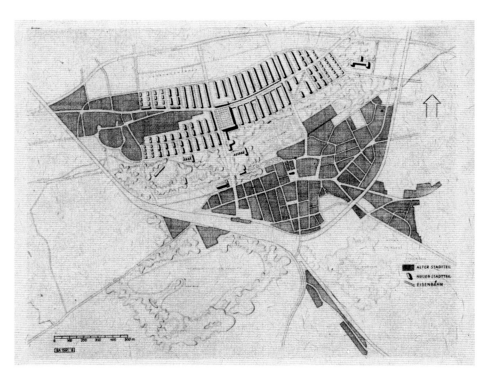

Bernhard Stedtler, Neugestaltung und Erweiterung des Stadtbildes von Meuselwitz,
Raumordnungsplan. Diplomarbeit, 6. April 1949

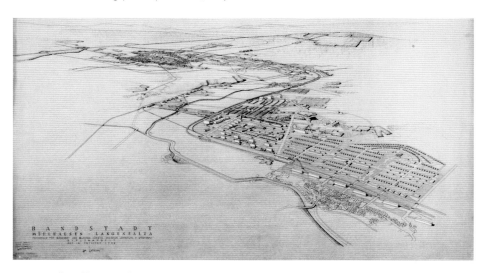

Egon Hartmann, Bandstadt Mühlhausen-Langensalza, Vogelperspektive. Diplomarbeit, 30. Juni 1948

Hartmut Colden, Stadterweiterung Waltershausen, Bebauungsplan. Diplomarbeit, 12. Januar 1949

Heinrich Weiß erarbeitete im Juni 1948 einen Vorschlag zur Erweiterung der Kleinstadt Zeulenroda. Der Umfang seiner Diplomarbeit war für das von Hassenpflug geforderte Leistungsspektrum typisch und umfasste von der überregionalen Verkehrsplanung und dem Raumordnungsplan bis zum Gebäudeentwurf das gesamte Spektrum des städtebaulichen und architektonischen Entwerfens. Nach einer umfangreichen Analyse der baulichen Entwicklung, der Arbeitskräfte, der Bodennutzung und des Verkehrsdiagramms weist die Zielplanung große Flächen zur Ansiedelung von Industrie getrennt von den neuen Wohngebieten aus. Neben den Pavillonschulen schaffen die Doppel- und Kettenreihenhäuser ein differenziertes Raumangebot.

Erstaunlich viele Diplomarbeiten bei Hassenpflug beschäftigten sich mit der „Umsiedler"-Problematik. Das Land Thüringen hatte bis Februar 1946 etwa 600000 Vertriebene und Flüchtlinge vor allem aus dem Sudetenland und Schlesien aufgenommen, von denen jeder Dritte Thüringen als dauerhaften Wohnsitz wählte. Hassenpflug stellte im Auftrag des Landes einen „Flüchtlingsverteilungsschlüssel" auf und wies Gebiete aus, die für eine Aufnahme der „Ostumsiedler" geeignet waren. Zu diesen Orten gehörten Crawinkel, Mühlhausen und Langensalza sowie Waltershausen, für die Hassenpflug jeweils Diplomarbeiten ausschrieb. Gemeinsam war allen Aufgabenstellungen, dass die Lage der „Umsiedler" vor allem durch ihre Eingliederung in den Arbeitsprozess verbessert werden sollte.

Zwischen den thüringischen Städten Langensalza und Mühlhausen entwarf Egon Hartmann eine aufgelockerte Bandstadt für 150 000 Einwohner. Anlass für diese Planung war das Vorhandensein von sechs ergiebigen Erdgasbohrungen, die den Aufbau neuer Produktionsstätten für die aus Böhmen ausgesiedelte Glasindustrie ermöglichen sollten. Die Aufgabenstellung von Hassenpflug war sehr umfangreich, sollten doch neben den Verkehrsbeziehungen die Wohn- und Industriegebiete, das kulturelle Zentrum, Bildungsstätten, Geschäftszentren, Naherholungsgebiete und Grünflächen ausgewiesen werden. Hartmanns Entwurf fand ein überregionales Echo.[40] Vor allem die Idee der Bandstadt als verdichtete ländlich-industrielle Siedlungsform traf auf ein verbreitetes Wunschbild der Zeit.[41]

Auch Hartmut Colden beschäftigte sich mit der produktiven Eingliederung von Umsiedlern. Mit der Ansiedlung von „Glaswarenherstellern" aus dem ehemaligen Gablonz (heute Jablonec nad Nisou) sollte die Stadt Waltershausen zu einem Zentrum der Schmuckindustrie ausgebaut werden. Laut Aufgabenstellung hatte auch Colden „Rücksicht zu nehmen auf den Wunsch der ehemaligen Gablonzer, in einer Gegend und in einer Form angesiedelt zu werden, die den ehemaligen heimatlichen Verhältnissen im Sudetengau" entsprach. Für etwa 1500 Familien wurden deshalb in hügeligem Gelände Ein- und Zweifamilienhäuser geplant. Die Schmuckherstellung erfolgte in tradierten Betriebsformen, für die Colden Grundrisstypen entwickelte.[42]

Darüber hinaus waren es wohl Hassenpflugs Kontakte zum Bauhaus-Gründer Walter Gropius[43] und zu führenden CIAM-Mitgliedern,[44] die den internen Diskussionen neue Impulse verliehen. Im August 1948 besprach er in Zürich und Basel mit Sigfried Giedion, Alfred Roth und Hans Schmidt die Beteiligung deutscher Architekten an der CIAM. Da Giedion über Proteste berichtete, die „vonseiten Polens und der Tschechoslowakei anläßlich einer Besprechung über die Beteiligung deutscher Architekten an der CIAM erhoben" worden waren, schlug Hassenpflug vor, über die thüringische Regierung ein CIAM-Mitglied aus Polen und eines aus der Tschechoslowakei zu Vorträgen oder Gastvorlesungen an die Hochschule nach Weimar einzuladen, um durch persönliche Kontakte ein Verhältnis gegenseitigen Vertrauens herzustellen.[45]

Ende des Experiments

Mit den Diplomarbeiten im Wintersemester 1949/50 ging der praktische Versuch, an das Neue Bauen bzw. das Bauhaus anzuknüpfen, zu Ende. Auch offenbarte die Diskussion um die Vergabe einer Dozentur für das gesellschaftswissenschaftliche Grundstudium an Alfred Becker – er war Assistent am Lehrstuhl Baugeschichte und Leiter der Betriebsgruppe der SED – tiefe Gräben innerhalb der Dozentenschaft. Vor allem Hassenpflug machte fachliche und persönliche Einwände geltend. Hassenpflug galt seit Längerem als „Wortführer der ,Nicht-Genossen'-Lehrstuhlinhaber",[46] der „auf dem Boden formaler Demokratie sehr geschickt seinem eigenen Machteinfluß Geltung"[47] verschaffte. Hassenpflugs Wirken zielte tatsächlich darauf ab, den Einfluss der sich formierenden Betriebsgruppe der SED einzuschränken. Mit dem „Fall Hassenpflug" beschäftigte sich sogar das Zentralsekretariat in Berlin, hatte doch der Landesvorstand resigniert festgestellt, dass die Betriebsgruppe an der Hochschule nicht stark genug sei, um „gegen Hassenpflug als Abteilungsleiter eine Hochschulpolitik im Sinne der Partei durchführen zu können".[48] Die Diskussion der Lehrstuhlinhaber endete mit einem Kompromiss, den der Ingenieur Friedrich August Finger vorgeschlagen hatte: Becker erhielt anstelle der Dozentur einen Lehrauftrag. Die Anschuldigungen gegen Hassenpflug wurden auf den gerade abgetretenen Direktor Henselmann ausgedehnt, indem festgestellt wurde, „daß Herr Prof. Hassenpflug in Verbindung mit dem Gen. Henselmann steht und daß die Politik Hassenpflugs an der Hochschule unter der Anleitung des Gen. Henselmann erfolge".[49]

Anfang 1949 traten fachliche Differenzen zutage, und aus dem vertrauten Du wurde ein förmliches Sie. Die damals in der SBZ ausgeschriebenen Wettbewerbe – Hassenpflug nennt als Beispiele die für Rostock[50] und Cottbus[51] – hätten ihm gezeigt, dass in den Preisgerichten „die moderne Architektur nicht vertreten" sei. Es war ihm „unverständlich, daß zu diesen Preisgerichten Professoren der Technischen Universität des Berliner Westens" herangezogen würden, die in seinen Augen Vertreter eines „rückständigen Städtebaus" seien.[52] Er bat Henselmann eindringlich, der Deutschen Wirtschaftskommission[53] vorzuschlagen, bei zukünftigen Städtebau- und Architekturwettbewerben „moderne Architekten" zur Jurierung heranzuziehen. Es sei wünschenswert, dass diesem Schreiben eine Liste von solchen Architekten beigefügt werde, für die er neben Henselmann den Architekten Mart Stam vorschlug.[54]

Die Verschärfung der politischen Auseinandersetzungen führte zu einem personellen Exodus, vor dem Gerhard Strauss, Verwaltung für Volksbildung, bereits 1948 gewarnt hatte. Im gleichen Jahr hatte Emanuel Lindner Weimar in Richtung Essen verlassen. Hanns Hoffmann-Lederer ging 1950 an die Werkkunstschule Darmstadt. Rudolf Ortner – er hatte seit 1948 die Ingenieurschule Gotha geleitet – floh 1951 in Richtung Westen. Hassenpflug löste sein Anstellungsverhältnis ordnungsgemäß auf. Am 9. Januar 1950 bat er um Entbindung von der Leitung der Abteilung Baukunst, am 8. Februar reichte er seine Kündigung ein, der durch die zuständige Ministerin Torhorst zum 31. März stattgegeben wurde. Hassenpflug siedelte daraufhin mit Zustimmung der Zentralverwaltung für Volksbildung nach Hamburg um,[55] wo er die Leitung der Landeskunstschule übernahm. Auch Henselmann verließ die Schule, auch „zu Höherem berufen".[56] Im Gründungsjahr der DDR folgte er einer Berufung zum Leiter der Abteilung Arbeitsstätten am Institut für Bauwesen unter Hans Scharoun nach Berlin.

In der folgenden Umgestaltungsphase der Weimarer Hochschule zwischen 1950 und 1954 wurden mit der ersten Hochschulreform in der DDR die Abteilung Bildende Kunst geschlossen und die pädagogischen wie die künstlerischen Traditionen des Bauhauses für lange Zeit einer eher ideologisch fixierten Formalismusdebatte geopfert. Der neue kommissarische Direktor der Hochschule, der Maler Fritz Dähn, rechtfertigte diese Entwicklung, da anstelle des „pseudo-wissenschaftlichen idealistischen Bauhaus[es]", das er als reformistische Spielart einer Kunstgewerbeschule bezeichnete, nun eine Hochschule treten müsse, deren Aufgabe es sei, auf „exaktwissenschaftlicher Grundlage Aufbauarbeit in Forschung und Lehre zu leisten". Dazu müssten alle „Überreste feudal-bürgerlicher Repräsentation, reformistische Tendenzen und Formalexperimente" beendet werden.[57] Aber das ist bereits ein neues Kapitel der Weimarer Hochschulgeschichte.

Weiterführende Literatur

Martin Bober, *Von der Idee zum Mythos. Die Rezeption des Bauhaus in beiden Teilen Deutschlands in Zeiten des Neuanfangs (1945 und 1989)*. Dissertation, Universität Kassel 2006

Andreas Butter, *Neues Leben, neues Bauen. Die Moderne in der Architektur der SBZ/DDR 1945 – 1951*, Berlin 2006

Christian Grohn, *Gustav Hassenpflug. Architektur, Design, Lehre. 1907 – 1977*, Düsseldorf 1985

Claudia Heitmann, *Die Bauhaus-Rezeption in der Bundesrepublik Deutschland 1949 bis 1968. Etappen und Institutionen*, Dissertation, Hochschule der Künste Berlin 2001

Anne Hoormann, „Von der Bauhaus-Idee zur Formalismus-Debatte. Kunstausbildung an der Staatlichen Hochschule für Baukunst und bildende Künste (1946 – 1951)“, in: Rolf Bothe, Thomas Föhl (Hg.), *Aufstieg und Fall der Moderne*, Ostfildern 1999, S. 223 – 244

Karl-Heinz Hüter, „Über den Stand, die Probleme und die Aufgaben der Erforschung der Hochschulgeschichte“, in: *Wissenschaftliche Zeitschrift der Hochschule für Architektur und Bauwesen Weimar*, 8 (1961), H. 3, S. 239 – 242

Achim Preiß, Klaus-Jürgen Winkler, *Weimarer Konzepte. Die Kunst- und Bauhochschule 1860 – 1995*, Weimar 1996

Christian Schädlich, „Zur Geschichte der Hochschule für Architektur und Bauwesen Weimar seit 1945“, in: *Wissenschaftliche Zeitschrift der Hochschule für Architektur und Bauwesen Weimar*, 6 (1958/59), H. 4, S. 269 – 280

Christian Schädlich, „Der Neubeginn an der Hochschule für Baukunst und bildende Künste Weimar im Jahre 1946“, in: *Wissenschaftliche Zeitschrift der Hochschule für Architektur und Bauwesen Weimar*, 13 (1966), H. 5, S. 505 – 520

Frank Simon-Ritz, Klaus-Jürgen Winkler, Gerd Zimmermann, *Aber wir sind! Wir wollen! Und wir schaffen! Von der Großherzoglichen Kunstschule zur Bauhaus-Universität Weimar. 1860 – 2010*, Bd. II, Weimar 2012

Wolfgang Thöner, „Staatsdoktrin oder Regimekritik. Die Bauhaus-Rezeption in der DDR 1963 – 1990“, in: Philipp Oswalt (Hg.), *Bauhaus Streit. 1919 – 2009. Kontroversen und Kontrahenten*, Ostfildern 2009, S. 232 – 248

Ulrich Wieler: *Bauen aus der Not. Architektur und Städtebau in Thüringen 1945 – 1949*, Köln 2011

Klaus-Jürgen Winkler, „Bemerkungen zur Bauhausrezeption an der Weimarer Hochschule unmittelbar nach dem Kriege“, in: *Wissenschaftliche Zeitschrift der Hochschule für Architektur und Bauwesen Weimar*, 38 (1992), H. 5/6, S. 277 – 286

1   Anfrage von Offenberg vom 25. Mai 1945. Die Genehmigung wurde am 28. Mai 1945 mündlich erteilt. Thüringisches Hauptstaatsarchiv Weimar (ThHStAW), Ministerium für Volksbildung, Nr. C 1512, Bl. 244.

2   Hubert Hytrek, Paul Heinz Otte, Günther Schubert, Hans Lahnert, Friedrich Schmidt und Franz Witzani.

3   Vgl. Norbert Korrek, „Für den Aufbau der Städte und Dörfer. Diplomarbeiten an der Abteilung Baukunst zwischen 1945 und 1950", in: Klaus-Jürgen Winkler (Hg.), *Neubeginn. Die Weimarer Bauhochschule nach dem Zweiten Weltkrieg und Hermann Henselmann*, Weimar 2005, S. 107 – 119.

4   Christian Schädlich, „Zur Geschichte der Hochschule für Architektur und Bauwesen Weimar seit 1945", in: *Wissenschaftliche Zeitschrift der Hochschule für Architektur und Bauwesen (HAB) Weimar*, 6 (1958/59), H. 4, S. 269 – 280; Christian Schädlich, „Der Neubeginn an der Hochschule für Baukunst und bildende Künste Weimar im Jahre 1946", in: *Wissenschaftliche Zeitschrift der HAB*, 13 (1966), H. 5, S. 505 – 520; Klaus-Jürgen Winkler, „Bemerkungen zur Bauhausrezeption an der Weimarer Hochschule unmittelbar nach dem Kriege", in: *Wissenschaftliche Zeitschrift der HAB*, 38 (1992), H. 5/6, S. 277 – 286; Achim Preiß, Klaus-Jürgen Winkler, *Weimarer Konzepte. Die Kunst- und Bauhochschule 1860 – 1995*, Weimar 1996; Anne Hoormann, „Von der Bauhaus-Idee zur Formalismus-Debatte. Kunstausbildung an der Staatlichen Hochschule für Baukunst und bildende Künste (1946 – 1951)", in: Rolf Bothe, Thomas Föhl (Hg.), *Aufstieg und Fall der Moderne*, Ostfildern-Ruit 1999, S. 223 – 244; Claudia Heitmann, *Die Bauhaus-Rezeption in der Bundesrepublik Deutschland 1949 bis 1968. Etappen und Institutionen* (Dissertation an der Hochschule der Künste Berlin), 2001; Martin Bober, *Von der Idee zum Mythos. Die Rezeption des Bauhaus in beiden Teilen Deutschlands in Zeiten des Neuanfangs (1945 und 1989)* (Dissertation an der Universität Kassel), 2006, und Wolfgang Thöner, „Staatsdoktrin oder Regimekritik. Die Bauhaus-Rezeption in der DDR 1963 – 1990", in: Philipp Oswalt (Hg.), *Bauhaus Streit. 1919 – 2009. Kontroversen und Kontrahenten*, Ostfildern 2009, S. 232 – 248.

5   Vgl. Norbert Korrek, „Zur Bauhaus-Rezeption an der Weimarer Hochschule von 1945 und 1979", in: Frank Simon-Ritz, Klaus-Jürgen Winkler, Gerd Zimmermann (Hg.), *Aber wir sind! Wir wollen! Und wir schaffen! Von der Großherzoglichen Kunstschule zur Bauhaus-Universität Weimar 1860 – 2010. Band 2: 1945 – 2010*, Weimar 2012, S. 177 – 224.

6   Brill war Landtagsabgeordneter der SPD und Ministerialdirektor im thüringischen Innenministerium. Er erläuterte in der Diskussion des Landtages über die Organisation und Betriebsführung des Bauhauses, in die am 16. März 1923 auch der Direktor Walter Gropius eingreifen musste, die Haltung der SPD zum Bauhaus und verurteilte die Polemik der rechten Parteien, die in der expressionistischen Kunsttätigkeit des Bauhauses eine „Zelle des Kommunismus" sahen.

7   Im Konzentrationslager Buchenwald konstituierte sich am 5. Juli 1944 über weltanschauliche und Parteigrenzen hinweg ein Volksfrontkomitee unter Leitung von Hermann Brill. Vgl. Manfred Overesch, *Hermann Brill, Ein Kämpfer gegen Hitler und Ulbricht*, Bonn 1992, S. 289 – 291.

8   Schulpolitischer Entwurf des Buchenwalder Volksfrontkomitees (Entwurf schulpolitischer Sofortmaßnahmen); vgl. Hans Brumme, „Über die Tätigkeit der Erziehungskommission des illegalen deutschen Volksfrontkomitees im Konzentrationslager Buchenwald im Jahre 1944", in: *Monumenta Paedagogica*, (Band XV: Lehrer im antifaschistischen Widerstandskampf der Völker, 1. Folge, Reihe B: Bildungspolitische und pädagogische Bestrebungen der Arbeiterbewegung bis 1945), Berlin 1974, S. 387 – 395.

9   Aktennotiz einer Besprechung zwischen Dr. Brill und Walter Wolf am 13. Juni 1945 über Weimarer Fach- und Hochschulangelegenheiten, ThHStAW, Thüringisches Volksbildungsministerium, 3856, Bl. 65.

10 Entwurf Brief Wolf an Offenberg vom 25. Juli 1945, ThHStAW, Thüringisches Volksbildungs-
    ministerium, 3856, Bl. 62.

11 Hermann Henselmann, *Reorganisationsplan für die Staatliche Hochschule für Baukunst und bil-
    dende Künste in Weimar*, 18. August 1945, Archiv der Moderne/Universitätsarchiv der Bauhaus-
    Universität Weimar (AdM/UA Weimar), I/01/777; ebenso: ohne Datum, ThHStAW, Thüringisches
    Volksbildungsministerium, 3856, Bl. 68–71.

12 (H.W.A.) „,Bauhaus' wird wieder Bauhaus. Einrichtung eines Lehrstuhls für ländliches Bauen", in:
    Tägliche Rundschau (Berlin) vom 16. September 1945.

13 Brief mit der Stellungnahme der Deutschen Zentralverwaltung für Volksbildung in der SBZ an die
    Landesverwaltung Thüringen, Abt. Volksbildung, vom 8. Dezember 1945, ThHStAW, Thüringi-
    sches Volksbildungsministerium, 3880, Bl. 1–3.

14 Hermann Henselmann, Besuch bei der Zentralverwaltung für Volksbildung in Berlin wegen der
    Eröffnung und der Reorganisation der Staatlichen Hochschule für Baukunst und bildende Künste
    am 21. Januar 1946. Gedächtnisprotokoll vom 25. Januar 1946, ThHStAW, Thüringisches Volksbil-
    dungsministerium, 3880, Bl. 24–26; ebenso: AdM/UA Weimar, I/01/823, Bl. 168 f.

15 Hermann Henselmann, Besuch in Berlin am 28. Januar 1946, Gedächtnisprotokoll vom 5. Februar
    1946, ThHStAW, Thüringisches Volksbildungsministerium, 3880, Bl. 27–29.

16 Brief Henselmann an Hassenpflug vom 14. September 1945, AdM/UA Weimar, II/01/109, Bl. 22.

17 Hassenpflug wurde im Juni 1945 die Leitung der Wiederinstandsetzung der Berliner Charité und
    der Institute der medizinischen Fakultät übertragen. Von September 1945 bis April 1946 schuf er
    im Rahmen der „Seuchen- und Krankenbettenaktion" zusätzlichen Raum für 20 000 Krankenbet-
    ten. Vgl. auch Paul Vogler, Gustav Hassenpflug, *Das Gesundheitswesen in der Bauplanung Berlins*,
    Berlin 1948.

18 Brief Hassenpflug an Henselmann (Eingang bei Henselmann am 18. September 1945), AdM/UA
    Weimar, II/01/109, Bl. 20.

19 Brief Henselmann an Hassenpflug vom 14. März 1946, AdM/UA Weimar, II/01/109, Bl. 27.

20 Brief Hassenpflug an Henselmann vom 21. März 1946, AdM/UA Weimar, II/01/109, Bl. 28.

21 Brief Henselmann an Hassenpflug vom 8. April 1946, AdM/UA Weimar, II/01/109, Bl. 30.

22 Reichskunstwart in der Zeit der Weimarer Republik und Unterstützer des Weimarer Bauhauses.

23 Brief Edwin Redslob an Landespräsident Dr. Paul vom 27. Februar 1946, ThHStAW, Thüringisches
    Volksbildungsministerium, 3880, Bl. 44.

24 Handschriftlicher Brief Hassenpflug an Henselmann (Eingang bei Henselmann am 14. Juni 1946),
    Pfingsten 1946, AdM/UA Weimar, II/01/109, Bl. 32. Hassenpflug hatte diesen Vortrag auf Einla-
    dung von Max Taut bereits im Februar an der Hochschule für Bildende Künste Berlin gehalten.

25 Brief Hassenpflug an Henselmann vom 29. August 1946, AdM/UA Weimar, II/01/109, Bl. 35.

26 Marschall W. Sokolowski, Befehl des Obersten Chefs der SMA und Oberkommandierenden der
    Sowjetischen Besatzungstruppen in Deutschland Nr. 188, Berlin, 1. Juli 1946, AdM/UA Weimar,
    I/01/838 Akte SMA.

27 Vgl. „Aus Trümmern zu neuem Bauen. Die Hochschule für Baukunst und Bildende Künste in Wei-
    mar", in: *Athena*, 1 (1946), H. 6, S. 26–31.

28 Die Ausstellung war vom 25. bis zum 31. August 1946 auch für die Öffentlichkeit zugänglich. Vgl.
    „Eröffnung der ersten Bauhochschule", in: *Thüringer Volk* vom 22. August 1946, Titelseite.

29 Joost Schmidt, Gustav Hassenpflug, „Bauhaus-Aufruf. Berlin Juli 1946", in: *Blick in die Welt*,
    1 (1946), H. 45, S. 45.

30 Brief Hassenpflug an Henselmann vom 29. August 1946, AdM/UA Weimar, II/01/109, Bl. 35.

31 Vgl. Ulrich Wieler, *Bauen aus der Not. Architektur und Städtebau in Thüringen 1945–1949*, Köln 2011.

32 Vgl. Christian Grohn, *Gustav Hassenpflug. Architektur, Design, Lehre. 1907–1977*, Düsseldorf 1985.

33 Auszug aus dem Programm der Bauhochschule: „Der Architekt muß die rechte Beziehung zu den Elementen der Stadt gewinnen, und die Erkenntnis der großen und der feinen Zusammenhänge kann nur erreicht werden durch systematische Beobachtung der verschiedenen städtebaulichen Erscheinungen. Für Beobachtungsstudien und für das Sammeln und Verarbeiten des städtebaulichen Materials sind wissenschaftliche Methoden unerläßlich." In: *Staatliche Bauhochschule Weimar*, Weimar 1929. In einem Interview mit Franziska Bollerey meinte Van Eesteren 1987: „Im Grunde genommen muß man zwischen Städtebau-Architekten, Städtebau-Ingenieuren und Städtebau-Soziologen unterscheiden." Franziska Bollerey (Hg.), *Cornelis van Eesteren. Urbanismus zwischen „de Stijl" und C.I.A.M.*, Braunschweig/Wiesbaden 1999, S. 29.

34 Vgl. ebd., S. 28 – 32.

35 Gustav Hassenpflug, „Kunst im Menschlichen verankert. Geist und Geschichte des Bauhauses", in: *Bildende Kunst*, 1 (1947), H. 7, S. 20–23. Hassenpflug hatte für den Katalog der 1946 nicht realisierten Bauhaus-Ausstellung in Berlin Beiträge über den Vorkurs, die Architektur am Bauhaus und die Auswirkungen des Bauhauses auf die Industrie vorbereitet.

36 Gustav Hassenpflug, „Ein Bahnhofsvorplatz. Seminararbeit der Hochschule für Baukunst und bildende Künste Weimar", in: *Bauen und Wohnen*, 3 (1948), H. 8/9, S. 200.

37 Vgl. Holger Barth, Thomas Topfstedt u. a., *Vom Baukünstler zum Komplexprojektanten. Architekten in der DDR*, Berlin 2000, S. 102 f.

38 „Wettbewerb Wiederaufbau Altstadt Nürnberg", in: *Baumeister*, 45 (1948), H. 5 – 7, S. 203.

39 Gerhard Stedtler, „Strukturuntersuchung und Rekonstruktion von Meuselwitz", in: *Bauplanung und Bautechnik*, 3 (1949), H. 8, S. 310–314.

40 Egon Hartmann, „Entwurf einer Bandstadt. Planung zur Ansiedlung der sudetendeutschen Glasindustrie", in: *Bauen und Wohnen*, 4 (1948), H. 1, S. 34 – 36.

41 Siehe Wieler: http://www.irs-net.de/download/aktuelles/Werkstatt8Abstracts.pdf (letzter Zugriff 8.5.2012).

42 Aufgabenstellung für die Diplomarbeit Hartmut Colden vom 8. Juli 1948, AdM/UA Weimar, III/01/067.

43 „Gropius gab uns noch die Titel von 2 Büchern, die er für die wichtigsten Neuerscheinungen hält." Es handelte sich um László Moholy-Nagy, *Vision in Motion*, Chicago 1947, und Alexander Dorner, *The Way Beyond „Art"*, New York 1947. Vgl. Brief Hassenpflug an Henselmann vom 6. September 1947, AdM/UA Weimar, II/01/109, Bl. 62.

44 CIAM – Congrès International d'Architecture Moderne. Hassenpflug plante seit seiner Berufung mit Unterstützung von Henselmann, wenn auch erfolglos, die Gründung eines Instituts für Bauhygiene. Besonders durch die CIAM-Tagungen 1947 und 1949 sah Hassenpflug die Notwendigkeit eines „gesundheitlichen Städtebaus" und seine „bisher unerhörten Forderungen an die Belichtung und Besonnung der Wohnungen" bestätigt. Vgl. Andreas Butter, *Neues Leben, neues Bauen. Die Moderne in der Architektur der SBZ/DDR 1945 – 1951*, Berlin 2006, S. 64.

45 Giedion, Roth und Schmidt stimmten diesem Vorschlag zu und benannten für Polen den Architekten Simon Syrkus, Warschau, für die Tschechoslowakei die Architekten Bohuslav Fuchs, Brünn, oder Josef Havlicek, Prag. Während Schmidt Zweifel äußerte, dass die beiden Architekten einer Einladung Folge leisteten, waren Giedion und Roth der Meinung, dass beide Architekten an der Entwicklung der modernen Architektur in Ostdeutschland stark interessiert seien. Hassenpflug sagte zu, die Angelegenheit mit Henselmann in Weimar im Sinne einer Einladung der beiden Architekten zu besprechen. Vgl. Aktennotiz Hassenpflug vom 21. September 1948, AdM/UA Weimar, II/01/109, Bl. 92.

46 Protokoll der Vorstandssitzung vom 17. November 1949, ThHStAW, SED-Bezirksparteiarchiv Erfurt, IV-07/768/010, Bl. 21.

47 Protokoll der Vorstandssitzung vom 3. November 1949, ebd., Bl. 17.

48 Protokoll der Vorstandssitzung vom 10. November 1949, ebd., Bl. 19.

49 Protokoll der Vorstandssitzung vom 17. November 1949, ebd., Bl. 23.

50 1948 lobte die Stadt Rostock einen Architekturwettbewerb zur Neugestaltung des Neuen Marktes und seiner Umgebung aus. Hassenpflug erhielt zusammen mit cand. arch. Hentsch einen Ankauf.

51 Wettbewerb Durchgangsstraße zwischen Berliner Straße und Sandower Brücke 1948. Hassenpflug und Raeder zusammen mit cand. arch. Solden erhielten einen Ankauf.

52 Die Jury des Wettbewerbs zur Neugestaltung des Neuen Marktes in Rostock wurde von Hans Freese geleitet. Er studierte bei Thiersch und Bonatz, war seit 1941 Professor an der Technischen Hochschule Berlin-Charlottenburg und arbeitete bis Ende des Krieges in Albert Speers Arbeitsstab für den Wiederaufbau bombenzerstörter Städte; von 1949 bis 1950 war er Rektor der Technischen Universität Berlin.

53 Die Deutsche Wirtschaftskommission (DWK) war die zentrale deutsche Verwaltungsinstanz in der SBZ, die zunehmend Regierungsfunktionen übernahm, bis sie 1949 in der Regierung der DDR aufging. Vgl. *DDR Handbuch*, Köln 1985, S. 276.

54 Brief Hassenpflug an Henselmann vom 27. Januar 1949, AdM/UA Weimar, II/01/109, Bl. 103.

55 Vgl. Hermann Henselmann, *Drei Reisen nach Berlin*, Berlin 1981, S. 318 f.

56 Gerhard Strauss, Deutsche Zentralverwaltung für Volksbildung, Bericht über die Hochschule für Baukunst und bildende Künste Weimar, 14. August 1948, AdM/UA Weimar, I/01/003, Bl. 47.

57 Fritz Dähn, „Richtigstellung", in: *Thüringer Volk* (Weimar), Nr. 53 vom 4. Juni 1950.

Max Welch Guerra

Fachdisziplin und Politik

Stadtplanerische Fachdebatte und gesellschaftspolitische Reformbestrebungen
an der Hochschule für Architektur und Bauwesen Weimar

Prolog

Mit der Expertise der „Städtebauprognose"[1] und dem Programm für ein „Industrielles Gartenreich",[2] beide in den letzten Monaten des Jahres 1989 ausformuliert
bzw. fertiggestellt, lagen zum Zeitpunkt des Zusammenbruchs der DDR zwei bemerkenswerte Entwürfe für ein neues räumliches Entwicklungsmuster des Landes vor. Beiden Arbeiten liegt eine im Wesentlichen gemeinsame Reformvorstellung für den Städtebau, die Stadt- und die Territorialplanung der DDR zugrunde,
deren Realisierung eine grundlegend neue gesellschaftspolitische Entwicklungsstrategie vorausgesetzt hätte. Beide Entwürfe können auch als eine umfassende,
fachlich sehr kompetent begründete Kritik des bis dahin verfolgten räumlichen
Entwicklungsmusters der DDR gelesen werden, eine Kritik, die einmalig sein
dürfte. Eine Grundlage beider Entwürfe ist eine wissenschaftliche Innovation, die
auf eine stärkere Integration gesellschaftswissenschaftlicher Inhalte in die räumliche Planung zielte und in der Ausbildung von Stadtplanern und Architekten an
der Hochschule für Architektur und Bauwesen (HAB) Weimar einen Niederschlag
gefunden hatte. Eine andere Quelle beider Entwürfe ist die systematische Rezeption ausländischer Erfahrungen, vor allem aus dem deutschsprachigen Ausland.
Beide Entwürfe sind aus offiziellen Institutionen heraus entwickelt worden, und
zwar durch ein informelles Netzwerk von Fachleuten, das sich zunächst an der
HAB Weimar herausbildete und später im Institut für Städtebau und Architektur
an der Bauakademie der DDR und dem Bauhaus Dessau Fuß fassen konnte. Dieses Netzwerk war 1989 mithin dabei, sich Mechanismen der systematischen Produktion und Reproduktion von Fachwissen, Institutionen der Implementation
raumwirksamer Politikfelder und Institutionen des internationalen Austauschs
einschließlich der Potenziale für fachpolitische Legitimation anzueignen.

Die lawinenartige politische Wende ab Oktober 1989 hat diese beachtlichen
Leistungen von Fachleuten für lange Jahre unsichtbar werden lassen. Dies gilt
auch für andere kritische Beiträge, die unter den Bedingungen der DDR hervorgebracht wurden und Ergebnisse engagierter, oft sehr kontroverser und immer

wieder auch gewagter Debatten waren. Es widerspricht der weitverbreiteten Vorstellung, die DDR sei eine monolithische Gesellschaft gewesen, in der der Generalsekretär des Zentralkomitees (ZK) der SED und Vorsitzende des Staatsrates nicht nur den Anspruch, sondern auch die Fähigkeit gehabt habe, bis in einzelne Politikfelder hinein Ziele und Wege zu bestimmen. Solche Vorstellungen gehen einher mit der Annahme, die SED sei ein homogener Akteur, ein verlässliches Instrument gewesen, um die als richtig deklarierte politische Linie durchzusetzen. Jedoch: Keine fünf Jahre hätte sich die DDR halten können, wenn die Macht der Spitze nicht durch das Gegengewicht der einzelnen Segmente der ostdeutschen Gesellschaft korrigiert worden wäre. In ihrer vierzigjährigen Existenz wurde die DDR durch ein komplexes Geflecht von Institutionen mit je eigenen Interessen und einem differenzierten Repertoire an Aushandlungsmechanismen zusammengehalten. Dieses Geflecht brachte unentwegt Konflikte hervor. Für das Erkenntnisinteresse gesellschafts- und planungswissenschaftlicher Forschung sind solche Konflikte sehr wertvoll; wer sie rekonstruiert, erhält Aufschluss über eine untergegangene Gesellschaftsformation.

Wie die meisten Beiträge dieses Bandes handelt auch meiner von dem bewegten, spannungsreichen und widersprüchlichen Innenleben dieses komplexen Geflechts. Im Hintergrund meiner Beschäftigung mit der Planerausbildung in Weimar steht die Frage, inwieweit auch unter den Bedingungen der verfassungsmäßig vorgegebenen führenden Rolle der Partei der Arbeiterklasse, inwieweit unter den spezifischen Bedingungen des Herrschaftssystems der DDR sich die wissenschaftlichen Disziplinen ein Mindestmaß an Eigensinn[3] erarbeitet, erkämpft haben. Die Neugier wird verständlicher, wenn wir bedenken, dass die HAB die einzige universitäre Ausbildungsstätte für Planer in der DDR war – und, wie wir sehen werden, eine Brutstätte für die kritische Fachöffentlichkeit des Landes.

Aber zuvor sollen weitere Hindernisse angesprochen werden, die immer noch wie dicke Mauern den Einblick in die Geschichte der Forschung und Lehre im Bereich Planung verhindern. Wesentlich ist der auch unter Akademikern übliche Blick auf die räumliche Geschichte der DDR. Deren städtebauliche Produktion wird weiterhin auf das auffälligste Ergebnis reduziert: die Errichtung von Großsiedlungen. Diese und die Vernachlässigung der Altstädte und kaiserzeitlichen Bestände, die Seltenheit von Stararchitekten sowie die dominierende Formensprache erwecken kaum Neugier, geschweige denn Forschungsambitionen.

Dass die Leistungen der Lehrenden und der Forschenden im Bereich Planung an der HAB Weimar ignoriert wurden, hat viel zu tun mit der Art und Weise, wie die Bundesrepublik die DDR-Strukturen übernommen hat. Die Bundesrepublikanisierung der ostdeutschen Hochschullandschaft bestand nicht nur in Um- und

Neugründungen von Anstalten höherer Bildung, sondern war Teil eines durchgreifenden Wechsels der Funktionselite, bei dem die spezifischen ostdeutschen Biografien entwertet wurden. Was unter DDR-Bedingungen als Verdienst hätte angesehen werden können, wurde nach der Wende oft oder gar zumeist übersehen.

Die Ignoranz gegenüber den akademischen Leistungen im Bereich Architektur und Städtebau ist mit der Bosheit der Erneuerer aus dem Westen allein nicht zu erklären. Dahinter verbirgt sich ein grundsätzliches Problem: Die DDR war – und ist heute noch – für die allermeisten Wissenschaftler in der Bundesrepublik eine Terra incognita, wofür historisch zuallererst der Kalte Krieg und das spezifische Sicherheitsregime in der DDR verantwortlich sind. Aber dies hatte die Folge, dass kaum ein Westkollege auf die Idee kam, sich für die inneren Zusammenhänge der ostdeutschen Gesellschaft zu interessieren, die üblicherweise mit dem gerade untergegangenen Staat identifiziert wird. Und die DDR-Kollegen selbst, denen die inneren Widersprüche und Konflikte sehr wohl bekannt waren, denn sie hatten ihr akademisches oder berufspraktisches Leben ausgemacht, liefen Gefahr, als Unverbesserliche, als Ewiggestrige dazustehen, die ein offensichtlich gescheitertes System im Nachhinein reinwaschen und sich selbst als Helden präsentieren wollten.

Der Untergang der DDR liegt nunmehr mehr als zwei Jahrzehnte zurück. Der Blick des Forschers kann sich heute besser entfalten. Wir sind dabei, die Geschichte der Stadtplanung und des Städtebaus in einer immer stärker werdenden gesamteuropäischen Perspektive zu schreiben. Neben den spezifischen Zügen einer jeden Nationalgeschichte werden heute die Gemeinsamkeiten, Parallelen und Ähnlichkeiten sichtbar, die uns helfen, die Frage nach Ursache und Wirkung historischer Erscheinungen klarer zu stellen, die Wirkung einzelner als lokaler oder nationaler Ausdruck bestimmter langfristiger Trends der europäischen Gesellschaften, der Industriegesellschaft des 20. Jahrhundert oder, in unserem Fall, der Ablösung der städtebaulichen Moderne durch eine Nachmoderne, die uns immer noch umtreibt.

Die Beschäftigung mit der DDR, auch die Beschäftigung mit den politischen Implikationen der Planerausbildung an der HAB, ist auch in einer anderen Perspektive aufschlussreich. Die DDR war das entwickeltste Land des Sozialismus im 20. Jahrhundert. Wer sich Gedanken über Alternativen zum Kapitalismus macht, sollte die inneren Konflikte der DDR aufmerksam erkunden. Gerade die Kritik, die aus der Sektion 5 der HAB in Weimar, also der Planungsfakultät hervorging, blieb nicht an der Oberfläche, sondern nahm innere Widersprüche wahr und ernst und verwies auf grundsätzliche Mängel des Gesellschaftmodells. Sie eröffnet einen Blick auf die Grundlagen der gesamtgesellschaftlichen Reproduktion, sie liefert eine geradezu politökonomische Kritik dieser Gesellschaftsformation.

Runde oder halbrunde Jahrestage der Gründung der DDR waren immer wieder Anlass, Briefmarken herauszugeben, die das politische Selbstverständnis der Staats- und Parteiführung ausdrücken sollten. So auch das 35. Jubiläum. Die Marke bringt in kaum zu steigernder Zuspitzung die Gesellschaftsstrategie der Ära Honecker zum Ausdruck, und zwar in drei Dimensionen: der materiellen Produktion sowie der materiellen und der politischen Reproduktion des Systems. Der industrialisierte Wohnungsbau steht für die Stadtentwicklung insgesamt und dient der Wohnungsversorgung von Kleinfamilien der Arbeiterklasse. Diese sind darob beglückt und legitimieren daraufhin die Politik ihres Staates. Die fachliche und fachpolitische Kritik, von der in diesem Text die Rede ist, entzündete sich just an diesen drei Dimensionen und setzte an bei den Implikationen eben dieses Wohnungsbaus.

Räumliche Planung in der Planwirtschaft

Der Aufbau einer Gesellschaftsordnung, die im Gegensatz zum Kapitalismus nicht auf den Markt, sondern explizit auf Planung als den maßgeblich steuernden Mechanismus setzte, schlug sich in der DDR paradoxerweise nicht in einer Stärkung der räumlichen Planung nieder, wie sie sich in der Bundesrepublik in den sechziger Jahren kräftig durchsetzte.[4] Der Durchsetzungsfähigkeit politisch favorisierter Sektoralplanungen stand eine entsprechend schwache Position der räumlichen Koordinierung durch die Planung der Städte und Bezirke gegenüber. Im Laufe der fünfziger Jahre verstärkte sich in der DDR der vertikale Politikstil; Schlüsselpersonen des DDR-Städtebaus beklagten einige Jahre später eine „einseitige [...] Priorität der Technologie" und einen „gewissen Ökonomismus".[5] Für die Umsetzung dieser Prägung des Gesellschaftsmodells wie für spätere Varianten wurden Experten gebraucht, deren Fachwissen indessen notwendigerweise zu Herrschaftswissen wurde. Innerhalb bestimmter politischer Grenzen und innerhalb des herrschenden Diskurses hatten Wissenschaftler ein eigenes Gewicht. Schon in den fünfziger Jahren machten sie davon Gebrauch.[6]

Der Blick in die *Wissenschaftliche Zeitschrift der Hochschule für Architektur und Bauwesen in Weimar* lässt erkennen, wie unmissverständlich einzelne Wissenschaftler schon Ende der fünfziger Jahre politische Vorgaben kritisierten und wie sehr diese Kritik in Vorschläge für Veränderungen der eigenen akademischen Arbeit gewendet wurde. So zeigen die Autoren des – durch den trockenen Titel harmlos daherkommenden, aber inhaltlich selbstbewussten wie programmatischen – Beitrags „Entwicklungsstand der räumlichen Planung und Schlußfolgerungen für die Ausbildung von Architekten und Ingenieuren", der Lehrstuhlinhaber für Standort- und Städteplanung Ludwig Küttner und seine Mitarbeiter Wolfgang Ermer und Paul Brodhun,[7] auf, dass das vorherrschende Konzept der Ökonomie stark auf die Rationalität einzelner Betriebe reduziert wurde. Was sich wie eine innerfachliche Detailfrage anhören mag, war eine brisante gesellschaftspolitische Aussage, spielte doch die ökonomische Rationalität als Begründung und als Legitimation für politische, besonders für räumliche Entscheidungen in der DDR eine sehr große Rolle. Der historische Augenblick macht das Anliegen und die Emphase der Stellungnahme verständlich. Eine Staatsreform[8] stärkte gerade die Stellung der räumlichen Planung in der DDR zumindest formal, allerdings als ein Mittel für die Durchsetzung des Ausbaus der Schwerindustrie.

Zwei Intentionen kommen im Beitrag von Küttner, Ermer und Brodhun zum Ausdruck. Zum einen geht es darum, eine exzessive Bevorzugung der Produktionssphäre gegenüber der Reproduktionssphäre abzuwenden, also etwa der

Standortplanung von Industriebetrieben gegenüber anderen Elementen der Siedlungsstruktur. Volkswirtschaftliche Rationalität, so die Autoren, setze die angemessene räumliche Verteilung von Betrieben, Wohnungen und der sozialen wie technischen Infrastruktur voraus. Die Rationalität der gesellschaftlichen Entwicklung verlange dabei räumliche Entscheidungen, deren Angemessenheit nicht allein mit Geld oder anderen quantitativen Kennziffern ermessen und kalkuliert werden könne. Eine harmonische gesellschaftliche Entwicklung verlange gleichfalls die Berücksichtigung der kulturellen Ebene bis hin zur Beachtung künstlerisch-gestalterischer Kriterien.

Zum anderen wird erwogen, wie die Hochschule auf diese neue Etappe der Gesellschaftsentwicklung reagieren soll. Angesichts der Fragmentiertheit der öffentlichen Dinge müsse der Zusammenhang durch eine Integration der Lehrstühle gewährleistet werden. „Ein schöpferischer Meinungsstreit auf breiter Basis",[9] so das Leitbild der Autoren, solle daraus hervorgehen und die Qualität der Hochschule selbst erhöhen. Die Hochschule habe gegenüber der Praxis – gemeint ist hier ohne Zweifel die herrschende Politik – Stellung zu nehmen. Dieses Konzept einer fachpolitisch streitbaren Hochschule wird ergänzt durch die Forderung nach einem Aufbaustudiengang, der etwa unter dem Namen Städtebau Experten ausbilde, die von vornherein diese unterschiedlichen Belange kennen und berücksichtigen. Chancen hierzu ergaben sich im darauffolgenden Jahrzehnt.

Nach der Auflösung der Hochschule für Bauwesen in Cottbus 1963 wurde die planerische Fachrichtung Stadtplanung und Stadttechnik entsprechend der bisherigen Verankerung an die Fakultät Bauingenieurwesen nach Weimar versetzt. Doch nicht die Versetzung der Planerausbildung von Cottbus nach Weimar 1963, sondern die 1969 erfolgte Gründung der Planungsfakultät als fünfte Sektion der HAB – neben den Sektionen Architektur, Bauingenieurwesen, Baustoffkunde und Baustofftechnologie – erweist sich im Nachhinein als der qualitative Sprung der Disziplin in Weimar.

Gründung der Sektion und des Studiengangs Städtebau und Gebietsplanung 1969

Während an der HAB Weimar Ende der sechziger Jahre intensiv über den Stand der Planerausbildung diskutiert wurde, erhöhte sich der gesellschaftlich artikulierte Bedarf nach einer breiter ausgelegten wissenschaftlichen Disziplin wie nach verwaltungsmäßig verankerter Planung. Zwei Dokumente zeugen von den Positionen, die damals an der Hochschule vertreten wurden. Im Sommer 1968 legte der Professor für Städtebau und Entwerfen Hermann Räder ein konzeptionelles Papier vor, das auf die Gründung eines Studiengangs zielt, der „Gebiets-, Stadt- und Dorfplanung" genannt wird. Dieser Studiengang unterscheidet die nach den Herkunftsdisziplinen Architektur und Bauingenieurwissenschaften getrennten Fachrichtungen Städtebau bzw. Gebiets- und Stadttechnik und setzt auf eine Zusammenführung von technischen, ökonomischen und gestalterischen Fächern. Die Gesellschaftswissenschaften sind hier nur schwach vertreten. Während die Studenten beider Fachrichtungen gemäß der vorgelegten Studienordnung beispielsweise 75 Stunden Ökonomie der Bauwirtschaft und 30 Stunden Rekonstruktion der Zentren und Altstädte zu belegen haben, sind für beide Gruppen nur 15 Stunden Soziologie vorgesehen.

Darauf antwortete Joachim Bach im Januar 1969 mit folgenreichen „Bemerkungen zur Sektion Gebiets-, Stadt- und Dorfplanung".[10] Bach, Jahrgang 1928, gehörte zur ersten Generation von Akademikern, die unter DDR-Bedingungen studierten.[11] Er war von 1964 bis 1969 Stellvertreter des Chefarchitekten für den Aufbau von Halle-Neustadt, ebenso Stellvertreter des Direktors des Büros für Städtebau und Architektur des Bezirks Halle. Er gehörte zu den ersten Promovierten auf dem Gebiet des Städtebaus in der DDR. Das zwölfseitige Papier erscheint im Nachhinein als das Gründungsdokument für den Studiengang Gebietsplanung und Städtebau. Es verzichtet weitgehend auf Parteirhetorik, nimmt nur als Ausgangspunkt Bezug auf die politisch vorgegebene Aufgabe der Weiterentwicklung der Siedlungsstruktur und der Umgestaltung der Städte und liefert eine kurze, aber konturenreiche Definition für die neue Fakultät, die nun zu gründen sei: „Die historische Einmaligkeit d[ies]er Entwicklung, die sich im Zeitraum der nächsten 20 bis 50 Jahre vollziehen wird und gegenwärtig forciert einsetzt, stellt Forschung und Praxis vor Probleme, die im bisherigen Rahmen der Architektur- bzw. Ingenieurwissenschaft nicht mehr zu lösen sind, weil sie stets als Komplex soziologischer, ökonomischer, technischer und gestalterischer Fragen auftreten."[12]

Das Papier begründet des Weiteren die Notwendigkeit des neuen Studiengangs mit einem Hinweis auf die Entwicklung in den anderen sozialistischen Ländern, aber auch in den USA und der Bundesrepublik. Die Diskussion über die Weiterentwicklung der Architekturausbildung in Westdeutschland, die auf der Bundestagung des Bundes Deutscher Architekten 1967 stattgefunden hatte, die „Empfehlungen des Wissenschaftsrates der Bundesrepublik zur Ausbildung von Architekten und Planern 1967" sowie das Konzept der Universität Dortmund, in der gerade der erste Planungsstudiengang der Bundesrepublik vorbereitet wurde – sie alle werden explizit angeführt und offensichtlich sehr bewusst reflektiert.

In Bachs Argumentation erscheint als Konstante der Bezug auf eine Erweiterung des Verständnisses von Gesellschaftsentwicklung, die Fixierung auf Ökonomie müsse überwunden, die kulturelle Komponente nunmehr beachtet werden. Betont wird immer wieder die gesellschaftliche Notwendigkeit, „soziologische, ökonomische, ingenieurtechnische und gestalterische Komponenten"[13] als Grundlage des neuen Studiengangs in die Sektion zu integrieren. Im Übrigen bezeichnet er die bisherigen Vorarbeiten für die Sektion als dort am schwächsten, wo es um die Gesellschaftswissenschaften geht, was er damit erklärt, dass die einschlägige Personalbasis fehle.

Mit seinem Vorstoß für die Erweiterung der Dimensionen der räumlichen Planung entsprach Bach einer Tendenz, die in den fortgeschrittenen kapitalistischen Ländern zu jener Zeit ebenso auf der Agenda der kommunalen wie der nationalen Praxis stand. Darin kommt der damalige Übergang zu einem neuen Typus der gesellschaftlichen Steuerung zum Ausdruck, der mit einem Verwissenschaftlichungsschub in der Begründung und zunehmend auch in der Implementation, also der Umsetzung von politischen Entscheidungen, einhergeht.[14] Die Aufwertung der Stadtplanung zum eigenständigen Studiengang an Universitäten und die Kombination analytischer und konzeptioneller, wissenschaftsbasierter mit kreativ-gestalterischen Fachdisziplinen sind Mittel und zugleich Produkte dieser Modernisierung fortgeschrittener Industriegesellschaften. Bach fordert in seinem Papier eine Innovation, von der wir heute wissen, dass sie bestimmend für die folgende Entwicklung sein sollte. Es handelt sich um die Reduzierung der rezeptiven Lehrveranstaltungsformen (Vorlesungen) zugunsten von seminaristischen Formaten und Arbeitsgruppen.

Am 30. Januar 1969 beschloss der wissenschaftliche Rat der Hochschule die Einrichtung des Lehrstuhls Städtebau (Bauleitplanung und Planungselemente des Städtebaues), die Berufung von Bach und die Gründung der Sektion Gebietsplanung und Städtebau zum 1. September 1969.[15] Bach wurde sogleich die Leitung übertragen.[16] Er übernahm noch vor der Berufung die Hauptrolle für die inhaltliche Ausrichtung wie für die institutionelle Zusammensetzung der neuen Sektion. Zum Zeitpunkt der Gründung setzte sich auch die Ansicht durch, das Wissenschaftsgebiet Soziologische Grundlagen sei „von Grund auf neu aufzubauen", denn die Gesellschaftswissenschaften seien „von grundlegender Bedeutung für das Sektionsprofil".[17]

Das offizielle Gründungsdokument des Studiengangs, auf den 15. April 1969 datiert, verkündet ein Profil für die Absolventen, das dem damals in der Bundesrepublik für die Stadtplanung gültigen entspricht – ein Experte mit wissenschaftlicher Qualifikation, der in der Lage ist, soziale, ökonomische, siedlungsstrukturelle, stadttechnische und gestaltungsbezogene Dimensionen der räumlichen Entwicklung wahrzunehmen, zu integrieren und sie im Sinne eines auch langfristig durchdachten Handlungsprogramms zu bearbeiten. Denkmalpflege, ökologische Belange und Bürgerbeteiligung sind in dieser Gründungsphase kaum angedeutet; ähnlich wie in der Bundesrepublik sollten sie erst in den siebziger Jahren eine Konjunktur erfahren. Verwaltungs- und politikwissenschaftliche Kompetenzen, etwa die Vermittlung von Planungsinstrumenten oder eines Begriffs von Implementation, werden nicht eigens erwähnt. Internationalisierung erscheint vor allem passiv, verstanden als Wahrnehmung dessen, was im Ausland geschieht.

In der DDR kündigten sich gerade größere Reformen an, denn die Politik, die unter Walter Ulbricht in der zweiten Hälfte der sechziger Jahre umgesetzt wurde, galt als gescheitert. Wichtige Veränderungen standen an, die die Rahmenbedingungen für die räumliche Planung und die Planerausbildung stark beeinflussen sollten. Im Zuge der Ablösung Ulbrichts durch Erich Honecker als Generalsekretär des ZK der SED im Mai 1971 kam es zu einem Kurswechsel. Fortan wurde eine Strategie der „Einheit von Wirtschafts- und Sozialpolitik" erarbeitet und umgesetzt, die die Lebensqualität der Bevölkerung spürbar erhöhen sollte. Ein Wohnungsbauprogramm wurde beschlossen, das als das Kernstück dieser Strategie galt und bis 1990 die „Wohnungsfrage als soziales Problem" lösen sollte. Der industrialisierte Wohnungsneubau, ausgeführt von wirtschaftlich und politisch mächtigen Wohnungsbaukombinaten, wurde zur wichtigsten Determinante der Stadtentwicklung bis zum Niedergang der DDR zwei Jahrzehnte später. Die Industrialisierung des Wohnungsbaus hatte nicht nur die architektonische und städtebauliche Gestaltung tendenziell zum Spielball der betriebswirtschaftlichen Logik der Baukombinate gemacht, sondern sie veränderte in ihrer DDR-Ausprägung die ganze Stadt- und Siedlungsstruktur, indem ein extensives, also räumlich expansives Modell der Stadtentwicklung durchgesetzt wurde, das die volkswirtschaftlichen sowie die haushaltsbezogenen Parameter verschlechterte sowie die Umweltbelastungen erhöhte. Verbunden war damit die tendenzielle Vernichtung der Innenstädte. Dies erwies sich nicht nur als eine abstrakte kulturhistorische Bedrohung, sondern verschlechterte die Wohnzufriedenheit sowie die Identifizierung mit der Stadt, wie später an der HAB Weimar herausgearbeitet werden sollte.

Die Sektion Gebietsplanung und Städtebau

Die Sektion 5, Gebietsplanung und Städtebau, erwies sich als eine einzigartig zusammengesetzte Fakultät. In der zweiten Hälfte der achtziger Jahre verfügte die Sektion über ein heute noch eindrucksvolles Spektrum an Lehrstühlen, verteilt auf die Wissenschaftsbereiche Regionalplanung und Siedlungswesen, Städtebau, Verkehrsplanung und Stadttechnik sowie Stadtsoziologie. Seit 1969 wirkte in Weimar der Architekt und Sektionsgründer Joachim Bach mit seinem Lehrstuhl Städtebau. Die Verkehrsplanung avancierte 1972 zum eigenen Lehrstuhl und wurde seitdem von Hans Glißmeyer (Jahrgang 1936) geleitet, der kurz zuvor die Lehrbefähigung für das Fachgebiet Straßenverkehrstechnik erhalten hatte. Fred Staufenbiel wurde zum September 1977 als ordentlicher Professor für Marxistisch-Leninistische Soziologie berufen.

Diese Multidisziplinarität setzte sich an einigen Lehrstühlen fort, am konsequentesten am Lehrstuhl Soziologie. In den achtziger Jahren waren dort Vertreter sechs unterschiedlicher Disziplinen beschäftigt: ein Stadtplaner, ein Bauingenieur, eine Sozialpsychologin, eine Philosophin, ein Architekt und schließlich der Soziologe als Lehrstuhlinhaber. Die Studenten wiederum entstammten zwei Richtungen, der Architektur und dem Bauingenieurwesen.[18]

Im Jahr nach der Berufung Staufenbiels wurde ein weiteres Lehrformat eingeführt, das ebenfalls konsequent interdisziplinär war und im Laufe der Zeit in bis dahin unbekannter Weise dem Programm entsprach, das die Kollegen vom Lehrstuhl Standort- und Städteplanung 1957 formuliert hatten: das einer systematischen, kritischen Auseinandersetzung mit den Vorgaben der Staats- und Parteiführung. Das Kommunale Praktikum, so der Name der neuen Lehrveranstaltung, erlangte eine für das Profil des Studiengangs prägende Rolle, seine fachpolitischen Früchte sollten allerdings weit darüber hinausreichen. Das Kommunale Praktikum war hochschuldidaktisch eine Antwort auf das Erfordernis, bei der Ausbildung von Studenten im Bereich der räumlichen Planung zu gewährleisten, dass diese schon während des Studiums mit der Komplexität der Planungspraxis als ein konstitutiver Bestandteil der Ausbildung vertraut werden.[19]

Das Praktikum war ein vierwöchiger Studienabschnitt am Ende des zweiten Fachsemesters unter der Leitung von Fred Staufenbiel und seinen Assistenten Rolf Kuhn und Bernd Hunger, an dem in der Regel etwa fünfzig Studenten teilnahmen, die währenddessen jeweils in der zu untersuchenden Stadt wohnten.[20] Diese Lehrveranstaltungsform fand zwischen 1978 und 1989 jährlich statt. Dabei untersuchten die Studenten vorwiegend Neu- und Altbaugebiete in Groß- und Mittelstädten der DDR. Neben der Arbeit bot die Freizeit einen weiteren Raum für einen intensiven und spontanen Austausch unter den Teilnehmern. Durch städtebauliche Bestandsaufnahmen und Stadtbildanalysen, systematische Beobachtungen der sozialräumlichen Beziehungen sowie der tatsächlichen Nutzung des untersuchten Gebiets, durch Erkundung der Bewohnerstruktur, durch zahlreiche qualitative Einzel- und Gruppengespräche, Kurzinterviews sowie Dokumentenanalysen erarbeiteten die Studenten ein Porträt der Stadt in funktionaler, gestalterischer, sozialer und kultureller Hinsicht. Die Praktika, so einer ihrer Leiter zwanzig Jahre später, haben „die sozialistische Lebensweise nicht normativ verkündet, sondern konkret untersucht (soziale Beziehungen, Tätigkeiten, Niveau der Bedürfnisbefriedigung)".[21] Die hohen Hürden für die Genehmigung von empirischen stadtsoziologischen Studien in der DDR wurden jedes Mal nicht genommen, sondern umgangen.

Entsprechend der Herangehensweise der räumlichen Planung ging es nicht allein um eine Analyse, sondern ebenso um aus dieser Analyse heraus begründete Vorschläge für die weitere Entwicklung des betreffenden Gebiets. Die Arbeit verband die räumlichen mit den sozialen Aspekten der Gebiete in einer Weise, die über die Grenzen der DDR hinaus als pionierhaft anzusehen ist. Die analytischen wie die konzeptionellen Untersuchungsergebnisse blieben nicht hochschulintern, sondern wurden den Stadtarchitekten und weiteren Vertretern der Stadt vorgestellt und mit ihnen diskutiert.

Die Kommunalen Praktika veränderten sich im Laufe der Zeit. Zunächst dienten sie der analytischen und konzeptionellen Bearbeitung ausgewählter Stadtteile. So wurden 1980 in Erfurt die nördliche Innenstadt und 1982 in Rostock Stadtteile des industrialisierten Wohnungsbaus untersucht.[22] 1984 wurde mit Halle erstmals eine ganze Stadt erforscht, unterteilt nach ihren unterschiedlichen städtebaulichen Beständen Altstadt, Gründerzeitbestand, Einfamilienhausgebiete sowie Plattenbaugebiete. Die Kommunalen Praktika gingen mehr und mehr dazu über, nicht nur im engeren Sinne planerische Konzeptionen zu formulieren, sondern auch die politischen Rahmenbedingungen selbst kritisch zu hinterfragen und Gegenvorschläge auszusprechen. Sie haben dementsprechend oft zu Konflikten mit Staats- und Parteiorganen geführt, die Ergebnisse wurden dennoch alle veröffentlicht – bis auf das letzte Jahr.[23]

Fachpolitisch lassen sich die Kommunalen Praktika als ein wichtiger Baustein für eine städtebauliche Neuorientierung interpretieren, wie sie Ende der achtziger Jahre auch in den meisten westeuropäischen Großstädten erfolgte.[24] Hier wie dort beinhaltet diese Neuorientierung, dass erneut eine gesamtstädtische Perspektive eingenommen wird; der Städtebau soll den überlieferten Stadtgrundriss und die Zeugnisse der unterschiedlichen Phasen der Stadtbaugeschichte respektieren; die ererbte Stadt soll zur Grundlage einer Siedlungsentwicklung werden, die den weiteren Flächenverbrauch zu vermeiden sucht; das Zentrum der Stadt gerät wieder in den Mittelpunkt der Fachdebatte; partizipatorische und ökologische Belange werden betont.

Die Neuorientierung der Weimarer Planer stimmt auch in einem weiteren Punkt mit der veränderten Sicht der westeuropäischen Fachleute überein: im besonderen Blick für die Ausdifferenzierung sozialer Gruppen, die nach einer Diversifizierung der Planungsinstrumente zugunsten einer ebenso vielfältigen Stadtteilentwicklung rief.[25] Allenthalben wird in den Dokumenten der Kommunalen Praktika gefordert, die „Spezifik der Stadtteile" – so der in der DDR geläufige Begriff – zu erkennen, zu bewahren und weiterzuentwickeln. Hier geht es eben nicht nur um eine städtebauliche Grundhaltung, sondern auch und erklärtermaßen um die Versorgung einer auch in der DDR wachsenden neuen Mittelschicht aus hochqualifizierten Arbeitskräften mit spezifischen funktionalen und ästhetischen Ansprüchen an das eigene Wohnviertel sowie an das Stadtzentrum. Diese soziale Gruppe stellte eine wichtige Blindstelle des bis 1990 verbindlich gesetzten Wohnungsbauprogramms für die Lösung der Wohnungsfrage dar. Zu dieser Gruppe gehörten indessen auch die bereits arbeitenden wie potenziell die werdenden Fachleute der Sektion und der HAB. Das entsprechende Problembewusstsein war hier deshalb deutlich vorhanden.

Die Herausbildung einer kritischen wissenschaftlichen und fachpolitischen Linie

Durch die Kommunalen Praktika wurden sehr detaillierte und belastbare Erkenntnisse über die baulich-räumlichen wie funktionalen Defizite in vielen Stadtteilen und Städten gewonnen, aber ebenso über die sozialen und kulturellen, die ökonomischen und ökologischen Lebensverhältnisse. So entstand im Laufe der Zeit eine beachtliche Kenntnis der Realität der Stadtentwicklung in der DDR, deren Schlussfolgerungen mit wachsender Evidenz der herrschenden Stadtentwicklungspolitik widersprachen. Die Weimarer Arbeitsweise sorgte für eine Verallgemeinerung des Erkenntnisgewinns unter allen Beteiligten. So entstand eine jährlich wachsende Kohorte von Nachwuchskräften, die zusätzlich zu einer innovativen, interdisziplinären und methodisch anspruchsvollen Ausbildung eine elaborierte kritische fachpolitische Haltung gemein hatten, gewonnen nicht so sehr aus Lehrbüchern als vielmehr aus der gelebten, problemorientierten Auseinandersetzung mit der realen Stadt. Die Absolventen waren sich durch unmittelbare Erlebnisse der gesellschaftlichen Relevanz ihrer Arbeit bewusst. Alles in allem wurde die Basis für eine solide Vernetzung dieser Studenten untereinander und mit Fachleuten in den Städten gelegt. Auch für diese Fachleute brachte die Zusammenarbeit einen Nutzen, denn die Ergebnisse stärkten in der Regel ihre Stellung vor Ort.[26]

Bei alledem waren die Kommunalen Praktika die wichtigste, aber gewiss nicht die einzige Quelle für den Ausbau des fachlichen und fachpolitischen Horizonts der Sektionsangehörigen. Hierfür standen weitere Forschungs- und Kommunikationsformate zur Verfügung, die im Folgenden anhand dreier Beispiele angeführt werden. So hat der Diplomand Andreas Sommerer 1979 in seiner Arbeit „Wohngebiet Ahrensfelde" (Berlin) am Lehrstuhl von Joachim Bach als Erster DDR-weit die typologischen Qualitäten des kaiserzeitlichen Häuserblocks herausgearbeitet und lieferte damit beispielhaft einen wesentlichen Baustein für die damals auch in anderen europäischen Ländern stattfindende Überwindung des nachkriegsmodernen Städtebaus. Eine höhere Stufe der kollektiven Selbstreflexion ermöglichten historische und theoretische Dissertationen über das Handlungsfeld und die Fachdisziplin. So verteidigte der Absolvent des Studiengangs Gebietsplanung und Städtebau Harald Kegler 1987 eine historisch ausgerichtete Dissertation, die die Entstehung der wissenschaftlichen Disziplin Stadtplanung in Deutschland seit der zweiten Hälfte des 19. Jahrhunderts nachzeichnete und in der er unter anderem die Funktionsweise und Bedeutung kommunikativer Institutionen wie Zeitschriften und Kongresse für die Herausbildung und Stärkung der Fachöffentlichkeit herausarbeitete.[27] Das Forschungsthema war aus einem Gespräch des Doktoranden mit Bach hervorgegangen, bei dem festgestellt worden war, dass der Sektion eine gründliche historische Beschäftigung mit der eigenen Disziplin fehlte. Eine beileibe nicht nur akademische Konnotation hatte der Umstand, dass der junge Forscher die Internationalisierung der Fachkommunikation als akademisch notwendig und gesellschaftlich vorteilhaft darzustellen vermochte.

Ein drittes Arbeitsformat waren Zeitschriftenbeiträge. So schrieb der Professor für Raumplanung Gerold Kind Anfang 1988 in der *Wissenschaftlichen Zeitschrift der Hochschule für Architektur und Bauwesen Weimar*, dass die Planung „wegen der unmittelbaren Bedeutung für die Lebenssphäre der Menschen wesentlich über die Ökonomie hinausgehen"[28] müsse. Auch hier ging es darum, die Rationalität der herrschenden Wirtschaftspolitik mit ihrem extensiven Stadtentwicklungsmuster infrage zu stellen. Kind schreibt, es könne „als sicher gelten, daß der energetische Ansatz in der räumlichen Planung geeignet ist, überraschende neue Erkenntnisse zu erbringen, die die Effektivität wirtschaftlicher Strukturen in völlig neuem Licht erscheinen lassen".[29] Diese Kritik am Ökonomismus des Entwicklungsmodells kam von keinem Geringeren als dem neuen Direktor der Sektion Gebietsplanung und Städtebau, der gleichzeitig nationaler Koordinator für das Projekt Stadtökologie im Rahmen des UNESCO-Programms „Mensch und Biosphäre" war.

Im Nachhinein lässt sich feststellen, dass trotz der an einer Fakultät zur Normalität gehörenden Animositäten und Unverträglichkeiten, die auch in der Sektion 5 vorkamen, die tragenden Lehrgebiete zu einer Ablehnung des herrschenden räumlichen Entwicklungsmodells der DDR kamen. Diese übereinstimmende fachpolitische Grundhaltung ergab sich aus dem Wissensbestand der jeweils eigenen Fachdisziplin. So bemängelte der Bereich Städtebau Verluste der baukulturellen Werte und der funktionalen Qualität in der alltäglichen Stadtproduktion, die Abwertung ästhetisch-künstlerischer Aspekte im Entwurf sowie die Degradierung des Tätigkeitsfeldes des Architekten. Der Bereich Gebietsplanung machte die negativen Entwicklungen der Siedlungsstruktur sichtbar, die der volkswirtschaftlichen Rationalität abträglich waren und weitere Umweltschäden verursachten. Schließlich machte der Bereich Soziologie auf eine ebenfalls wachsende Diskrepanz zwischen Stadtproduktion und gesellschaftlichen Bedürfnissen aufmerksam. Dieser Lehrstuhl hatte indessen eine Sonderrolle inne, denn bei ihm lag die Verantwortung für die Kommunalen Praktika, in denen unterschiedliche Kritikstränge gebündelt und für eine anspruchsvolle Gegenstrategie produktiv gewendet wurden.

Besser verständlich wird der Beitrag der Stadtsoziologie mit einem Rückblick auf den beruflichen Lebenslauf des Lehrstuhlinhabers. Fred Staufenbiel, Jahrgang 1928, hatte 1949 eine Maurerlehre und 1950 ein Studium an der Ingenieurschule für Bauwesen in Brandenburg an der Havel als Hochbautechniker abgeschlossen. Nach einem Lehrgang an der Verwaltungsakademie in Forst Zinna und einer Lehrtätigkeit an der Ingenieurschule für Bauwesen in Görlitz verbrachte er fünf Jahre als Aspirant (Doktorand) am Institut für Gesellschaftswissenschaften beim ZK der SED in Berlin. Auf die bauwesenorientierte Ausbildung setzte er somit eine sozialwissenschaftliche, die er 1962 durch eine Promotion zum Dr. phil. abschloss. 1965 begann er seine Forschungen zur Arbeitskultur und zu den Kulturbedürfnissen der Werktätigen. 1967 wurde er zum Professor für Kulturtheorie am Institut für Gesellschaftswissenschaften berufen. Dort bestand zu jener Zeit eine erhöhte Aufmerksamkeit für den sozialen Wandel in der DDR, und dort entwickelte Staufenbiel seinen Ansatz einer empirisch gestützten Stadtforschung.[30] Es ging besonders darum, den noch in der Weimarer Republik geprägten Begriff der Arbeiterklasse zu hinterfragen. Die SED-Führung pflegte dieses überholte Verständnis der Arbeiterklasse nicht nur rhetorisch und legitimatorisch, sondern nahm es auch zur Grundlage für die Umgestaltung der Reproduktion der Bevölkerung, was unmittelbare Folgen für Städtebau und Architektur hatte.[31] Das überlieferte Bild von der homogenen Arbeiterklasse mit ihren homogen verstandenen Bedürfnissen war im Übrigen nicht allein der rückwärtsgewandten Vorstellungswelt einer in der Zwischenkriegszeit sozialisierten Partei- und Staatsführung geschuldet, sondern es war auch für die Bauindustrie opportun, die eine hochgradig homogene Produktpalette schuf. Die Wohnungsbaukombinate bemühten sich darum, die funktionalen und gestalterischen Eigenschaften der Erzeugnisse zu variieren; bei der in den achtziger Jahren beabsichtigten und teilweise auch realisierten Intensivierung des Städtebaus durch eine wachsende Zuwendung zu den Stadtzentren konnten sie hauptsächlich Ersatzneubau anbieten, was immer wieder zu einer Negierung des überlieferten Stadtgrundrisses und der städtebaulichen Eigenart, aber auch der Bevölkerungsstruktur, eben der Spezifik der Stadtteile führte.

Eine Gegenposition zu dieser Stadtentwicklungs-, ja zu dieser Gesellschaftspolitik bildete sich auch innerhalb der weiteren Fakultäten der HAB, besonders innerhalb der Sektion Architektur. Viel spricht dafür, dass sie von der Herausbildung einer fachpolitischen Reformlinie nicht nur passiv beeinflusst wurde. Der Austausch mit der Sektion 5 war intensiv, so nahmen auch Architekturstudenten an den Kommunalen Praktika teil, Städtebau lernten sie bei Bach und den Angehörigen seines Lehrstuhls. Aber auch Nachwuchswissenschaftler aus der Sektion Architektur stärkten mit eigenen Forschungen und eigenen Diffusionstätigkeiten kritische Positionen. So hielten 1988 und 1989 zwei Assistenten des Lehrstuhls Architekturtheorie, Olaf Weber und Gerd Zimmermann, in mehreren Städten auch vor nichtuniversitärem Publikum einen hintersinnigen Vortrag, in dem die soziale Differenzierung durch die zuweilen skurrile Gestaltung von Datschen herausgearbeitet wurde. Die Fülle der Lichtbilder sowie die elaborierte Analyse verrieten eine reiche Kasuistik ebenso wie eine gesellschaftswissenschaftlich geschulte Reflexion des Untersuchungsgegenstandes. Hier haben wir es mit dem Einsatz von Ästhetik- und Architekturtheorie zur empirischen Erforschung der Architekturproduktion der breiten Massen zu tun, wobei deutlich ausgearbeitet wurde, dass diese eine Kompensation für das, was das Wohnungsbauprogramm nicht leiste, sei.

Der Beitrag der Weimarer Fachleute zur Herausbildung jener Gegenposition zur herrschenden räumlichen und gesellschaftspolitischen Linie ist allerdings mit der Arbeit der Angehörigen der Sektion 5 und der Sektion Architektur in Weimar nicht ausreichend erfasst. In der zweiten Hälfte der achtziger Jahre erhielt diese Gegenposition eine neue Qualität, und zwar durch die Besetzung zweier bedeutender Institutionen mit Exponenten der reformorientierten Kräfte, gefolgt von der Nutzung dieser Institutionen im Sinne einer wesentlich stärkeren Schlagkraft gegen die kritisierte Politik der Partei- und Staatsführung. Es handelt sich um das Institut für Städtebau und Architektur, das wichtigste Institut innerhalb der Bauakademie der DDR, der zentralen Institution für die Beratung und Implementation der räumlichen Politik in der DDR, sowie um das Bauhaus Dessau, das zunächst vor allem der Pflege des internationalen Prestiges der DDR als Kulturnation zu dienen hatte.

Eine gegenwartsbezogene Städtebauprognose

Aus der weitgefächerten Arbeit am Institut für Städtebau und Architektur (ISA) der Bauakademie der DDR soll hier ein Forschungsergebnis vorgestellt werden, das aus einem jungen Arbeitsvorhaben des ISA hervorging. Es handelt sich um ein an Einzigartigkeit kaum zu überbietendes Produkt der Stadtforschung der DDR, das im November 1989 vervielfältigt und verteilt wurde.[32] Frühere Fassungen des 143-seitigen Typoskripts mit dem trockenen Titel „Städtebauprognose" waren bereits Anfang des „Wende"-Jahres im Umlauf, seine Veröffentlichung hatte allerdings das Ministerium für Bauwesen unterbunden. Die „Städtebauprognose" fasst zusammen, was ein seit 1986 laufender Forschungsauftrag „Städtebauliche Grundlagen für die langfristige intensive Entwicklung und Reproduktion der Städte" erarbeitet und unter anderem auf Seminaren am Bauhaus Dessau zur Diskussion gestellt hatte.[33] Die „Städtebauprognose" enthält genau besehen keine prognostische Studie,[34] sondern ist vor allem eine emphatische Diagnose, eine umfassende kritische Darstellung des Zustandes und der Entwicklung der Städte in der DDR. Im engeren Sinne fachlich bemerkenswert ist die „Städtebauprognose" durch die Kohärenz des mit sehr unterschiedlichen Disziplinen argumentierenden Gedankengangs. Die Studie ist zudem gesättigt mit empirischem Material; unter anderem wird auf eine Reihe von Dissertationen A und B (Habilitationen) und neben zahlreicher „grauer" Literatur auch auf bundesrepublikanische Publikationen zurückgegriffen. Der kritische Charakter speist sich aus einer städtebaulichen, sozialen, ökonomischen wie allgemeinpolitischen Analyse der Verhältnisse und stellt dem bis dahin herrschenden räumlichen Entwicklungsmuster der DDR mit den Wohnungsbaukombinaten als prägenden Akteuren ein vernichtendes Zeugnis aus.

Die in der Studie entfaltete Kritik an den DDR-Verhältnissen kann hier nur angedeutet werden.[35] Ein Ausgangspunkt des Gedankengangs der Autoren[36] ist die uns aus den Kommunalen Praktika bekannte Einschätzung, es komme in der DDR zu einer Ausbreitung von Arbeitstätigkeiten, die hinsichtlich ihrer Folgen für die Reproduktion der Bevölkerung wesentlich andere Anforderungen stellen als die des Industriezeitalters. Die gängige Stadtproduktion gehe an den Bedürfnissen vorbei. So werden etwa Umfrageergebnisse angeführt, die belegen, dass die Wohnzufriedenheit in Städten mit hohem Altbauanteil höher sei als in den

Neubaugebieten. In Halle-Neustadt etwa antworteten auf die Frage, ob sie sich in ihrer Stadt wohlfühlen, weit weniger Einwohner positiv als in Halle oder Eisenach.[37] Zur Erklärung dieses Befundes wird unter anderem auf Defizite des Neubaus hingewiesen; so entsprächen die Wohnungsgrundrisse nicht der sozialen Differenzierung der Bevölkerung.

Ein weiteres Defizit betreffe die langen Transportwege. Die täglichen Pendelfahrten werden weniger wegen der energetischen Kosten als wegen der Verschlechterung der städtischen Zeitökonomie angeführt, die auch die Zufriedenheit der Bevölkerung beeinträchtige. Die Verschlechterung der „sozial-räumlichen Organisation"[38] erhält eine generelle, stadtkulturelle Kritik, sie sei unökonomisch, und sie löse zudem die Stadt auf. Die Kritik an dieser extensiven Stadtentwicklung wird ergänzt durch den Hinweis, sie mindere die materielle Qualität der Stadt durch eine Verschlechterung der ohnehin in einem unbefriedigenden Erhaltungszustand befindlichen Stadttechnik und trage zu steigenden Umweltbelastungen bei.[39] Die Standortentscheidungen für den Wohnungsbau, so eine weitere Kritik, förderten im Übrigen den „Schrumpfungsprozess" im ländlichen Raum,[40] der Neubau verursache unerwünschte Abwanderungsprozesse.

Die Kritik der Verhältnisse ist in der Studie so formuliert, dass sie mit dem herrschenden gesellschaftspolitischen Selbstverständnis als kompatibel, ja von diesem aus gar als unabdingbar erscheint. Das Argumentationsmuster verspricht, die gesamtgesellschaftlichen Reproduktionsbedingungen der DDR, vor allem die Durchsetzbarkeit der ökonomischen Strategie der SED mit Blick auf das Jahr 2000, also nach Abschluss des Wohnungsbauprogramms, zu optimieren. Inhaltlich geht es dabei um einen Abbau der vor allem vom Bauwesen vorgegebenen ökonomischen Rationalität der räumlichen Entwicklung zugunsten einer wesentlich stärkeren Berücksichtigung der sozialen und ökologischen Dimensionen der Stadtproduktion. Fortan seien kulturelle, ökologische und ökonomische Qualitäten der Stadt gefragt, die nur durch den Übergang zu einer Intensivierung der Stadtentwicklung zu erreichen seien.

Die Städte, Kreise und Bezirke sollen als Subjekte der Koordinierung der komplexen wirtschaftlichen und sozialen Entwicklung ihres Territoriums aufgewertet werden, die räumliche Planung müsse zu einer Ebene der Austragung von Konflikten werden. Auch ökonomische, sprich marktwirtschaftlich orientierte Steuerungsinstrumente seien stärker einzusetzen. Damit werde insgesamt eine höhere Rationalität der Investitionsentscheidungen erreicht; es erhöhe sich auch die Transparenz der Planung; eine stärkere Bürgernähe sei möglich; Bürgerbeteiligung werde erleichtert. Politischer Kern des Angebots ist das Versprechen, durch die Umorientierung der Territorialplanungs- und Stadtentwicklungspolitik, be-

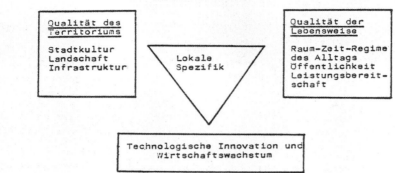

Der Vorschlag, das räumlich verstandene Spezifische einer Stadt oder eines Ortes als Triebkraft der gesellschaftlichen Entwicklung einzusetzen, meint nicht den Rückgriff auf eine regionalorientierte Ästhetisierung der Städte, sondern letzten Endes die Aufwertung der Städte zu Akteuren der politischen Steuerung des gesamten Landes und einen Abbau der faktischen Definitionsmacht der Baukombinate.

sonders durch den Einsatz des Städtebaus, werde es zu einer Optimierung der Volkswirtschaft und einer Erhöhung der politischen Legitimation des Systems kommen: „Es ist eine große, zur Zeit nur zögernd genutzte Chance für die Kultur und Ökonomie der Stadt, die Beteiligung ihrer Bewohner an der Stadtgestaltung zu aktivieren. Zur weiteren Entwicklung der sozialistischen Demokratie gehört, daß sich der Bürger in stärkerem Maße als Eigentümer fühlen kann und Verantwortung für die Gestaltung seiner Umwelt übernimmt."[41]

Das Bemerkenswerteste an der „Städtebauprognose" ist allerdings die explizite Formulierung eines neuen Typus der Stadtproduktion, der die Grundfesten der Gesellschaft verändert hätte. Die Entmachtung der Baukombinate wird kaum kaschiert gefordert – die Veränderung des Bauwesens sei „zwingend";[42] zurückhaltender, aber deutlich ist die Forderung nach einer partiellen Einführung von Marktmechanismen. Die Frage, ob sich diese Reformen innerhalb des Sozialismus hätten bewerkstelligen lassen, kann hier nur aufgeworfen, aber nicht ausdiskutiert werden.

Von einer Weimarer Schule zum DDR-weiten Reformflügel

Inhaltlich liest sich die „Städtebauprognose" wie die konsequent systematisierte und weitergedachte fachpolitische Ausbeute der Kommunalen Praktika. Dies ist nicht verwunderlich, schließlich wurde die Studie von zwei früheren Mitarbeitern der HAB Weimar geleitet, die eng mit der Arbeit der Sektion Gebietsplanung und Städtebau sowie mit dem Lehrstuhl Stadtsoziologie verbunden waren. So war „Ergebnisverantwortlicher und Leiter des Bearbeiterkollektivs" jener Bernd Hunger, der von 1978 an Assistent des Weimarer Soziologie-Lehrstuhls und eine der drei Kernfiguren der Kommunalen Praktika gewesen war.[43] Ab 1986 war Hunger am ISA beschäftigt, wo er sehr bald mit der Leitung der Abteilung Städtebauprognose betraut wurde.

An das ISA geholt hatte ihn der Institutsdirektor Bernd Grönwald. Als solcher war Grönwald der oberste Leiter der „Städtebauprognose". Grönwald, geboren 1942 in Leipzig, hatte 1968 an der HAB in Weimar sein Architekturstudium als Diplomingenieur abgeschlossen und begann als Assistent am Lehrstuhl Baukonstruktion und Tragsysteme zu forschen. Nach einer bautechnisch ausgerichteten Dissertation habilitierte er sich 1979 bei Fred Staufenbiel mit einer Arbeit, die schon mit ihrem Titel darauf verweist, dass der Autor besonderes Interesse für den Zusammenhang zwischen dem Wandel der Lebenskultur und der baulich-räumlichen Gestaltung hegte: „Die Entwicklung kultureller Bedürfnisse in der Arbeiterklasse und die sich daraus ergebenden Konsequenzen für die Gestaltung der Arbeitsumwelt in der entwickelten sozialistischen Gesellschaft". Im selben Jahr wurde er ordentlicher Professor für Architekturtheorie. Er setzte sich maßgeblich für die Wiederentdeckung und Vermittlung der Ideen des in der DDR der fünfziger und sechziger Jahre als bürgerliche Strömung kritisierten Bauhauses ein. Im Übrigen wirkte er maßgeblich daran mit, dass Fred Staufenbiel als Professor an die HAB berufen wurde. Von 1971 bis 1978 war Grönwald Sekretär der Hochschulparteiorganisation der SED. Von 1979 an leitete er den interdisziplinären Forschungskomplex „Mensch – Bauwerk – Umwelt", der den Anspruch hatte, gesellschaftswissenschaftliche Erkenntnisse in die Bauproduktion zu übertragen.[44] 1980 wurde Grönwald Direktor (Dekan) der Sektion Architektur. In Olaf Weber und Gerd Zimmermann fand er engste Mitarbeiter. Anfang 1986 wurde er Direktor des Instituts für Städtebau und Architektur sowie Vizepräsident der Bauakademie der DDR. Der HAB Weimar blieb er fortan als Honorarprofessor verbunden.

Zwar ermunterten ab 1985 die immer deutlicher zutage tretenden Veränderungen in der Sowjetunion, die gemeinhin mit der Person Michail Gorbačevs und dem Begriff der Perestroika in Verbindung gebracht werden, die Suche nach einem anderen Modell für die sozialistische Stadtentwicklung [45]. Selbstverständlich wurde dies aber nicht, ja es widersprach diametral dem erklärten politischen Willen der Partei- und Staatsführung. So stellte Honecker in seiner Grußadresse des ZK der SED zum 35. Jubiläum der Bauakademie am 8. Dezember 1986 das Zusammenwirken von Bauakademie und Kombinaten in den Mittelpunkt seiner

Botschaft. Es sei noch zu intensivieren.[46] Die Bauforschung macht in diesem Diskurs die Städtebau- und Stadtforschung irrelevant, die wissenschaftliche Kapazität des Landes wird in den Dienst der Erhöhung der Produktivität der Bauwirtschaft gestellt. Die betriebswirtschaftliche Rationalität der Baubetriebe ersetzt hier weiterhin programmatisch die Rationalität der Volkswirtschaft, ja des Gesamtsystems. Bezeichnenderweise trug diese Grußadresse der oberste Repräsentant dieses Entwicklungsmodells, Günter Mittag, vor. Er war zu diesem Zeitpunkt unter anderem stellvertretender Vorsitzender des Staatsrates, Mitglied des Politbüros des ZK der SED sowie Sekretär des ZK der SED für Wirtschaft.

Die Arbeit Grönwalds und seiner Mitarbeiter beschränkte sich nicht darauf, direkt auf die offizielle Linie zu reagieren, sondern sie praktizierten eine Mehrebenenstrategie. So war die Internationalisierung der Fachdebatte auch in Richtung Westen eine Konstante in Grönwalds Arbeit. Gemeinsam mit seinem Kollegen, dem Professor für Baugeschichte Christian Schädlich, entwickelte er schon Mitte der siebziger Jahre die Bauhaus-Kolloquien, die ab 1976 eine geeignete Basis für netzwerkartige Kommunikation boten. Die internationale Dimension der Arbeit an der HAB Weimar hatte sich bis dahin vor allem auf den Austausch mit Universitäten aus den sozialistischen Ländern beschränkt.

Auch ein weiteres Projekt Grönwalds wurde wesentlich von der Intention getragen, die Fachdebatte der DDR durch einen möglichst breiten Austausch mit Externen zu qualifizieren. Im Dezember 1986, sechzig Jahre nach der Eröffnung des Dessauer Bauhaus-Gebäudes, wurde das Bauhaus Dessau – Zentrum für Gestaltung der DDR gegründet. Dies geschah auf beharrliche Initiative von Bernd Grönwald, der Rolf Kuhn als Direktor der Institution gewann und ihn gegen den Kandidaten des Wohnungsbauministeriums durchsetzte. Ein wichtiges Ziel der Neugründung des Hauses war für Grönwald der Ausbau von Austauschmöglichkeiten auch mit Fachleuten aus dem Ausland.[47]

Rolf Kuhn hatte 1970 den Studiengang Gebietsplanung und Städtebau an der HAB Weimar abgeschlossen. Von 1977 bis 1986 war er Assistent am Lehrstuhl Soziologie und wurde neben Staufenbiel und Hunger zur dritten Kernfigur der Kommunalen Praktika. 1978 wurde er an der HAB Weimar mit einer städtebaulichen Arbeit promoviert, 1985 habilitierte er sich mit einer stadtsoziologischen Arbeit, die die fachpolitischen Ansätze seiner Sektion und seines Lehrstuhls weiterentwickelte.

Binnen kurzer Zeit wurde das Bauhaus Dessau zum Treffpunkt und zu einer Stätte des Austauschs zwischen DDR-Fachleuten und Wissenschaftlern und Praktikern aus Ost und West mit einem für das Spektrum des Reformflügels besonders relevanten Praxishintergrund und besonders produktivem Forschungsgebiet. Starke Aufmerksamkeit galt der Altbau-IBA in West-Berlin (1977 – 1987) und der in Vorbereitung befindlichen IBA Emscher Park. Auch hier griff man die Idee auf, international besetzte Kolloquien zu veranstalten. So kam es, dass im November 1989 das II. Walter-Gropius-Seminar stattfand, auf dem Fachleute aus Ost und West nicht nur miteinander diskutierten, sondern auch gemeinsam konkrete Planungsperspektiven ersannen. Einer der Verantwortlichen war Harald Kegler, Absolvent des Weimarer Studiengangs Gebietsplanung und Städtebau und mittlerweile wissenschaftlicher Mitarbeiter am Bauhaus.

Als sehr wirkungsvoll erwies sich die Beschäftigung mit dem Neben- und Übereinander von bedeutsamer Kulturlandschaft und dem extremen Grad an Naturzerstörung durch industrielle Großanlagen im Dreieck Dessau – Wörlitz – Bitterfeld. Ein Programm für die bewusste Überwindung des bisherigen Industrialisierungsmusters wurde diskutiert. Noch am 9. November 1989, Stunden vor der unerwarteten Öffnung der Mauer, verkündete die Versammlung den Begriff Industrielles Gartenreich für diese neue Konzeption.[48] Die Parallelen zum Programm der IBA Emscher Park, die von 1989 bis 1999 im Ruhrgebiet eine weltweit beachtete Regionalerneuerung umsetzte, sind kein Zufall; die Mitarbeiter des Bauhauses Dessau hatten sich mit den Vordenkern der Ruhrgebiets-IBA sehr intensiv ausgetauscht.

Ein Reformflügel de facto

Von Weimar ausgehend hatte sich bis zum Herbst 1989 ein Ensemble von Fachleuten und Institutionen herausgebildet, das für das Politikfeld der räumlichen Entwicklung, der Stadtentwicklung, aber auch der Landesentwicklung über eine gemeinsame Diagnose und über einen Entwurf für eine grundsätzliche Reform des Systems der Raumproduktion in der DDR verfügte. Wir haben es hier mit einem faktischen fachpolitischen Reformflügel zu tun. Dieser Arbeitsbegriff bietet sich an, um das zu bezeichnen, was deutlich differenzierter war als ein Netzwerk und was durch die prägende inhaltliche Ausrichtung auch mit der Metapher der Seilschaft nicht angemessen abgebildet wird. Allerdings haben sich die Angehörigen dieses Ensembles, soweit es sich rekonstruieren lässt, nie selbst so genannt. Dies ist wiederum sehr verständlich, hätte es doch den Vorwurf der Fraktionsbildung nach sich gezogen und damit die berufliche und politische Existenz der Betroffenen zerstört und zugleich den faktischen Reformflügel vernichtet.

Das personelle und institutionelle Ensemble, das hier dargestellt und als Reformflügel bezeichnet wird, hatte spätestens ab 1986 in Bernd Grönwald seine wichtigste Figur. Auch wenn das Verhältnis zwischen dem Reformflügel und der

SED, dem Staatsapparat und den Baukombinaten hier nicht näher beleuchtet werden konnte, lässt sich feststellen, dass auch im engsten Umfeld von Bernd Grönwald Fachleute tätig waren, die nie Mitglieder der SED oder – zu Zeiten der DDR – anderer Parteien wurden. Der Blick auf den Reformflügel Weimarer Provenienz deutet an, dass die Entstehung, die Formierung und die Formulierung kritischen Wissens im Bereich der Stadtentwicklungspolitik und der Stadtforschung der DDR quer zur Parteizugehörigkeit verliefen. Die Kohäsionskraft des Reformflügels entsprang offensichtlich primär einer fachlichen und fachpolitischen Zugehörigkeit, erwuchs aus dem akademischen Eigensinn. Grönwald förderte dies, indem er betont sach- und fachbezogen argumentierte.[49]

Im Laufe des Jahres 1989 wurde am ISA eine Plenartagung der Bauakademie vorbereitet, die am 27. November stattfinden sollte und auf der die Ergebnisse der „Städtebauprognose" und weitere verwandte Inhalte vorgestellt werden sollten mit dem Ziel, eine Wende in der räumlichen Entwicklungspolitik der DDR herbeizuführen. Am 5. Oktober wurde diese Plenartagung von der Parteiführung verboten.[50] Als sie wenige Wochen später durch den Zusammenbruch der Partei- und Staatsführung um Honecker und Mittag wieder möglich gewesen wäre, entfaltete sich schon die Dynamik der Wiedervereinigung, die nicht eine reformierte DDR, sondern mehr und mehr eine Übernahme des bundesrepublikanischen Gesellschaftsmodells ansteuerte. Die Reformvorstellungen des Weimarer Flügels waren anachronistisch geworden. Eine rapide Entwertung der fachlichen und fachpolitischen Inhalte, bald darauf auch der beruflichen Biografien der Fachleute setzte ein.

Die Sektion Gebietsplanung und Städtebau wurde 1990 aufgelöst, im selben Jahr wurde der Studiengang in Stadt- und Regionalplanung umbenannt und 1996 – gegen bundesweite Proteste aus den bundesrepublikanischen Planungsverbänden und -studiengängen – abgeschafft. Im Januar 1991 ging Bernd Grönwald den Weg des Freitods. Joachim Bach wurde 1992, Fred Staufenbiel 1993 emeritiert. Gerold Kind führte seinen Lehrstuhl, nunmehr unter dem Namen Raumforschung, Raumplanung und Landesplanung, bis 2002.

Epilog

Eine – zugegebenermaßen schlichte – Lektüre der vergangenen Seiten könnte dazu verleiten, den Grund für die Herausbildung einer solchermaßen umfassenden Kritik und daraufhin skizzenweise einer Alternative zum herrschenden Stadtentwicklungsmodell der DDR an der HAB Weimar in der zufälligen Ansammlung akademischer „Alphatiere" wie Ludwig Küttner, Joachim Bach, Fred

Staufenbiel und Bernd Grönwald zu sehen, die den Intellekt, das Geschick und den Mut hatten, eine eigene fachpolitische Position auf- und auszubauen. Aufschlussreicher mag indessen ein historiografischer Ansatz sein, der nach den Bedingungen fragt, die solchen Menschen zur Durchsetzung verhalfen und die Herausbildung eines Reformflügels ermöglichten.

Naheliegend ist festzustellen, dass die Hauptfiguren alle SED-Mitglieder waren. Doch fast jeder fünfte erwachsene DDR-Bürger war SED-Mitglied.[51] Alles spricht dafür, dass die führenden Persönlichkeiten des Flügels, wie auch der Vorgänger in den fünfziger Jahren, Ludwig Küttner, Mitglieder der kraft Verfassung führenden Partei sein *mussten*. Aber dies garantierte eben nicht die Durchsetzung der eigenen Positionen. Wie wir sehen konnten, waren die Vertreter der Gegenposition nicht nur auch Mitglieder, sondern sie hatten führende Ämter in Partei und Regierung inne. Ganz offensichtlich war die SED eine Sphäre, in der recht unterschiedliche ideologische Richtungen und Interessengruppen konkurrierten. Die Verabschiedung des Wohnungsbauprogramms der SED 1973 hatte das Ministerium für Bauwesen – Minister Wolfgang Junker führte dieses Ministerium von 1963 bis November 1989 – gegenüber den anderen Ressorts stark aufgewertet, die Belange des industriellen Wohnungsbaus hatten den Rückhalt vom mächtigen Interessenblock der Wirtschaftspolitik. Günter Mittag stand bis zum 18. Oktober 1989 an der Spitze dieser Machtsäule innerhalb der SED und des Staatsapparats.

Wie das Beispiel der verbotenen Plenartagung zeigt, konnte sich noch im Oktober 1989 der Interessenblock Baukombinate/Wohnungsbauministerium/Wirtschaftspolitik durchsetzen. Die Parteizugehörigkeit der leitenden Figuren der Reformkräfte an der HAB Weimar war eine elementare Voraussetzung, um handeln zu können – mehr nicht. Einen höheren Aussagewert für die Entwicklung dieses Reformflügels besitzt ein Umstand, der so selbstverständlich ist, dass er kaum der Erwähnung bedarf: Der intellektuelle, organisatorische und finanzielle Boden, der die fachpolitische Kette von Küttner bis Staufenbiel ermöglichte, war eine Universität. Bei aller Disziplinierung durch das politische Regime von Partei und Staat errangen sie an der HAB Weimar offenbar eine gewisse Reflexions- und Handlungssphäre, die ihnen eine partielle, aber offensichtlich ergiebige Autonomie gewährte.

Die Widerstände seitens der Apparate, die Unberechenbarkeit der oft nach ganz anderen Kriterien als den fachlichen entscheidenden Instanzen, die Gefahr der Bespitzelung sowie repressiver Maßnahmen, die den beruflichen Werdegang zerstören konnten – dies alles konnte hier nicht aufgearbeitet werden, dies ist in den mir verfügbaren Akten und Veröffentlichungen nicht nachvollziehbar und kann nur pauschal veranschlagt werden. Doch es mindert nicht die Bedeutung der universitären Arbeitsbedingungen, die die hier dargelegte Entfaltung fachpolitischer Reformvorstellungen erst möglich machten. Im Gegenteil, angesichts des rauen politischen Umfelds erweist sich der akademische Charakter der Arbeit an der HAB Weimar als umso wichtiger. Nur hier war es möglich, den Gegenstand von Forschung und Lehre nicht nur im Sinne der Auftraggeber des politisch-administrativen Systems und der Bauindustrie zu bestimmen. Zumindest teilweise – und immer besser – war es möglich, die gesellschaftliche Realität innerhalb eines fachlich bedeutenden Segments selbst und direkt empirisch zu untersuchen. Der disziplinäre Eigensinn fand in der Weimarer Hochschule einen fruchtbaren Nährboden.

Die Zusammenarbeit der unterschiedlichen Fachdisziplinen, die hier möglich war oder möglich gemacht wurde, war eine weitere Voraussetzung für die Leistungen in Weimar, Dessau und Berlin. Und diese Zusammenarbeit war zunächst einmal durch didaktische Innovationen eingeführt worden – 1969 die Komplexaufgaben, 1977 das Kommunale Praktikum. Nur über die Hochschule konnte lange Zeit die offene Kommunikation mit dem Ausland geknüpft werden; der akademische Austausch mit Kollegen in Ost und West wurde im Laufe der Zeit intensiver und wichtiger.

Aber die Vorzüge des universitären Raums für das Gedeihen einer solchen fachlichen und fachpolitischen Leistung sind noch nicht erschöpfend aufgezählt. Als ein entscheidender Punkt erweist sich die einer akademischen Lehranstalt inhärente Möglichkeit, durch die Ausbildung begabter Jüngerer und die Rekrutierung eigenständiger Persönlichkeiten die eigenen Kenntnisse und Positionen nicht nur zu verbreiten, sondern sie zu erweitern, zu präzisieren und zu korrigieren. Studenten und der Mittelbau waren zumeist mitdenkende Angehörige der Sektion 5.

Dies hat die Qualität der Ausbildung zumindest insofern erhöht, als nicht einfache Ausführungskräfte herangezüchtet wurden, sondern Fachleute, die vom Detail der Wohnungsausstattung bis hin zu den Grundsatzfragen des Entwicklungsmodells der DDR Zusammenhänge quer zu den herrschenden Ansichten begriffen, in der Lage waren, als mündige Planerinnen und Planer ihre Fachmeinung öffentlich zur Diskussion zu stellen und schließlich durch die Fachdisziplin orientierte gesellschaftspolitische Alternativen zu formulieren.

Auch in einer weiteren Hinsicht hat die konsequente Einbeziehung der nachwachsenden Jahrgänge Folgen gehabt, weitreichende Folgen. Die Generationen der in den vierziger und fünfziger Jahren Geborenen waren selbst ein Ausdruck der sich wandelnden Verhältnisse; die Studenten von Bach und Staufenbiel ver-

körperten die von ihnen und anderen postulierte Diversifizierung der Lebenskultur, die Überwindung der Werte einschließlich der räumlichen Leitbilder
jenes industriegesellschaftlich geprägten Sozialismusmodells.

Im Nachhinein fällt auf, wie gut sich die Entfaltung der räumlichen Planung
als Lehr- und Forschungsgebiet in Weimar in die internationale Entwicklung ein-
reiht und wie stark diese Entfaltung speziell mit der westdeutschen korrespon-
diert. In den sechziger Jahren kam es zu einer Institutionalisierung der räumlichen Planung – weit über die morphologische und funktionale Prägung der
Disziplin Städtebau hinaus –, im Zusammenhang mit dem Übergang der jeweiligen Gesellschaft zu einem neuen Typus politischer Steuerung. Ab Ende der siebziger, vor allem im Laufe der achtziger Jahre wurden wichtige Schritte vollzogen,
mit denen nicht nur die städtebauliche Nachmoderne überwunden wurde, sondern mit denen auch die Ablösung dessen herbeigeführt werden sollte, was sich
in Ost und West als Wachstumsgesellschaft bezeichnen lässt.

Die Fachleute der Weimarer Planungsschule waren auf der Höhe der Zeit, sie
haben sich den Anforderungen der Zeit unter den Bedingungen ihres Landes gestellt. Die Zeitenwende, die viele Jahre später dazu führte, dass das Programm der
Nachhaltigkeit in der vereinten Bundesrepublik zur offiziellen Regierungspolitik
werden sollte, wurde nicht nur im Westen, sondern auch in Ostdeutschland, noch
unter DDR-Bedingungen begonnen.

Für die Reform der DDR kam die Kritik Weimarer Provenienz allerdings zu
spät. Hegel behielt wieder einmal recht, die Eule der Minerva begann auch hier
erst mit der einbrechenden Dämmerung ihren Flug, die kritischen Fachleute erschlossen sich die Verhältnisse erst am Abend ihrer Gesellschaftsformation. Sie
konnten diese erkennen, aber nicht mehr verändern. Was bleibt, ist die Reflexion
über deren Auskunft oder zumindest Hinweise auf die räumlichen, planerischen
wie politökonomischen Gründe, warum der ostdeutsche Sozialismus scheiterte,
und ebenso die Reflexion über die Verantwortung des Intellektuellen und die
Grenzen seiner Macht.

Dieser Beitrag enthält überarbeitete Passagen des bereits in: Frank Simon-Ritz, Klaus-Jürgen Winkler, Gerd Zimmermann (Hg.), *Aber wir sind! Wir wollen! Und wir schaffen! Von der Großherzoglichen
Kunstschule zur Bauhaus-Universität Weimar, 1860 – 2012*, Bd. 2 (1945 – 2010), Weimar 2012, abgedruckten Textes von Max Welch Guerra, „Räumliche Planung und Reformpolitik an der HAB Weimar".

1 Institut für Städtebau und Architektur der Bauakademie der DDR, Bernd Hunger (Leiter des Be-arbeiterkollektivs), „Städtebauprognose". Städtebauliche Grundlagen für die langfristige intensive Entwicklung und Reproduktion der Städte, Berlin (November) 1989.

2 Vgl. Bauhaus Dessau (Hg.), „Informationsmaterial für die Teilnehmer des II. Internationalen Wal-ter-Gropius-Seminars am Bauhaus Dessau 4.11.1989 – 10.11.1989", in: Harald Bodenschatz u. a. (Hg.), Perspektiven der Stadterneuerung in Dessau, Diskussionsbeitrag Nr. 34 des Instituts für Stadt- und Regionalplanung der TU Berlin 1990, S. 71 – 92.

3 Frank Betker, „Einsicht in die Notwendigkeit". Kommunale Stadtplanung in der DDR und nach der Wende (1945 – 1994), Stuttgart 2005. Vgl. auch den Beitrag von Frank Betker in diesem Band, S. 105 – 120.

4 Vgl. Max Welch Guerra, „Die 1960er Jahre und der Aufstieg der räumlichen Planung zum eta-blierten bundesdeutschen Politikfeld", in: Jahrbuch Stadterneuerung 2012, Berlin 2012.

5 Joachim Bach, „Zu einigen Aspekten der städtebaulichen Arbeit der Weimarer Hochschule in den letzten 25 Jahren", in: Wissenschaftliche Zeitschrift der Hochschule für Architektur und Bauwesen Weimar (HAB), 20 (1974), H. 3/4, S. 230.

6 Vgl. Betker, „Einsicht in die Notwendigkeit", S. 370. Betker untersucht vor allem die Büros für Stadt-planung und arbeitet die Existenz von „stadtplanerischen Rationalitätskriterien" überzeugend heraus, die einen wirksamen disziplinären Eigensinn der DDR-Fachleute begründet haben sollen.

7 Ludwig Küttner, Wolfgang Ermer, Paul Brodhun, „Entwicklungsstand der räumlichen Planung und Schlußfolgerungen für die Ausbildung von Architekten und Ingenieuren", in: Wissenschaftli-che Zeitschrift der HAB, 5 (1957/58), H. 1.

8 Gesetz über die Vervollkommnung und Vereinfachung des Staatsapparates in der Deutschen De-mokratischen Republik, am 15. Februar 1958 in Kraft getreten.

9 Küttner/Ermer/Brodhun, „Entwicklungsstand der räumlichen Planung", S. 38.

10 Joachim Bach, „Bemerkungen zur Sektion Gebiets-, Stadt- und Dorfplanung", Typoskript vom Januar 1969, Archiv der Moderne/Universitätsarchiv der Bauhaus-Universität Weimar (AdM/UA Weimar).

11 Joachim Bach studierte von 1947 bis 1952 an der Hochschule für Baukunst und bildende Künste in Weimar.

12 Bach, „Bemerkungen zur Sektion Gebiets-, Stadt- und Dorfplanung", S. 1.

13 Joachim Bach, „Sozialistischer Städtebau als Bildungsaufgabe", in: Wissenschaftliche Zeitschrift der HAB, 16 (1970), H. 3, S. 236.

14 In der Bundesrepublik tritt diese Phase besonders durch das Stabilitätsgesetz von 1967 und das Städte-bauförderungsgesetz von 1971 hervor. Vgl. Welch Guerra, „Die 1960er Jahre und der Aufstieg ...".

15 Exakt einen Monat bevor der grundständige Dortmunder Studiengang unter dem Namen Raum-planung den Lehrbetrieb aufnahm.

16 Handschriftliche Anmerkungen auf Briefpapier „Dr.-Ing. Joachim Bach – Architekt BDA" zur Er-öffnungsrede auf der ersten Sektionsversammlung am 5. Februar 1969, AdM/UA Weimar.

17 Hochschule für Architektur und Bauwesen Weimar (Hg.), Sektion Gebietsplanung und Städtebau – Gründungsdokument, vorgelegt von der mit der Vorbereitung der Sektionsbildung beauftragten Arbeitsgruppe Prof. Dr.-Ing. habil. Christian Schädlich, Prof. Dr. phil. Hanns Lehmann, Prof. Dipl.-Arch. Hermann Räder, Dr.-Ing. Joachim Bach, Weimar am 15. April 1969.

18 Vgl. Bernd Hunger, „Die räumliche Dimension in der Weimarer Stadtsoziologie: vom Milieu-Be-griff hinein in die praktische Stadtplanung", Vortrag zum 80. Geburtstag von Fred Staufenbiel auf dem Fred-Staufenbiel-Symposium „Mit Wissenschaft Gesellschaftspolitik betreiben", veranstaltet von der Professur Raumplanung und Raumforschung, Institut für Europäische Urbanistik, Fakul-tät Architektur, Bauhaus-Universität Weimar, 10. Mai 2008.

19 Vgl. Harald Bodenschatz, „Die Kommunalen Praktika. Ein Blick von außen a posteriori", Vortrag zum 80. Geburtstag von Fred Staufenbiel auf dem Fred-Staufenbiel-Symposium (siehe Anmerkung 18). Siehe auch den Beitrag von Rolf Kuhn in diesem Band, S. 137–144.

20 Dies zu leisten ist im bundesrepublikanischen Modell der Planerausbildung Aufgabe des Projektstudiums. Der Vorschlag einer Lehrveranstaltung im Sinne des Kommunalen Praktikums wurde in Weimar schon 1957 unterbreitet. Siehe Küttner/Ermer/Brodhun, „Entwicklungsstand der räumlichen Planung", S. 57 f.

21 Hunger, „Die räumliche Dimension in der Weimarer Stadtsoziologie".

22 Fred Staufenbiel (Hg.), *Rostock – soziologische Studie* (= Schriften der Hochschule für Architektur und Bauwesen Weimar), Weimar 1987.

23 Der Bericht über das Kommunale Praktikum in Jena wurde während der Auseinandersetzungen im Zusammenhang mit dem politischen Umbruch 1989/90 nicht mehr realisiert.

24 Vgl. Bodenschatz, „Die Kommunalen Praktika".

25 Vgl. Harald Bodenschatz, Erich Konter, Michael Stein, Max Welch Guerra (Hg.), *Stadterneuerung im Umbruch. Barcelona, Bologna, Frankfurt/M., Glasgow, Hamburg, Köln, Kopenhagen, Leipzig, München, Nürnberg, Paris, Rostock, Rotterdam, Wien und Berlin*, Berlin 1994.

26 Vgl. Rolf Kuhn, „Soziologie im DDR-Städtebau", in: *Der Architekt*, 42 (1993), H. 6, S. 3.

27 Dissertation von Harald Kegler. Die drei Gutachter waren Joachim Bach, Gisela Buchheim, Hubert Laitko.

28 Gerold Kind, „Die Rolle energetischer Prozesse in der ökologisch orientierten Stadt- und Gebietsplanung", in: *Wissenschaftliche Zeitschrift der HAB*, 34 (1988), H. 1/2, S. 123.

29 Ebd., S. 124. Aufmerksam verfolgte Kind die bundesrepublikanische Debatte, so zitiert er etwa eine Arbeit von Erich Hahn, Braunschweig, aus dem Jahre 1985.

30 Eine frühe erste Untersuchung in diesem Zusammenhang leitete Fred Staufenbiel gemeinsam mit Hermann Henselmann bereits Mitte der sechziger Jahre: „Zum Verhältnis von Kulturniveau, Lebensstil und Wohnverhalten in 10 Städten der DDR" von Hans Tollkühn, Peter Feix, Hannes Kießig, Horst Baeseler und Isolde Sommer unter Leitung von Fred Staufenbiel und Hermann Henselmann im Rahmen des Arbeitskreises Kultursoziologie des Wissenschaftlichen Rates für Soziologische Forschung in der DDR, unveröff. Manuskript, Berlin 1966.

31 Interview mit Bruno Flierl am 8. Februar 2007. Die Differenzierung der Reproduktionsbedürfnisse der Bevölkerung war bereits auf dem II. Kongress der Marxistisch-Leninistischen Soziologie in der DDR vom 15. bis zum 17. Mai 1974 der Hauptgegenstand; Staufenbiel spielte dort eine zentrale Rolle. Vgl. die Tagungsrezension von Edeltraud Dieck, Fritz Bohme, „Differenzierung der kulturellen Bedürfnisse", in: *Weimarer Beiträge. Zeitschrift für Literaturwissenschaft, Ästhetik und Kulturtheorie*, 20 (1974), H. 11, S. 172 ff.

32 „*Städtebauprognose*".

33 Vgl. ebd., „Zur Prognose der städtebaulichen Entwicklung", Dokumentation des Seminars am Bauhaus Dessau 16. – 20. März 1987; „Städtebauliche Reproduktionsstrategien nach 1990", Dokumentation des Seminars am Bauhaus Dessau 14.– 18. März 1988.

34 Der irritierende Titel war der Brisanz des Vorhabens geschuldet. Für die Debatte über die räumliche Entwicklung der DDR galt das Wohnungsbauprogramm, das bis 1990 die Wohnungsfrage zu lösen hatte, als Tabu. Diskutiert wurde deshalb über die anschließende Phase der räumlichen Entwicklung. Der Begriff Prognose eignete sich besonders gut als Titel für die Beschäftigung mit der räumlichen Entwicklung der DDR, weil er eine wissenschaftlich fundierte Extrapolation der Entwicklungstendenzen suggerierte und keine fachpolitische Stellungnahme zur Gegenwart. Manuskriptdruck HAB Weimar.

35 Korrigierter Nachdruck der „Städtebauprognose": Bernd Hunger u. a. (Hg.): *Städtebauprognose*, Berlin 1990. Eine ausführliche Besprechung der „Städtebauprognose" wie insgesamt des in diesem Abschnitt behandelten Zusammenhangs zwischen der HAB Weimar, dem ISA an der Bauakademie sowie dem Bauhaus Dessau ist enthalten in: Max Welch Guerra, „Städtebau als Triebkraft. Ein fachpolitischer Reformflügel in der späten DDR", in: *Deutschland Archiv*, 42 (2009), H. 2, S. 267–275.

36 Die Vielfalt der durch die Autoren vertretenen Disziplinen ist bemerkenswert: Stadtplanung und Architektur, Bauingenieurwesen und Ökonomie, Landschaftsplanung und Soziologie.

37 Enthalten sind Angaben über insgesamt zehn Städte.

38 Hunger (Hg.), *Städtebauprognose*, S. 27.

39 Vgl. ebd., S. 77–80.

40 Vgl. ebd.

41 Ebd., S. 37.

42 Ebd., S. 123.

43 Hunger promovierte 1982 an der HAB Weimar zum Thema „Soziologische Untersuchungen als Bestandteil städtebaulicher Planung der Umgestaltung von Altbaugebieten", eine Arbeit, in der er die methodischen Grundlagen der Kommunalen Praktika zusammenfasste und begründete. Einschlägig war auch seine Habilitation. Im Sinne der theoretischen Begründung des in der „Städtebauprognose" vorgeschlagenen Strategiewechsels in der Stadtentwicklungspolitik beschäftigte er sich mit der Frage des gesellschaftlichen Wertes historischer Architektur. Ein Anliegen, das in seiner Habilitation zum Verhältnis von Stabilität und Veränderung in den gesellschaftlichen Ansprüchen an Städtebau und Architektur 1988 zum Ausdruck kam: Bernd Hunger, *Raum- und Gestaltansprüche aus soziologischer Sicht in ihrem Einfluß auf Städtebau und Architektur*, Berlin 1988.

44 Vgl. Christian Schädlich, *Die Hochschule für Architektur und Bauwesen Weimar. Ein geschichtlicher Abriß*, Weimar 1981, S. 87.

45 Allerdings konnte die Stadtentwicklungspolitik der späten UdSSR nur als Negativum die Arbeit an einer Alternative für die DDR anregen. Vgl. Max Welch Guerra, Neubauerneuerung durch Selbstverwaltung? Moskauer Stadtpolitik im letzten Jahr der Perestroika, in: Harald Bodenschatz, Christine Hannemann, Max Welch Guerra (Hg.), *Stadterneuerung in Moskau. Perspektiven für eine Großsiedlung der 70er Jahre*, Berlin 1992.

46 „35 Jahre Bauakademie der DDR. Grußadresse des ZK der SED", in: *Architektur der DDR*, 36 (1987), H. 2.

47 So Kuhn im Interview am 8. April 2008, AdM/UA Weimar.

48 Harald Bodenschatz, „II. Internationales Walter-Gropius-Seminar", in: *Bauwelt 89* (1998), H. 48, S. 258; vgl. ders., „Vorläufige Überlegungen zur kulturellen Stadterneuerung in Dessau", in: Harald Bodenschatz, Max Welch Guerra, Harald Kegler (Hg.), *Perspektiven der Stadterneuerung in Dessau*, Berlin 1990; sowie Stiftung Bauhaus Dessau (Hg.), *Industrielles Gartenreich*, Dessau 1996.

49 Dies behielt er bei, als die Unhaltbarkeit der Lage evident wurde. In einem programmatischen Beitrag mit Redaktionsschluss im Juli 1989 mahnt er: Viel Zeit für die wissenschaftliche Beantwortung „zwingender Fragen gewährt in vielen Fällen der gesellschaftliche Entwicklungsprozeß nicht mehr". Der Diskurs bleibt fachwissenschaftlich, die politische Richtung entspricht dabei demjenigen der „Städtebauprognose". Bernd Grönwald, „Neue Aufgaben für die Städtebau- und Architekturforschung in den 90er Jahren", in: *Architektur der DDR*, 38 (1989), H. 9.

50 Vgl. den Beitrag von Bruno Flierl in diesem Band, S. 177–183.

51 So Jens Gieseke, „Potsdamer Zentrum für Zeithistorische Forschung", in: *Frankfurter Allgemeine Zeitung* vom 9. April 2010, S. 4.

babl 1

DISKUSSIONSBLATT des BdA/DDR
BEZIRKSGRUPPE BERLIN

Institutionelle Strukturen einer kritischen Fachöffentlichkeit in der DDR

Harald Engler

Das institutionelle System des DDR-Bauwesens und die Reformdebatte um den Städtebau in den 1980er Jahren

Ein Problemaufriss

Der Zustand von Architektur und Bauwesen gehörte in den achtziger Jahren zu den Feldern der Lebensbedingungen der DDR, die wie die Umwelt oder das Gesundheitswesen gesellschaftliche Krisensymptome zeigten. Die sich formierende handlungsorientierte Gegenwehr gegen den Zerfall von Altstädten und andere gravierende Mängel im Städtebau der DDR speiste sich in erster Linie aus einer bürgerschaftlichen Bewegung in allen Bereichen der Gesellschaft, die zumeist unpolitisch den Zustand der Städte und Architektur verbessern wollte.[1] Obgleich also der Kern der Friedlichen Revolution[2] von 1989/90 im Bereich Architektur und Bauwesen nicht durch offizielle Institutionen des Bauwesens initiiert und wesentlich getragen wurde, existierten auch in diesem spezifischen institutionellen Bereich Akteure und Gruppierungen, die sich kritisch mit den Entwicklungen auseinandersetzten und somit einen Beitrag zur Veränderung der DDR in der politischen und gesellschaftlichen Systemkrise der achtziger Jahre leisteten.[3] In diesem Beitrag sollen die Verortung dieser fachlichen Reformbewegung im institutionellen System des Bauwesens und ihre gesellschaftliche Reichweite analysiert werden. Es sollen vornehmlich Antworten auf die Frage gefunden werden, wie die Reformdebatte im Bauwesen und in der Architektur institutionell bedingt und eingebettet war und wie das Institutionensystem formal, vor allem aber auch informell und in der Realität der geplanten und gebauten DDR, funktionierte. Wie waren das in jeder Gesellschaft vorhandene formale und das für die DDR besonders wichtige und gleichzeitig existierende informelle Institutionensystem für den Bereich des Bauwesens ausgestaltet, das die notwendigen sozialpolitischen Regelungsmechanismen zur Verfügung stellte? Wie funktionierte es und wie verhielt es sich in Bezug auf die Reformdebatte im Städtebau der achtziger Jahre in der DDR insgesamt, wie stattete es seine wichtigsten Akteure mit welchen Handlungsspielräumen aus? Der Schwerpunkt dieser Darstellung liegt also weniger auf der Reformdebatte oder dem Gesamtfeld ihrer Protagonisten selbst,[4] sondern auf der institutionellen Einbindung dieser Reformvorgänge sowie ihren wichtigen Akteuren und Protagonisten. Insgesamt soll mit dieser Analyse ein Beitrag dazu geliefert werden, Wirkungsmächtigkeit und Begrenzungen der Reformbewegung im Bauwesen der DDR in den achtziger Jahren in den Gesamtkontext des Institutionensystems der DDR sowie die gesamtgesellschaftlichen und politischen Umwälzungen der Jahre 1989/90 einzuordnen und historisch zu würdigen. Der Aufsatz liefert also einen sektoral zugeschnittenen Beitrag zu einer integrierten Gesellschaftsgeschichte der DDR mit dem Schwerpunkt auf der Reformdebatte im Bauwesen der achtziger Jahre.

Begriffe und methodische Vorgehensweise

Den Kern der kritischen Debatte über den Städtebau in der DDR bildete die Problematik, dass die Weichenstellungen in Architektur, Bauwesen und städtebaulicher Planung in Ostdeutschland in den fünfziger und sechziger Jahren zu einer absoluten Dominanz planwirtschaftlich-finanzieller Präferenzen der industriellen Massenproduktion gegenüber der Berücksichtigung von Grundsätzen eines qualitativ hochwertigen Städtebaus geführt hatten. In den für die fünfziger Jahre zunächst richtungsweisenden „16 Grundsätzen des Städtebaus" von 1950 waren noch euphorisch das „Prinzip des Organischen und die Berücksichtigung der historisch entstandenen Struktur der Stadt" aufgerufen worden:[5] „Das Ziel des Städtebaus ist die harmonische Befriedigung des menschlichen Anspruchs auf Arbeit, Wohnung, Kultur und Erholung [...]. Der Städtebauer muß sich der höchsten Errungenschaften von Wissenschaft, Technik und Kunst bedienen. Er muß auch hier eine Harmonie finden; er kann und darf weder ein reiner Wissenschaftler noch ein reiner Techniker noch ein ‚reiner' Künstler sein."[6] Diese Idealbeschreibung wurde durch das seit Mitte der fünfziger Jahre massiv eingeführte und in den folgenden Jahren dominant gewordene System des industriellen Bauens sowie in den siebziger Jahren die Durchsetzung des Massenprinzips im Rahmen des Wohnungsbauprogramms als Teil des neuen Sozialprogramms von Erich Honecker als neuem Staatschef konterkariert. Die Verankerung des Bauwesens im Wirtschaftsressort führte zu einem eklatanten Verlust städtebaulicher Qualitätskriterien und dem annähernd vollständigen Hineinzwängen von Architektur und Bauwesen in das enge Prokrustesbett der Planwirtschaft. Aus dieser Problemlage heraus gehörte die erneute Stärkung des Städtebaus im Bauwesen bereits seit den siebziger und verstärkt in den achtziger Jahren zu den zentralen Reformforderungen innerhalb des Bauwesens der DDR.

Um welches Spektrum von Akteuren handelte es sich beim Reformkurs im Bauwesen der DDR in den achtziger Jahren, und wie kann diese Reformkonstellation zusammengefasst werden? Als Teil der gesamtgesellschaftlichen Reformdebatte in der DDR fokussierte sich die Reformbewegung im Bau- und Planungswesen auf eine Kerngruppe um den Direktor des der Bauakademie angegliederten Instituts für Städtebau und Architektur (ISA) Bernd Grönwald, um Akteure der Hochschule für Architektur und Bauwesen in Weimar sowie um eine Gruppe aus dem 1986 wiedergegründeten Bauhaus in Dessau.[7] Dabei darf nicht übersehen werden, dass es in der DDR zu allen Zeiten im Bauwesen Reformversuche sowie reformorientierte Kräfte bzw. Akteure gab, die sich den durch die Partei- und Staatsführung festgelegten strengen Linien im Bauwesen, insbesondere der einseitigen Orientierung auf das industrielle Bauen, zu widersetzen suchten.[8] Dennoch sind in der Zuspitzung der Systemkrise der DDR in den achtziger Jahren eindeutig stärkere Reformbestrebungen im Bauwesen der DDR zu konstatieren, die ihre Ursachen primär in der Krise der Gesellschaft insgesamt, der speziellen Malaise von Bauwesen und Städtebau und in der Tatsache hatten, dass nach mehr als dreißig Jahren Realsozialismus in der DDR eine neue Generation von Planern und Architekten herangewachsen war, die sich nunmehr das Recht herausnahm, das Bauwesen der DDR aus fachlich-inhaltlichen Gründen aus der Sackgasse herauszuführen, in die es in den letzten drei Jahrzehnten systematisch geleitet worden war.

Typologisch lassen sich die Hauptakteure des Reformkurses und die institutionellen Akteure, die in diesem gesellschaftlichen Prozess strukturell formale Funktionen innehatten und reale Rollen spielten, wie folgt zusammenfassen:[9]

a) Fachlich-inhaltliche Reformer: Ihr primäres Ziel bestand darin, aus der Kenntnis der Praxis im Bau- und Planungswesen der DDR heraus den Städtebau insgesamt zu verbessern und die Defizite zu minimieren. Zu den wesentlichen Kritikpunkten dieser Gruppe gehörten der insgesamt unzureichend berücksichtigte Städtebau im Planungswesen der DDR, die Vernachlässigung der Altbausubstanz und der Zerfall der Altstädte, die einseitige Orientierung auf das industrielle Bauwesen sowie fehlende Urbanität und Vielfalt in vielen Städten sowie im Bauwesen insgesamt. Bei dieser Gruppe handelte es sich um Akteure, die sich primär aus sachlich-inhaltlichen Gründen engagierten und kaum ihr institutionelles Umfeld oder ihre vertikalen und horizontalen Netzwerkstrukturen innerhalb der Planercommunity als strategische Mittel einsetzten, um politische oder gesellschaftliche Reformen mit größerer Reichweite in Gang zu setzen.

b) Staatlich-institutionelle Reformer: Gemeint sind Akteure in zentralen und systemrelevanten Institutionen des DDR-Bauwesens, die qua Amt, durch ihre exekutiven und informellen Vollzugskompetenzen, ihre Ausstrahlungskraft und aufgrund ihrer Kenntnisse des Bauwesens einen Überblick über das gesamte Bau- und Planungswesen der DDR hatten, der anderen Beteiligten nicht eigen war, und aus diesen institutionellen Möglichkeiten heraus für Reformen in diesem gesellschaftlichen Sektor der DDR eintraten.[10]

c) Vertreter der SED: Die Staatspartei und die hier für das Bau- und Planungswesen relevanten Akteure waren, obgleich auch sie selbstverständlich keine homogene Masse darstellten, für die Generallinie im Bauwesen der DDR von entscheidender Bedeutung. Grundsätzlich waren im Parteiapparat und im parteinahen (teilweise auch personalidentischen) Staatsapparat zwei verschiedene Gruppen von Protagonisten mit unterschiedlicher Haltung zu potenziellen Reformen im Bau- und Planungswesen der DDR festzustellen:

- Reformorientierte Kräfte: Sie mahnten insgesamt eher behutsam und mehr oder weniger offensiv Reformen an, unterstützten oder tolerierten zumindest mit einem gewissen Wohlwollen die entstehende Reformbewegung.

- Parteiorthodoxe Reformgegner: Diese bis zum Ende der DDR deutlich die Mehrheit darstellende Gruppierung innerhalb des Parteiapparats sowie des von der SED dominierten Staatsapparats lehnte jede Form von grundsätzlichen Reformen (Abkehr von einseitiger Konzentration auf das industrielle Bauwesen, Stärkung des Städtebaus usw.) ab. Zu dieser Gruppe gehörten die für das Bauwesen entscheidenden Protagonisten aus der SED, also Erich Honecker als SED-Chef mit dem Wohnungsbauprogramm als zentralem Bestandteil seines sozial- und wirtschaftspolitischen Kernprogramms, Günter Mittag als das für Wirtschaft und damit das Bauwesen mit Architektur und Städtebau entscheidende Mitglied des Zentralkomitees (ZK) der SED sowie Wolfgang Trölitzsch als für das Bauwesen entscheidender Mitarbeiter im Sekretariat des ZK der SED. Ebenfalls zu dieser Gruppe gehörten wichtige Funktionsträger aus den zentralen Forschungseinrichtungen des Bauwesens wie der Präsident der Bauakademie der DDR Hans Fritsche oder der Vorsitzende des zentralen Berufsverbandes der Architekten und Planer, des Bundes der

Architekten der DDR, Walter Henn, die durch die Partei in ihre Lenkungsfunktionen gelangt waren und den reformresistenten Kurs der Staatspartei bis zum Schluss mittrugen und durchzusetzen halfen.

Das Bauwesen in der DDR und die Produktion von Architektur insgesamt vollzogen sich ebenso wie Ansätze zu ihrer Reformierung oder der Diskurs über ihren Zustand in einem Institutionensystem, das für diese Vorgänge grundlegend und wesensbestimmend war und im Mittelpunkt dieser Darstellung stehen soll.[11] Unter „Institutionen" bzw. „Institutionensystem" werden hier zwei Bedeutungsdimensionen verstanden, die mit diesem Begriff Regelsysteme beschreiben, mit denen eine bestimmte soziale Ordnung hervorgerufen bzw. in Funktion gehalten wird:

a) Soziologisches Verständnis von Institutionen: Regelsysteme, die mit Handlungsrechten und -pflichten oder normativer Geltung ausgestattet sind, die soziales Verhalten und Handeln von Individuen, Gruppen und Gemeinschaften dergestalt konditionieren, dass es für andere Interaktionsteilnehmer vorhersehbar oder zumindest zu erwarten ist. Zu diesem Bedeutungsgehalt von Institutionen gehört etwa die Fixierung auf das System des industriellen Bauens oder die Dominanz ökonomischer Perspektiven über die Bedürfnisse eines qualitätvollen Städtebaus.

b) Formale Institutionen: Gemeint sind feste staatlich-verwaltungstechnische Einrichtungen wie Behörden oder Organisationen mit bestimmten Exekutiv- und Durchsetzungsrechten, die für das Funktionieren von Staaten und Gesellschaften einschließlich ihrer Sektoren notwendig sind. Zu diesem Verständnis von Institutionen gehört beispielsweise die Bauakademie der DDR als einflussreiche zentrale Forschungs- und Verwaltungseinrichtung des Bauwesens der DDR.

Viele Institutionen umfassen beide Bedeutungsgehalte des Begriffes, das heißt, sie stellen sowohl umfassende gesellschaftliche Regelungssysteme als auch konkrete, mit Exekutivkompetenzen ausgestattete Organisationen dar. Insgesamt wird in diesem Beitrag unter Institutionen bzw. dem Institutionensystem des DDR-Bauwesens die Gesamtheit der formal festgelegten Regelungsmechanismen verstanden, die nach fixierten Normen und Festlegungen das Funktionieren, die Ausrichtung und die Entwicklung des Bauwesens in der DDR bestimmten und für den Verlauf der Reformdebatte und ihre Beeinflussung von entscheidender Bedeutung waren und sie substanziell prägten.

Die empirischen Erkenntnisse dieses Beitrags beruhen – neben der Berücksichtigung relevanter Forschungsliteratur zum Thema – vor allem auf der systematischen Analyse wichtiger Dokumentenbestände im Bundesarchiv Berlin (BArch) einschließlich der Stiftung Archiv der Parteien und Massenorganisationen der DDR (SAPMO) im Bundesarchiv.[12] Ein drittes empirisches Standbein des Aufsatzes bildet die Auswertung Dutzender leitfadengestützter Zeitzeugeninterviews, die in der Historischen Forschungsstelle des Leibniz-Instituts für Regionalentwicklung und Strukturplanung (IRS) in Erkner in den vergangenen Jahren mit DDR-Planern und -Architekten geführt wurden.[13] Diese Quellengattung aus dem Bereich der Oral History ist für die Gewinnung von Erkenntnissen über informelle Prozesse, die für das Funktionieren in der DDR von besonderer Bedeutung, Brisanz und damit von herausgehobenem geschichtswissenschaftlichen Erkenntniswert sind, unerlässlich und konstitutiv, will man die Realität in der DDR adäquat nachvollziehen.[14] Wenn dieser Beitrag schließlich insgesamt den Versuch einer wissenschaftlichen Bestandsaufnahme des Institutionensystem des DDR-Bauwesens als Hintergrund des Umgangs mit der städtebaulichen Reformdebatte der späten achtziger Jahre darstellt, dann ist eine solche strukturorientierte Darstellung im Rahmen eines knappen Aufsatzes nicht ohne Verkürzungen, Pauschalisierungen und Verallgemeinerungen zu leisten. Insofern ist es bei allem Bestreben um eine differenzierte, der historischen Wahrheit nahekommende Darstellung unumgänglich, den Widerspruch subjektiver Wahrnehmungen der Zeitumstände im Agieren wichtiger Protagonisten und Zeitzeugen hervorzurufen, die in diesem Band durch eigene Beiträge die Gelegenheit erhalten, ihre Sicht der historischen Abläufe darzustellen.[15]

Das Institutionensystem des DDR-Bauwesens

Welches waren die wichtigsten und entscheidenden Institutionen, die das Bauwesen und die Entstehung von Architektur in der DDR bestimmten? Welche Funktion nahmen sie jeweils ein, und wer waren die bestimmenden Akteure, die in diesen Institutionen wirkten und für das Funktionieren des Gesamtsystems und den Fortgang des Reformprozesses wichtig waren? Im Folgenden soll ein Gesamtpanorama des Institutionensystems des DDR-Bauwesens als „Arena der Auseinandersetzungen" entworfen werden, um auf diese Weise – soweit im Rahmen dieser knappen Darstellung möglich – die genaue Funktions- und Bedeutungsbestimmung der einzelnen institutionellen und persönlichen Akteure sowie ihr Interagieren passgenau hinsichtlich ihrer historischen Relevanz für die Reformbewegung der achtziger Jahre nachvollziehen zu können. Die Darstellung ist dabei dergestalt angeordnet, dass zunächst die formal-institutionelle Funktion des Institutionensystems im Bauwesen der DDR präsentiert wird, um anschließend die tatsächlich-realsozialistische Funktionsweise in den Blick zu nehmen, die sich in Teilen vom formalen Rahmensystem signifikant unterscheidet.

Das Institutionensystem des Bauwesens der DDR (Konzept: Harald Engler; Grafik: Henrika Prochnow)

Rolle und Funktion der SED

Wie bei allen politischen und gesellschaftlichen Weichenstellungen nahm die Sozialistische Einheitspartei Deutschlands (SED) in der DDR auch im Institutionensystem des Bauwesens der DDR die dominante Stellung ein.[16] Die Parteiführung unter der Leitung von Erich Honecker zog zahlreiche wichtige politische Vorgänge direkt in die Entscheidungsgewalt der Parteispitze in Berlin. Dazu gehörten strukturelle Entwicklungsprozesse der wichtigen Städte in der DDR, zu denen neben den 14 Bezirksstädten „Aufbaustädte" wie Jena oder Schwedt zählten, die regelmäßig den versammelten Mitgliedern des Politbüros des ZK der SED vorgelegt werden mussten.[17] Das Vorstellen von Bebauungskonzeptionen für Städte in Sitzungen des Politbüros des ZK der SED gehörte für jeden Stadtarchitekten in der DDR zu den unvergessenen Bewährungsproben, waren sie doch dem direkten Einfluss des Ersten bzw. Generalsekretärs und seinen Baulaunen ausgesetzt.[18] Auch Erich Honecker, ab 1971 Erster Sekretär des ZK der SED und ab 1976 dessen Generalsekretär, ließ es sich nicht nehmen, die Pläne wichtiger Bauvorhaben vor allem auch in der Hauptstadt Berlin genau unter die Lupe zu nehmen und persönlich städtebaulich-architektonische Entscheidungen zu treffen. So ließ sich Honecker beispielsweise im Frühjahr 1983 die Entwürfe für die Neugestaltung des Ernst-Thälmann-Parks in Berlin und des dort als „permanenter Revolutionär" zu platzierenden monumentalen Denkmals für den Arbeiterführer vorführen.[19] Festzuhalten bleibt, dass wichtige städtebauliche und architektonische Weichenstellungen für Kommunen in der DDR nicht von städtischen oder staatlichen Institutionen und Akteuren entschieden wurden, sondern von dem oder den Führern der Staatspartei in Berlin in ihrer selbstverliehenen Machtvollkommenheit.[20]

Im Politbüro, dem kleinen Zirkel hochrangiger Parteifunktionäre, lenkte Günter Mittag als zweitmächtigster Politiker in der DDR auch das Bauwesen und war über diesen wichtigen wirtschaftlichen und gesellschaftlichen Sektor auch für die Architektur und den Städtebau verantwortlich. Der geborene Stettiner, seit 1966 (im Alter von 39 Jahren[21]) im Politbüro und seit 1976 zuständiger Sekretär für Wirtschaft im ZK der SED, sorgte zusammen mit Honecker dafür, dass an planwirtschaftlichen, auf den industriellen Plattenbau fixierten Produktionsmethoden im Bauwesen festgehalten wurde – mit für Architektur und Städtebau verheerenden Auswirkungen.[22] Als verlängerter Arm Mittags war Gerhard Trölitzsch im Zentralkomitee für das Bauwesen zuständig. Der Abteilungsleiter war bei Amtsantritt 1960 erst 33 Jahre alt und saß bis 1989 an dieser für das Bauwesen und die Architektur entscheidenden Stelle. Trölitzsch, das zeigt die Aktenüberlieferung deutlich, war nicht nur der entscheidende SED-Vertreter für das Bauwesen, er dominierte gleichzeitig Bauminister Wolfgang Junker und hielt die wichtigsten Zentraleinrichtungen des Bauwesens und der Architektur, die Bauakademie und den Bund der Architekten der DDR (BdA), fest im ideologischen Klammergriff und setzte hier dreißig Jahre lang die Parteilinie durch.[23] Trölitzsch nahm an den Sitzungen des Bauministeriums teil,[24] er sorgte zusammen mit Mittag dafür, dass im Bauministerium die Direktiven und Vorstellungen der Parteiführung eingehalten und umgesetzt wurden.[25] Auch wichtige Personalentscheidungen wie etwa die Besetzung von Institutsdirektoren an der Bauakademie mussten von Trölitzsch als oberstem Parteiwächter in Angelegenheiten des Bauwesens genehmigt werden, etwa beim Amtswechsel im Institut für Wohnungs- und Gesellschaftsbau der Bauakademie zwischen Günther Herholdt zu Ewald Henn im Oktober 1983.[26] Zusammenfassend ist festzuhalten, dass Trölitzsch als zentraler Vertreter der SED für das Bauwesen vor allem in seiner Verbindung mit Günter Mittag im Vergleich zum ressortmäßig eigentlich verantwortlichen, die Staatsgewalt vertretenden Minister Wolfgang Junker der eindeutig wichtigere Akteur im Gefüge von Staat und Partei im Sektor Bauwesen der DDR war.

Das Dienstgebäude des Ministeriums für Bauwesen in der Breiten Straße, Berlin (1967/68)

Ministerium für Bauwesen

Das Ministerium für Bauwesen, die oberste Behörde für das Bauen und die Architektur in der DDR, führte von 1963 bis 1989 Wolfgang Junker, der bei Amtsantritt ebenfalls erst 34 Jahre alt und von 1971 bis 1989 Mitglied des ZK der SED war.[27] Junker kam direkt aus dem Bauwesen und war nach einer Maurerlehre in seiner Heimatstadt Quedlinburg und später als Direktor des VEB Industriebau Brandenburg durchaus ein Kenner der Materie, doch als potenzieller Reformer im Baubereich der DDR war er gegenüber den dominanten Parteistrategen Mittag und Trölitzsch zu schwach. So musste er beispielsweise seine Diskussionsbeiträge für die ZK-Tagungen von Mittag genehmigen lassen.[28]

Die Bauakademie und ihre Institute

Eine wichtige Institution des DDR-Bauwesens auf der Ebene unter dem zentralen Partei- und Staatsapparat der DDR bildete die Bauakademie der DDR.[29] Das 1951 als Deutsche Bauakademie gegründete Institut, das 1972 in Bauakademie der DDR umbenannt wurde, war direkt dem Ministerium für Bauwesen unterstellt und nahm eine dreifache Funktion im Bauwesen der DDR wahr: Es war die zentrale Gelehrtengesellschaft[30] für berufene Mitglieder aus dem Bauwesen und der Architektur, die zentrale diesbezügliche Forschungseinrichtung in der DDR und nicht zuletzt das zentrale Steuerungsorgan für die Durchsetzung von Baudoktri-

Der Sitz der Bauakademie in der Straße Unter den Linden, Berlin (1964/65)

nen bzw. Kontrollorgan für die Qualitätsprüfung regionaler und lokaler Planungsvorgänge in der gesamten Republik (städtebauliche Wettbewerbe, Generalbebauungsplanung, Neubaugebiete).[31] Als wichtigste zentralstaatliche Einrichtung für Forschung und Wissenschaft mit 16 Spezialinstituten für alle Bereiche des Bauwesens und mehr als 4000 Mitarbeitern, die über vergleichsweise gute Arbeits- und Forschungsbedingungen mit modernen Laboren, Ausstellungsmöglichkeiten und eigenen Veröffentlichungsreihen verfügten, gab sie zusammen mit dem Bund der Architekten der DDR die *Architektur der DDR,* die wichtigste Zeitschrift zu diesem Thema in der DDR, heraus. Die Bauakademie war auf der einen Seite ein zentraler „Durchlauferhitzer" und „Transmissionsriemen" für die Baupolitik und die Architekturlinie von Partei und Staat. Gleichzeitig war sie ein seriöses und wichtiges Forschungsinstitut und Fachgremium, das auf diese Weise – beispielweise in ihrem Institut für Städtebau und Architektur (ISA) unter der Leitung von Bernd Grönwald – eine potenzielle Nische für Reformbestrebungen darstellte und deshalb für den Kontext der Reformdebatte in der zweiten Hälfte der achtziger Jahre von großer Bedeutung war. Dies galt allerdings weniger für den in dieser Zeit als Direktor der Bauakademie fungierenden Hans Fritsche, der in seiner Amtszeit von 1977 bis 1990 eher durch Anpassung an die Direktiven der Staatspartei und anhaltende Reformunwilligkeit bis zum Untergang der DDR auffiel.[32]

Bund der Architekten der DDR

Eine wichtige Institution im Bauwesen der DDR bildete der Bund der Architekten der DDR (BdA), der als Fachverband der Architekten, Städtebauer, Landschaftsarchitekten, Territorialplaner, Ingenieure, Form- und Farbgestalter sowie der Wissenschaftler auf diesem Gebiet fungierte.[33] Der Bund war die singuläre Standesorganisation der Architekten in der DDR und zum einen für deren Interessenvertretung in Ostdeutschland zuständig, zum anderen die wichtige Einrichtung für fachliche Fortbildungen. Eine extrem wichtige Funktion hatte der Bund als Knoten für die Vernetzung von Planern inne, mit denen teilweise auch strategische Bündnisse und horizontale Netzwerke zur Durchsetzung bestimmter Ziele realisiert wurden, die formal im Institutionensystem des Bau- und Planungswesens der DDR nicht vorgesehen waren.[34] Insgesamt stand der BdA allerdings unter strenger Kontrolle durch die Verantwortlichen der Partei um Trölitzsch und war so letztlich nicht in der Lage, die gesellschaftliche Entwertung von Architekten in der DDR zu verhindern, um in der Krisenzeit des Staates Ende der achtziger Jahre als Reformmotor gänzlich zu versagen.[35]

Universitäten und Bauhaus Dessau

Weitere wichtige Knotenpunkte im Netzwerk des institutionellen Bauwesens und der Architektur in der DDR bildeten die universitären Ausbildungsstätten für Architekten und Planerberufe. Neben einigen Fachhochschulen waren die drei großen Einrichtungen zur Ausbildung des Planernachwuchses die Technische Hochschule in Dresden, die 1946 ins Leben gerufene Kunsthochschule in Berlin-Weißensee sowie als wichtigste und renommierteste Einrichtung die 1951 gegründete Hochschule für Architektur und Bauwesen (HAB) in Weimar. Von besonderem Interesse für die Initiative und Genese des Reformdiskurses im Bauwesen der achtziger Jahre war dabei die Weimarer Hochschule, an der Bernd Grönwald und andere Protagonisten dieses Kreises als Lehrende tätig waren. Die drei Hochschulen sorgten für eine beachtliche Grundausbildung der Architekten, die durchaus eine Voraussetzung für fachlich-orientierte Reformimpulse war. Besonders wichtig für diesen Komplex war dabei die Ende der sechziger, Anfang der siebziger Jahre vollzogene Reform der Hochschule in Weimar mit dem Aufbau der Fachrichtung Stadt- und Regionalplanung als eigenständigem Studiengang unter der Leitung von Fred Staufenbiel, die mit ihren sozialwissenschaftlichen Methoden zu einem wichtigen Ferment für die Entstehung von Reformvorstellungen im Bau- und Architekturbereich wurde.[36]

Einen weiteren wichtigen Ort für Reformen im Bereich von Architektur und Bauwesen in der DDR stellte das Bauhaus in Dessau dar. Nachdem das Erbe der klassischen Moderne der zwanziger Jahre zunächst durch ideologische Vorgaben der Staatspartei lange verpönt gewesen war, erhielt das Bauhaus mit der Wiedereröffnung 1986 eine wichtige Bedeutung als Ort der Fortbildung und Kommunikation in der Architekturszene der DDR. Die Wiedereröffnung des Bauhauses war auch ein deutliches Zeichen für die intellektuelle Öffnung der DDR in den achtziger Jahren, die vor allem durch eine Internationalisierung gekennzeichnet war, welche in erster Linie der Direktor des ISA in Berlin, Bernd Grönwald, vorantrieb.[37] Das Bauhaus war deshalb in der zweiten Hälfte der achtziger Jahre unter seinem neuen Direktor Rolf Kuhn, der wiederum auf Initiative von Bernd Grönwald ins Amt gekommen war,[38] ein wichtiger Bündnispartner für die Reformkräfte im Bauwesen der DDR.

Stadtarchitekten in der DDR

Eine eminent wichtige Funktion im Bauwesen der DDR hatten die Stadtarchitekten inne, die im Reformprozess der achtziger Jahre ein aktives Ferment bildeten.[39] Sie hatten ein ausgezeichnetes Vernetzungssystem vor allem für die großen Bezirksstädte in der DDR aufgebaut und waren starke und mit Macht ausgestattete Persönlichkeiten im Bauwesen der DDR. Teilweise konnten sie mit ihrem Personalapparat eine große Wirkungskraft entfalten.[40] Die Stadtarchitekten gewannen ihre Bedeutung nicht zuletzt durch die Tatsache, dass sie bei ihren halbjährlichen Treffen einen relativ freien und kritischen Diskurs betreiben konnten. Mit ihren kritischen Einlassungen, die sie mit ihren Erfahrungen aus der Baupraxis an der kommunalen Basis authentisch speisten, erhielten sie für die Reformbewegung eine grundsätzliche Bedeutung, indem sie beispielsweise Reformvorschläge für das Bauwesen der DDR beim Politbüro vorlegten, allerdings ohne damit auf offene Ohren zu stoßen oder gar erfolgreich zu sein.[41]

Planwirtschaftliche Institutionen und bezirkliches Bauwesen

Von grundlegender Bedeutung waren die planwirtschaftlichen Strukturen in der DDR, in die sich auch das Bauwesen und die Produktion von Architektur einzufügen hatten. Auf zentraler (Staatliche Plankommission) und auf bezirklicher Ebene sorgten die Plankommissionen dafür, dass Architektur in der Masse sich streng nach ökonomischen Parametern ausrichtete, die sich auf die Qualität, Urbanität und Ästhetik der Gebäude in hohem Maße auswirkten. Zusammen mit den Wohnungsbaukombinaten auf Bezirksebene hatten sie für die Erfüllung der Planzahlen im Wohnungsbau der DDR zu sorgen.[42]

Die Behördenstruktur des Bauwesens auf den Ebenen der Bezirke, der Kreise sowie Städte und Gemeinden war für die tatsächliche Funktion von Architektur

Die Zeitschrift *Architektur der DDR*,
Septemberheft 1989

mit einem durchaus vorhandenen Eigengewicht und individuell-regionalen Wirkungsmöglichkeiten von großer Bedeutung. Die starke Fixierung der Partei- und Staatsführung auf Berlin sorgte allerdings für eine deutliche Benachteiligung der Bezirke gegenüber der Hauptstadt. Insgesamt hingen Rollen und Funktionen von Bezirksarchitekt, Bezirksbauverwaltung und Büro für Städtebau und Architektur stark von der Machtkonstellation und dem Zusammenspiel dieser Institutionen mit dem jeweiligen Stadtarchitekten der Bezirksstadt ab.[43]

Institutionen des medialen Diskurses
Reformen oder Reformversuche werden nicht allein von wichtigen Institutionen oder den in ihnen wirkenden Akteuren, sondern auch durch mediale Diskurse vorangetrieben, die sie führen. Mangels einer kritischen Öffentlichkeit in der allgemeinen Publizistik der DDR war diese diskursive Vorbereitung der Reformen wichtigen Institutionen vorbehalten, die in dreierlei Form vorhanden waren:

1. Zeitschriften wie *Architektur der DDR* oder *Landschaftsarchitektur der DDR*.[44] Sie befanden sich zwar insgesamt ideologisch am Gängelband der SED und entwickelten sich erst im Verlauf des politischen Umbruchs von 1989/90, als es bereits zu spät war, zu veritablen fachlichen Diskussionsforen.[45] Dennoch sollten sie als wichtige fachliche Reformgrundlagen beachtet werden.

2. Zeitschriften der Bezirksorganisationen des BdA, zum Beispiel das Informationsblatt *babl* aus Berlin, das unter anderem von Wolfgang Kil mitgestaltet wurde.[46] Hier gelang es im Rahmen des Möglichen und in Ansätzen, einen im Vergleich zum offiziellen Organ *Architektur der DDR* deutlich kritischeren und innovativeren Umgang mit Architektur und Bauwesen zu pflegen.

3. Spezialisierte Werke zur Architektur und Planung wie etwa die Fundus-Reihe des Verlags der Kunst in Dresden, die nicht so streng wie etwa das Zentralorgan *Architektur der DDR* überwacht wurde und in denen beispielsweise die für den Diskurs wichtigen Werke kritischer Autoren wie Bruno Flierl verlegt werden konnten.[47]

Institutionen zentraler normativer Festlegungen

Von entscheidender Bedeutung für die Ausgestaltung von Architektur und Bauwesen sowie das Zustandekommen zahlreicher Mängel waren zentrale normative Festlegungen wie die der Einführung und dann der zunehmend monostrukturell durchgesetzten Form des industriellen Bauens oder der Dominanz der Plattenbauweise in der DDR.[48] Sie dominierten mehr als drei Jahrzehnte lang das gesamte Bauwesen und die Produktion von Architektur in der DDR, waren aber wegen ihres Mangels an urbaner Qualität gleichzeitig Anstoß und Zielrichtung der entstehenden Reformbewegung in den achtziger Jahren.

Formale Funktion des Institutionensystems – obstruktiver Umgang mit fachlicher Kritik durch die Partei- und Staatsführung im Bauwesen

Das bis hier umrissene Institutionensystem wird im Folgenden in seiner formalen Funktionsweise beschrieben, vor deren Hintergrund fachliche Kritik und Reformimpulse im Bauwesen und in der Architektur der DDR institutionell obstruiert wurden. Im anschließenden Analyseteil soll dieses formale Funktionieren mit den realen Abläufen im Bauwesen der DDR kontrastiert werden, indem die Bedeutung von Akteuren mit ihren Handlungsspielräumen, konkreten Machtkonstellationen vor Ort sowie informellen Regelungssystemen in die Analyse integriert wird.

Im institutionellen System der DDR, zu dessen integralen Bestandteilen das Bauwesen und die Architektur gehörten, dominierte der aus ihr selbst heraus festgelegte Zuständigkeitsanspruch der Staatspartei SED für die gesamte gesellschaftliche Entwicklung der DDR. Dieser nicht nur politisch durchgesetzte, sondern auch rechtlich verankerte Suprematieanspruch[49] der SED war selbstverständlich nicht komplett erfüll- und durchsetzbar, da die Monopolpartei in gesellschaftspolitischen Aushandlungsprozessen zu allen Zeiten Zugeständnisse machen musste und sich in verschiedenen Sektoren der Gesellschaft Nischen gebildet hatten, in denen die SED nur über eine begrenzte Reichweite verfügte. Dennoch war der Suprematieanspruch der SED als grundlegende Kategorie institutionell wirksam, gab es doch parallel zur primär verantwortlichen staatlichen Verwaltungsorganisation eine Abbildung aller Kompetenzbereiche auf der Ebene der Partei, die teilweise informell noch wichtiger war. Die Kompetenzbereiche von Staat und Staatspartei waren in Teilen und vor allem über die Funktionen von Akteuren eng miteinander verwoben.[50]

Neben dem Suprematieanspruch der SED stellte das Herrschaftsprinzip des „demokratischen Zentralismus" einen zweiten wichtigen Baustein für das Institutionensystem der DDR dar. Die Durchdringung der staatlichen Verwaltungsstrukturen und das „Durchregieren" in der DDR von oben (Zentrale in Berlin) über die Mittelinstanz der Bezirke bis zur regionalen und lokalen Ebene der Kreise sowie Städte und Gemeinden sollten die Regelungsfähigkeit der Gesamtgesellschaft durch die SED sichern. Ergänzt und perfektioniert werden sollte dieses zentralistisch-hierarchische System durch die Implementierung eines Systems der doppelten fachlichen Unterstellung der Verwaltungseinheiten.[51]

Zentrale Festlegungen im Institutionensystem der DDR bestimmten Bauwesen und Architektur grundlegend. Dazu gehörte zunächst die Unterstellung des Bauwesens und damit auch der künstlerisch-ästhetischen Komponente von Städtebau und Architektur unter das Ministerium für Bauwesen, das eher wirtschaftlich denn städtebaulich ausgerichtet war.[52] Diese Weichenstellung sorgte zusammen mit der großen Machtfülle der zentralen und regionalen Plankommissionen in Zusammenhang mit Honeckers Wohnungsbauprogramm ab Anfang der siebziger Jahre dafür, dass die Prinzipien Masse statt Klasse und Quantität statt Qualität insbesondere im Massenwohnungsbau zur alles bestimmenden Grundmelodie im Bauwesen in der DDR wurden. Zusammen mit der dramatischen Zuspitzung der ökonomischen Handlungsspielräume vor allem seit den Ölkrisen der siebziger Jahre sowie den sich immer gravierender auswirkenden wirtschaftlichen Strukturschwächen der DDR-Wirtschaft führte diese Konstellation zu einer letztlich monostrukturellen Orientierung am Machbaren und an Quantitäten, während das Verfolgen kreativer städtebaulicher und architektonisch-planerischer Ideen nicht mehr gefragt war und insgesamt eher denunziert wurde.[53]

Angesichts dieser Defensivstellung, in der sich die Vertreter qualitätvoller und interessanter Standards von Städtebau und Architektur strukturell befanden, wurde in der DDR im Laufe der Entwicklung ein institutionalisiertes System von mentalen Erinnerungsorten installiert, das dazu beitrug, das Benennen fachlicher Widersprüche, Kritik an Fehlentwicklungen und ganz allgemein beinahe jede Form von Reformimpulsen zu unterdrücken. Wie diese institutionalisierte Reformunterdrückung verortet war und in welcher Form sie wirkte, wird hier an drei markanten Beispielen demonstriert.

Im Jahr 1963 wagte es eine Gruppe junger und „wilder" Architekten, darunter der spätere Stadtarchitekt von Frankfurt (Oder) Manfred Vogler, Bruno Flierl, Lothar Kwasnitza und Martin Wimmer, einige Entwicklungen in Bauwesen und Architektur der DDR vorsichtig infrage zu stellen und Vorschläge für Reformen zu unterbreiten, die sich vornehmlich auf die Qualität der gebauten Architektur vor dem Hintergrund des industriellen Bauens bezogen. In einem berühmt-berüchtigten Gespräch im Restaurant am Müggelturm wurden diese Reformimpulse vom ebenfalls jungen, aber nicht reformorientierten Bauminister Wolfgang Junker auf Linie gebracht und gemaßregelt.[54] Bruno Flierl wurde wegen seiner Beteiligung an diesen Vorgängen als Chefredakteur der *Deutschen Architektur* abgesetzt und aus „erzieherischen Gründen" in die Baupraxis versetzt.[55]

Der Regisseur Hermann Zschoche zeichnete in seinem 1983 entstandenen Film „Insel der Schwäne" ein gesellschaftskritisches Bild der DDR. Er thematisierte insbesondere das Verhältnis von gebauter (Massen-)Architektur und den Bedürfnissen der Menschen – mit besonderem Augenmerk auf die Perspektive von Kindern –, die in diesen Gebäuden und städtebaulichen Brachen leben mussten. Der Film wurde vom Kritikerpapst der DDR Horst Knietzsch im *Neuen Deutschland* heftig kritisiert, der ihm eine „verstellte Sicht auf unsere Wirklichkeit" und die Herabwürdigung des Wohnungsbaus in der DDR zu einer „Beton-Welt" vorwarf.[56] Der Film wurde anschließend mit Zensurauflagen versehen und wieder auf die Linie des Propagandabilds der SED gebracht.[57]

Die beiden jungen Architekten Christian Enzmann (Jahrgang 1951) und Bernd Ettel (Jahrgang 1949) beteiligten sich 1984 an einem Wettbewerb für die Gestaltung des Bersarinplatzes in Berlin-Friedrichshain. Die beiden Architekten hatten an der Hochschule für Architektur und Bauwesen in Weimar studiert und sich bereits in den Jahren zuvor als Mitarbeiter des Instituts für Städtebau und Architektur (ISA) an mehreren Wettbewerben mit architektonischen Inszenierungen beteiligt. In ihrem kritischen Wettbewerbsbeitrag für den Platz wurde die DDR als Überwachungsstaat inszeniert. Nach dem Szenario der beiden Planer sollten sich Freiwillige Ikarusflügel anschnallen und von einem Turm den „Flug in die Freiheit" wagen. Vor Erreichen des Ziels träfe die Flieger die „staatliche Gewalt, symbolisiert durch die Laserkanonen, mit denen auf sie geschossen würde".[58] Enzmann und Ettel wurden nach Einreichen dieses Entwurfs verhaftet und 1985 wegen „öffentlicher Herabwürdigung" der DDR zu zwei bzw. drei Jahren Haft verurteilt.[59]

Die drei Beispiele zeigen eindrucksvoll, dass das institutionelle System der DDR eine mentale Gesamtkonstellation aufgebaut hatte, in der Kritik und Reformvorschläge kaum eine Chance auf Berücksichtigung hatten. Beruhend auf einem doppelt manichäischen Weltbild, das von einem dogmatischen Freund-Feind-Schema ausging und durch die Bedrohungsängste der Parteifunktionäre in der deutsch-deutschen Systemkonkurrenz noch verstärkt wurde, waren während der gesamten DDR-Geschichte vorsichtige Reformbestrebungen oder gar politisch-fachlicher Widerstand nur schwer artikulierbar und noch schwerer durchzusetzen. Selbst wenn Reformkräfte Mitglieder der SED waren, wurden sie schnell als „feindlichen Kräften zugehörig" gebrandmarkt, denunziert und damit politisch kaltgestellt. Die fortwährende Unterdrückung solcher Reformimpulse wirkte zusammen mit dem tradierten Erfahrungsschatz aller an Reformen interessierten Akteure des DDR-Bauwesens in der Planercommunity als mentaler Erinnerungsort und sorgte dafür, dass nur mit großer Vorsicht kritische Reformvorschläge unterbreitet wurden. Die Haltung der SED und ihrer führenden Kräfte gegenüber dem Reformkurs von Michail Gorbačev ab Mitte der achtziger Jahre verschärfte diese schwierige Konstellation in der DDR mit einem großen gesellschaftlichen Reformbedarf und der Verweigerung jeder grundlegenden Veränderung durch die Führung der Partei noch mehr. Gerade im Bauwesen resignierten zahlreiche reforminteressierte Protagonisten.[60]

Real-informelle Funktionsweise des Institutionensystems – Stadtarchitekten, andere Akteure und fachliche Reformimpulse

Das im vorigen Abschnitt umrissene formal-normative Regelungssystem war grundsätzlich sowohl für die politische und gesellschaftliche Gesamtverfassung der DDR als auch für den sektoralen Bereich des Bauwesens verbindlich. In der Realität gab es – wie in jedem politischen System und in der DDR mit besonderer Wirkungsmacht – jenseits dieses formalen Regelungssystems eine politisch-gesellschaftliche Wirklichkeit, die teilweise erheblich von normativen Fixierungen abwich und so Spielräume für Aushandlungen eröffnete. Für die politische Wirklichkeit und das tatsächliche Machtgefüge in der DDR waren in einer virtuellen „Arena der Auseinandersetzungen" bestimmte Kategorien der Zeit und des Ortes, Kommunikationsbedingungen sowie Handlungsspielräume zwischen den beteiligten institutionellen und personellen Akteuren bestimmend, die sich als jeweils spezifische Konstellationen auf die formale, statisch fixierte Verfasstheit des Staates zeitweise und regional durchaus in verschiedener Weise auswirken konnten und in eine adäquate Beschreibung der DDR-Wirklichkeit einzubeziehen sind. In welcher Form solche spezifischen Wirklichkeitskonstellationen für Bauwesen und Architektur einem vernünftigen Städtebau und qualitätvoller Architektur differenzierte Möglichkeiten eröffneten, wird im Folgenden an einigen Beispielen erläutert.

Die Stadtarchitekten der DDR bildeten eine besonders herausgehobene, aktive und aufgrund ihrer guten Vernetzung wirkungsmächtige Akteursgruppierung im Bauwesen der DDR. Ihr umfassender und integrativer Kompetenzbereich als „Chef" über alle planerischen und architekturbezogenen Aspekte im Bauwesen der großen Städte der DDR und ihre Arbeit nah an der Produktion von Architektur auf lokaler Ebene ließ sie zu einer stärker reformorientierten und kritikaffinen Gruppierung im DDR-Bauwesen werden, als dies für andere Akteursgruppen der Fall war. Von besonderer Bedeutung sind hier die Unterschiede in der formalen Verfasstheit, noch stärker aber in den konkreten Machtkonstellationen und die damit verbundenen Handlungsspielräume der Stadtarchitekten in einzelnen Städten der DDR. So stellte die verfassungs- und verwaltungstechnische Machtausstattung der Stadtarchitekten von Jena und Frankfurt (Oder) als Reformversuch innerhalb des Systems der Stadtarchitekten der DDR eine Besonderheit dar, die deutlich macht, dass bei allen gültigen formalen Regelungssystemen wie Zentralisierung, Unifizierung und Prinzip des „demokratischen Zentralismus" dennoch auch differenzierte Verhältnisse vorlagen.

Differenzierte und regional deutlich unterschiedliche Machtkonstellationen im Bauwesen der DDR ergaben sich schon dadurch, dass die institutionellen, aber auch die einzelnen Akteure vor Ort unterschiedliche Machtstrukturen vorfanden, diese selbst beeinflussten und so letztlich über unterschiedliche Handlungsspielräume verfügten, die die Gestaltung von Architektur, Städtebau und Raumplanung stark beeinflussten. So gelang es dem Chef des Büros für Territorialplanung im Bezirk Frankfurt (Oder) Olaf Gloger beispielsweise durch ein besonderes Maß an persönlicher Initiative und durch strategische Bündnisse mit wichtigen Akteuren des Naturschutzes, attraktive Orte an Seen im Osten Berlins für Zwecke der Naherholung zu erhalten.[61] Ein weiteres Beispiel für einen Akteur, der jenseits spezifischer verfassungspolitischer Handlungsmöglichkeiten über einen außergewöhnlichen Aktionsradius mit guten Netzwerkverbindungen und damit über einen deutlich größeren Handlungsspielraum als andere Akteure in vergleichbaren Positionen verfügte, ist der Stadtarchitekt von Frankfurt (Oder) Manfred Vogler.[62] Ihm gelang es in seiner 25 Jahre währenden Amtszeit (1965 bis 1990) als Stadtarchitekt in der Hauptstadt des gleichnamigen Bezirks, sich im eng abgestimmten Vorgehen mit dem Oberbürgermeister Fritz Krause (Amtszeit 1965 bis 1990) eine breite Machtbasis zu erarbeiten, die ihn vor größeren Eingriffen bezirklicher Steuerungsversuche im Bauwesen bewahrte und aktiv Projekte voranbringen ließ, die andernorts nicht möglich waren. So gelang es Vogler seit den siebziger Jahren wichtige Bestandteile des alten Bauensembles der Stadt an der Oder wie die Marienkirche, das Rathaus oder die Konzerthalle Carl Philipp Emanuel Bach zu erhalten oder außerhalb des Staatshaushaltes im Wesentlichen als „Schwarzbauten" wieder aufbauen zu lassen.[63]

Jenseits dieser lokalen Spezifik unternahm Vogler zusammen mit anderen Stadtarchitekten den Versuch, wesentliche Mängel im Bauwesen der DDR zu beseitigen. Eine Gruppe von Stadtarchitekten erarbeitete Anfang der achtziger Jahre ein Konzept für ein wirtschaftlicheres Modell der Mietsubventionen in der DDR, das sich nicht an den Mietern, sondern an den Wohnungen orientieren sollte und eine Lösung für das Problem der nicht ausfinanzierten Substanzerhaltung im Bauwesen präsentierte. Das beim Ministerium für Bauwesen eingereichte Konzept wurde ignoriert und niemals umgesetzt. Der Verfall der Altbausubstanz in der DDR ging weiter und bildete letztendlich einen wichtigen Grund für den Untergang des Staates.[64] Darüber hinaus kämpfte Vogler – wie viele seiner Kollegen in anderen Städten auch – für eine stärker an Qualitätsmaßstäben orientierte Architektur der Plattenbauweise, indem er beispielsweise heftige Kämpfe mit dem bezirklichen Wohnungsbaukombinat ausfocht, um für die neu erbauten Häuser des innerstädtischen Wohngebiets in der Großen Scharrnstraße in Frankfurt (Oder) interessantere Eingangslösungen mit Überdachungen zu realisieren.[65]

In weiteren Bereichen waren verschiedene Akteure bemüht, auf der Basis fachlicher Erwägungen das defizitäre Bauwesen der DDR von innen heraus zu reformieren, vor allem die monotone industrielle Plattenbauweise mit mehr Qualität und Differenzierung zu versehen. In Halle an der Saale war es dem Stadtarchitekten Wulf Brandstädter mit dem innerstädtischen Wohngebiet Brunos Warte und anderen Ensembles in interessanter Plattenbauweise gelungen, die Stadt bekannt zu machen, so dass sogar Architekten aus dem Westen zu Besichtigungstouren in die Stadt kamen. Brandstädter unternahm den Versuch, mit den Plattenbaugebieten nicht mehr in die historisch gewachsenen Städte hineinzubrechen, sondern historische Straßenzüge in Plattenbauweise nachzuempfinden und die Häuser zu „formen". „Wir hatten damit die Vision zu retten, was zu retten ist, oder zumindest einzelne Ecken und Straßenzüge zu erhalten", so Wulf Brandstädter.[66] Wichtige Impulse für eine differenzierte Plattenbauweise in der DDR gaben die Akteure der Stadtplanung in Rostock, denen es mit Objekten wie dem „Fünfgiebelhaus"[67] im Jahr 1986 gelang, für die innerstädtische Lückenschließung eine überraschend poppige, ja postmoderne Formensprache in Plattenbauweise zu kreieren. Die aufsehenerregende Architektur im Ostseebezirk Rostock wurde im Politbüro in Berlin mit Argusaugen betrachtet und führte zu heftigen Auseinandersetzungen mit der Zentrale, die zur 750-Jahr-Feier der Hauptstadt (1987) der

Weltöffentlichkeit nur dort richtungsweisende DDR-Architektur präsentieren wollte.[68] Die extreme Bevorzugung der Hauptstadt Ost-Berlin im Wohnungsbau, die mit umfangreichen Kapazitätsverlagerungen von den Bezirken in die Hauptstadt verbunden war, sorgte für Turbulenzen im Bauwesen, die bis in die hohe Politik hineinreichten. Unter der Leitung von SED-Bezirkschef Hans Modrow verweigerte der Bezirk Dresden Teile der abgeforderten Hilfeleistungen, woraufhin Berlin zu Strafmaßnahmen bis hin zur Entsendung einer Untersuchungskommission griff.[69] Völlig aus dem Ruder lief der SED schließlich der Umgang mit Widerständen aus der Bürgerschaft, aber auch aus fachlichen Kreisen gegen das Festhalten am Abriss von Altstadtquartieren wie den Leipziger Stadtteilen Plagwitz oder Connewitz oder alten Gründerzeitvierteln im Berliner Bezirk Prenzlauer Berg in der zweiten Hälfte der achtziger Jahre. Dort verbündeten sich die aktiven Kräfte aus der Bewohnerschaft vor Ort mit Mitarbeitern des ISA der Bauakademie der DDR, die informell mit den Reformkräften gegen den Altstadtabriss und die Bebauung mit monotonen Plattenbauten protestierten.[70]

Mit diesen drei Beispielen soll keineswegs der Versuch unternommen werden, der DDR ein Bauwesen zuzusprechen, in dem scheinbar doch alles möglich war. Es handelt sich bei den beschriebenen Vorgängen eher um einzelne, her-

Innovative Architektur
der achtziger Jahre:
Brunos Warte in
Halle (Architekten:
Wulf Brandstädter u. a.)
und das Fünfgiebelhaus
in Rostock (Architekten:
Peter Baumbach u. a.)

ausragende Besonderheiten, die regional oder lokal zu einer bestimmten Zeit bei Vorhandensein bestimmter Machtkonstellationen und Akteure mit einem besonderen Handlungsspielraum möglich waren. Dennoch ist es wichtig, auf solche Vorgänge hinzuweisen, die zeigen, dass die DDR insgesamt wesentlich differenzierter war, als dies in vielen Lehrbüchern bis heute immer noch dargestellt wird, und dass es Akteure gab, die sich trotz widriger Rahmenbedingungen mutig gegen den von oben verordneten Stillstand und die offensichtlichen Mängel in Bauwesen, Architektur und Städtebau wehrten.

Institutionelle Begleitung des Reformdiskurses

Für den sich in der zweiten Hälfte der achtziger Jahre anbahnenden Reformdiskurs zum Städtebau in der DDR stellt sich die Frage, wie sich die maßgeblichen institutionellen Akteure zu dieser Debatte und Bewegung verhielten und wie sie diese Prozesse und andere kritische Ansätze im Bauwesen und in der Architektur der DDR begleiteten. Fanden hier nur Obstruktion und Unterdrückung von oppositionellen Bestrebungen bzw. Reformimpulsen statt oder gab es auch eine einvernehmliche Begleitung oder gar Unterstützung solcher kritischen Ansätze?

Wer waren die entscheidenden Akteure, und wie sahen ihre Argumente und ihre Vorgehensweisen aus?

Für die *SED* und ihre Hauptprotagonisten im Bereich des Bauwesens der DDR, das Politbüromitglied für Wirtschaft Günter Mittag sowie den ZK-Sekretär für das Bauwesen Gerhard Trölitzsch, sind die Haltungen zu jeder Form von Reformansatz im Bauwesen der DDR bereits dargestellt worden. Sie standen fortwährend für die Positionen der SED, die auf einer unbedingten Durchsetzung der planwirtschaftlichen Interessen des Politbüros im Bauwesen und der Erfüllung der Planvorgaben im Wohnungsbau bestanden und bis zum Schluss streng nach dem leninistisch-stalinistischen Prinzip der „Einheit und Geschlossenheit" der Partei jeden kleinen Reformansatz strikt unterbanden, obgleich kleinere Schritte hin zu einer Reform von Staatspartei und Gesellschaftssystem aus der Partei heraus immer wieder versucht wurden.[71] Auch im *Ministerium für Bauwesen* unter der Leitung von Wolfgang Junker wurden die zaghaften Reformimpulse weder unterstützt noch gar vorangetrieben. Noch im Oktober 1989, also zu einem Zeitpunkt, als sich die krisenhafte Situation in der DDR schon bedrohlich zugespitzt hatte, sorgte Junker im Einvernehmen mit der Parteiführung für eine Absage der 57. Plenartagung der Bauakademie, die am 27. Oktober 1989 hätte stattfinden sollen.[72] Die Absage der Veranstaltung aus Angst vor der bevorstehenden Kritik durch Mitglieder des Plenums der Bauakademie ist typisch für Junkers prekäre Stellung als oberster Bauschaffender der Republik, der während seiner gesamten Amtszeit unter der Aufsicht beiden Parteivertreter für das Bauwesen Mittag und Trölitzsch stand und kaum einen eigenständigen konzeptionellen Kurs in seinem Ministerium fahren konnte.[73]

Die *Bauakademie der DDR* wurde über viele Jahre hinweg mit einem unselbständigen Kurs unter der politischen Kuratel des Ministers für Bauwesen geführt und war deshalb als reformfördernde oder gar -vorantreibende Instanz kaum geeignet. Die oberste Forschungseinrichtung für das Bauwesen in der DDR krönte ihren liebedienerischen Kurs gegenüber der Partei 1978 dadurch, dass sie den SED-Parteispitzen Erich Honecker und Günter Mittag die Ehrenmitgliedschaft in der Gelehrtengesellschaft verschaffte und diese auf Anordnung des Ministers für Bauwesen sogar mit einer persönlichen Dotation versah.[74] Eine Analyse des Aktenbestandes im Bundesarchiv hinsichtlich des Agierens der Bauakademie in der entscheidenden Phase des Reformprozesses in der zweiten Hälfte der achtziger Jahre verdeutlicht, dass die Institution über nur sehr wenig eigenen Handlungsspielraum verfügte und auch nicht darum kämpfte, diesen zu vergrößern. Während der Zuspitzung der Krise im Herbst 1989 lavierte die Spitze der Bauakademie zunächst wochenlang, sie öffnete sich der in Gang gekommenen Revolution nur langsam und eher widerwillig. Deutlich wird der Kurs am Verhalten von Bauakademie-Präsident Hans Fritsche,[75] der von 1977 bis 1990 an der Spitze stand und damit die längste Amtszeit aller Präsidenten der obersten Baubehörde der DDR vorzuweisen hat. Während einzelne Mitarbeiter der Bauakademie bereits mit der gegen den Altbauabriss im Prenzlauer Berg aktiven Bürgerbewegung beratend kooperierten, grüßte der Präsident in einem Redeentwurf für die abgesagte Plenarsitzung der Bauakademie vom September 1989 noch in althergebrachter Weise ganz besonders herzlich die „leitenden Genossen vom Ministerium für Bauwesen". Die Diskussionsbeiträge der Plenartagung waren von vornherein festgelegt, es sollte wie immer keine offene Diskussion stattfinden. Fritsche sang noch immer das Loblied auf die „hervorragende Entwicklung des sozialistischen Vaterlands", die „ständige Vervollkommnung" und die „ständig wachsende wirtschaftliche Kraft unseres Landes".[76] Erst auf der auf den 8. Dezember 1989 verschobenen letzten Plenartagung der Bauakademie gab Fritsche sein eigenes und das Versagen der übrigen Protagonisten der Forschungseinrichtung in der Krise und insgesamt in ihrer Rolle als Transmissionsriemen der Bau- und Architekturpolitik der Partei- und Staatsführung zu: „Heute muß ich feststellen, daß meine eigene Führungstätigkeit, daß die aktive Rolle des Plenums zu wenig darauf gerichtet waren, diese erkannten Zustände laut und deutlich auszusprechen und energisch auf Veränderungen zu drängen. Der politische Machtapparat hat sich gegenüber der Wissenschaft durchgesetzt und jede öffentliche Diskussion progressiver Gedanken zur Beseitigung unhaltbarer Zustände verhindert." Der Präsident kritisierte auch die jahrelang falsch verstandene Disziplin in der Bauakademie, in der eher Gehorsam an den Tag gelegt worden sei, allerdings seien eigene Reformvorschläge im Ministerium auch nicht gehört worden.[77]

Auch der *Bund der Architekten der DDR* (BdA) gerierte sich unter seinem Vorsitzenden Ewald Henn,[78] dem Bezirksarchitekten von Erfurt, der im Herbst 1989 der Standesorganisation der Planer in der DDR vorstand, eher als politischer „Durchlauferhitzer". Die Berufsvertretung der DDR-Architekten stand, ähnlich wie die Bauakademie, den Autoritäten der Partei- und Staatsführung unkritisch gegenüber und verhielt sich insgesamt äußerst angepasst an die Parteilinie. Der Bund bildete insofern nicht nur keine gute Interessenvertretung für die Architekten, sondern unterstützte auch den unter seinen Mitgliedern längst begonnenen Reformkurs nicht aktiv.[79]

Im Gegensatz zur Gesamtinstitution Bauakademie unter Fritsche gehörte das seit 1986 unter der Leitung von Bernd Grönwald[80] stehende *Institut für Städtebau und Architektur* (ISA) als wichtigstes von insgesamt 16 Teilinstituten eindeutig zu den Impulsgebern der Reformdebatte im DDR-Bauwesen. Herausragende Bedeutung unter den wissenschaftlichen Aktivitäten des ISA hatte dabei die unter der Leitung von Bernd Hunger erarbeitete „Städtebauprognose".[81] Der besonders innovative und in die Zukunft weisende Anspruch dieses Projektes lag im deutlich neuen fachpolitischen Kommunikationsstil, der Integration gesellschaftswissenschaftlicher Methoden in die räumliche Planung und der erstmaligen systematischen Rezeption ausländischer Erfahrungen. Grönwald engagierte sich auch beim Ausbau netzwerkartiger Verbindungen und versuchte, Verbündete in den Schlüsselpositionen des Bauwesens der DDR unterzubringen. So arrangierte er im Wesentlichen, dass Rolf Kuhn 1987 neuer Direktor des Bauhauses in Dessau wurde.[82]

Eine besondere Rolle spielte Bernd Grönwald bei den Vorgängen um die Absage der 57. Plenartagung der Bauakademie im Oktober 1989. Da er als Direktor des ISA und damit automatisch als Vizepräsident der Bauakademie für die inhaltliche Vorbereitung und Durchführung des Plenums[83] verantwortlich war, protestierte er in einem Schreiben an Bauminister Junker gegen die Verlegung. Grönwald war der Ansicht, dass vor allem die Mitgliedschaft von Honecker und Mittag den Ruf der Bauakademie in Misskredit gebracht hatte, und drohte mit beruflichen Konsequenzen. Er forderte aufgrund der Inkompetenz und Fehlentscheidungen der alten Führung eine Neuwahl der Führungsspitze der Bauakademie und die Neuernennung der Mitglieder.[84]

Insgesamt hatte sich Bernd Grönwald in seiner Haltung zum Kurs von Staat und Partei in Bauwesen und Architektur der DDR in den achtziger Jahren verändert. Galt er noch in der ersten Hälfte der achtziger Jahre als treuer SED-Mann, so entwickelte er nach und nach eine stärker differenzierte fachliche Sicht. Grönwald war wesentlich daran beteiligt, die Internationalisierung des DDR-Städtebaus voranzutreiben; er sorgte dafür, dass zahlreiche Kontakte und Reisen ins westliche Ausland für seine DDR-Fachkollegen möglich wurden, und plädierte für eine offene Auseinandersetzung mit modernen Stilrichtungen der Architekturentwicklung wie etwa dem späten „Internationalen Stil".[85] Die Reformorientierung Grönwalds wird in „Thesen zu Aspekten und Aufgaben kulturell-ästhetischer Wertbildung im architektonischen Schaffen der 90er Jahre in der DDR" vom Februar 1989 deutlich, in denen er ausführte, dass „die architektonische Formensprache unserer Zeit [...] deshalb in der formalen Reflexion der Architekturtheorie heute pluralistisch" erscheine, wobei er stark auf gesellschaftliche Verhältnisse abzielte und wenig parteiideologisch argumentierte.[86] Im weiteren Verlauf des Jahres 1989 fuhr Grönwald dann einen offensiveren Kurs gegen die orthodoxe Fraktion im DDR-Bauwesen und entwickelte eine zunehmend kritische Sicht auf die Rolle von Bauakademie und BdA, indem er in aller Deutlichkeit ihre Reformbedürftigkeit hervorhob.[87]

Tagung des Bundes der Architekten der DDR 1987 in Berlin. Auf dem Podium (hinter dem Redner von links nach rechts) das Triumvirat des DDR-Bauwesens: Bauminister Wolfgang Junker, Politbüromitglied Günter Mittag und ZK-Abteilungsleiter Gerhard Trölitzsch

Fazit

In diesem Beitrag wurden die Möglichkeiten und Grenzen von potenziellen und realen Reformschritten in Bauwesen und Architektur der DDR vor dem Hintergrund des formalen und real existierenden institutionellen Hintergrunds ausgelotet. Es ist deutlich geworden, dass die von der Parteiführung und den von ihr gelenkten Massenorganisationen und sektoralen Einrichtungen des Bauwesens festgelegten institutionellen Regelungen grundsätzlich dergestalt ausgerichtet waren, dass fachliche Kritik oder gar strukturelle Reformen obstruktiv behandelt wurden. Vor diesem institutionellen Hintergrund und durch die Wirkungsmacht des Suprematieanspruchs der SED auf alle entscheidenden Felder wurden in Politik und Gesellschaft der DDR insgesamt und damit auch in Bauwesen und Architektur kaum Reformschritte realisiert, schon gar nicht solche, die von „unten", also von zivilgesellschaftlichen Basisgruppen artikuliert wurden.

Wenn deshalb, wie durch die Forschung von Max Welch Guerra angeregt und in diesem Aufsatz in Teilaspekten nachvollzogen, für die zweite Hälfte der achtziger Jahre im Bauwesen der DDR Ansätze fachlicher Reformen und eine aktive und vernetzte Gruppe als deren Träger identifiziert werden können, ist dies zunächst ein äußerst bemerkenswerter Vorgang. Diese Aussage gilt umso mehr angesichts des grundsätzlich totalitär-autoritären Charakters der politischen Verfassung mit dem innewohnenden manichäischen Freund-Feind-Schema, in dem jede Form von Abweichung als aufsehenerregender Reformschritt zu deuten ist. Aus diesem Grund ist der angesichts der schwierigen Rahmenbedingungen für politische Strukturveränderungen unternommene Versuch der Reformgruppe zwischen Weimar und Berlin, vorsichtige, aber durchaus grundlegende Reformen für Städtebau und Architektur in der DDR auf den Weg zu bringen, eine angemessene historische Beachtung und Würdigung wert, die auch stärker auf die Akteure in ihren Handlungskonstellationen sowie ihren Handlungsspielräumen kritisch-würdigend eingehen muss, als dies in der wissenschaftlichen Analyse zu Bauwesen und Architektur in der DDR bisher geschah. Ihre auf fachlicher Ebene vorsichtig entwickelten Schritte zu einer Reform von Bauwesen und Architektur gehören zusammen mit der in den achtziger Jahren zunehmend stärker differenzierenden Vorgehensweise einzelner Architekten, Planer und auch Projekte oder Institute innerhalb des vorgegebenen Rahmens und der Möglichkeiten ebenfalls zur Gesamtgeschichte des Städtebaus in der DDR und damit zu einer integralen Kulturgeschichte beider deutscher Staaten, die geschichtswissenschaftlich aufzuarbeiten ist.

Der amerikanische Historiker Andrew Port hat in seiner innovativen Studie verdeutlicht, dass die „rätselhafte Stabilität der DDR" in hohem Maße durch die potenziell vorhandene permanente Kompromissbereitschaft der Funktionäre vor allem auf mittlerer und unterer Ebene gewährleistet wurde, die auf einem „heimlichen Gesellschaftsvertrag" zwischen Partei, Staat, ihren Funktionären und der Bevölkerung gründete und dass sich in diesem dauernd vorhandenen Spannungsverhältnis von Loyalität und Opposition Kritik nicht unmittelbar existenzbedrohend auswirkte.[88] Allerdings wirkte diese Kompromissbereitschaft nur in sektoralen gesellschaftlichen Aushandlungsprozessen wie in Teilbereichen von Architektur und Bauwesen, die nicht die Tabubereiche von Partei und Staat berührten.[89] Die Kompromissbereitschaft von Partei und Staat erreichte nämlich ihre Grenze bei Formen der Kritik oder Reformschritten, die das selbstdefinierte Allerheiligste der SED-Staatsräson berührten – dazu gehörte aus Sicht der SED-Orthodoxie schon die Abkehr von den hehren Grundsätzen des monoindustriellen Bauens im Prokrustesbett von überbetonter planwirtschaftlicher Einbindung und Massenhaftigkeit oder die Einforderung qualitätvoller städtebaulicher Standards. An diesen Sollbruchstellen der Staatsräson trat im Reformprozess der späten achtziger Jahre das Versagen der einzelnen Bestandteile des staatlich-zentralistischen und von der SED mit straffer Parteidisziplin gelenkten Institutionensystems des DDR-Bauwesens mit einseitiger ideologischer Verengung und einer weitgehend fehlenden Reformbereitschaft deutlich zutage. Die Staatspartei hatte über mehrere Jahrzehnte mit ihrer Kaderauswahl im Ministerium für Bauwesen oder auch im Bund der Architekten der DDR die Grundlage dafür gelegt, dass die entscheidenden Akteure des DDR-Bauwesens nur über ein äußerst geringes Reformpotenzial verfügten. Insgesamt muss deshalb für das Institutionensystem des DDR-Bauwesens aufgrund der Dominanz orthodoxer Standpunkte in der Partei in wichtigen Fragen von Architektur und Städtebau das klare Scheitern vor den Herausforderungen einer in die Krise geratenen Gesellschaft konstatiert werden.

So ist schließlich kritisch zu hinterfragen, ob die in diesem Band analysierte Reformbewegung letztlich angesichts des desaströsen Zustandes von Architektur und Bauwesen, der Städte vor allem in ihrem Altbaubestand sowie des Verlustes von Urbanität allerorten mutig und entschlossen genug war. Letztlich – und so schätzten es die entscheidenden Protagonisten, die strukturelle Weichenstellungen und Reformschritte hätten initiieren können, im Nachhinein auch selbstkritisch ein[90] – kam die Reformbewegung, gerade auch im Vergleich zu anderen gesellschaftlichen Kräften und Gruppierungen, deutlich zu spät und konnte die Früchte ihrer Bemühungen bis zur politischen Bankrotterklärung des alten Systems nicht mehr ernten. Dabei hatte der Diskurs wichtiger Protagonisten im Bauwesen der DDR bei ihrem Reformaufbruch in der zweiten Hälfte der achtziger Jahre – etwa im Vergleich zur kirchlichen Opposition, zur Umweltbewegung oder auch zur Opposition im Kulturbereich – nur eine beschränkte öffentliche Reichweite und wurde letztlich im Herbst 1989 im Mahlstrom der geschichtlichen Entwicklung der „Wende"-Ereignisse teilweise überrollt. Schließlich war auch die zur Kernbewegung der Friedlichen Revolution gehörende bürgerschaftliche Bewegung gegen den Altstadtverfall gerade nicht mit der fachlich-institutionellen Reformbewegung verknüpft, sondern eher lose und verdeckt mit ihr verbunden. Dennoch oder gerade aus diesem Grund bleibt es eine wichtige Aufgabe der geschichtswissenschaftlichen Forschung nicht so sehr im Fach selbst, wo in weiten Teilen der seriösen Wissenschaft bereits ein hohes Maß an objektiver Darstellung erreicht ist, aber wohl für eine breitere Öffentlichkeit, ein differenziertes Bild der DDR-Wirklichkeit zu zeichnen. Einigen Akteuren der fachlichen Reformbewegung der achtziger Jahre gelang es schließlich, in der Transformationszeit ihre alten „unabgegoltenen" Forderungen und Ziele in neuen institutionellen Verhältnissen und Verortungen wenigstens teilweise zu realisieren, auch wenn sie schließlich im neuen System auf neue Beschränkungen stießen, die nicht mehr von Staat und Partei, sondern von den Gesetzen der Marktorientierung definiert wurden. Insgesamt gehört der schwer durchzusetzende fachliche Reformansatz im Bauwesen der DDR in der zweiten Hälfte der achtziger Jahre zu einem der gesamtdeutschen mentalen Erinnerungsorte und ist ein wichtiger Bestandteil der geschichtlichen Identität im Selbstvergewisserungsprozess eines disziplinären Faches über seine eigene Geschichte – die Geschichte des Städtebaus und der Architektur im 20. Jahrhundert als Teil der gesamtdeutschen Geschichte und Kulturgeschichte.

1   Vgl. Ilko-Sascha Kowalczuk, *Endspiel. Die Revolution von 1989 in der DDR*, München 2009, insbes. S. 123 – 125; Detlef Pollack, „,Wir sind das Volk!' Sozialstrukturelle und ereignisgeschichtliche Bedingungen des friedlichen Massenprotestes", in: Klaus-Dietmar Henke, *Revolution und Vereinigung 1989/90. Als in Deutschland die Realität die Phantasie überholte*, München 2009, S. 178 – 197, insbes. S. 180 f.; zur Bürgerbewegung für die Altstadterneuerung siehe Helga Wetzel, „Stadterhaltung und Bürgerbewegung 1989/90", in: Adalbert Behr, Horst Becker (Bearb.), *Alte Städte – neue Chancen. Städtebaulicher Denkmalschutz. Mit Beispielen aus den östlichen Ländern der Bundesrepublik Deutschland*, hg. vom Bundesminister für Raumordnung, Raumwesen und Städtebau und der Deutschen Stiftung Denkmalpflege, Bonn 1996, S. 450 – 467; Brian Ladd, „Altstadterneuerung und Bürgerbewegung in den 1980er Jahren in der DDR", in: Holger Barth (Hg.), *Planen für das Kollektiv. Dokumentation des 4. Werkstattgesprächs vom 15. – 16. Oktober 1998*, Erkner 1999, S. 89 – 93, und den Kommentar zu diesem Beitrag von Christine Hannemann (S. 94 – 96), die jedoch in Zweifel zieht, dass es sich beim Widerstand gegen den Altstadtzerfall um eine soziale Bewegung handelte (S. 95); dagegen argumentiert auch Stefan Wolle, *Die heile Welt der Diktatur. Alltag und Herrschaft in der DDR 1971 – 1989*, 2. Aufl., Berlin 1999, S. 187 f.

2   Zur Revolution siehe die jüngsten Beiträge von Andreas Rödder, *Deutschland einig Vaterland. Die Geschichte der deutschen Wiedervereinigung*, München 2009; Wolfgang Schuller, *Die deutsche Revolution*, Berlin 2009; Erhart Neubert, *Unsere Revolution. Die Geschichte der Jahre 1989/90*, München 2008.

3   Zu den Symptomen der Systemkrise siehe Michael F. Scholz, *Die DDR 1949 – 1990* (= Gebhardt. Handbuch der deutschen Geschichte, 10. Aufl., Bd. 22), Stuttgart 2009, S. 225 – 554, hier insbes. S. 508 – 514.

4   Siehe dazu die Beiträge von Max Welch Guerra, Rolf Kuhn, Bruno Flierl und Wolfgang Kil in diesem Band.

5   So der 5. Grundsatz; siehe Lothar Bolz, *Von deutschem Bauen. Reden und Aufsätze*, Berlin 1951, S. 32 – 52.

6   *Handbuch für Architekten*, hg. von der Bauakademie, Berlin 1954, S. 1; siehe auch Alfred Hoffmann, „Historische Entwicklung der Städte", in: Ute Lammert (Bearb.), *Städtebau. Grundsätze, Methoden, Beispiele, Richtwerte*, Berlin 1979, S. 27 – 46, hier S. 42.

7　Hierzu ausführlich Max Welch Guerra, „Städtebau als Triebkraft. Ein fachpolitischer Reformflügel in der späten DDR", in: *Deutschland Archiv,* 42 (2009), H. 2, S. 267 – 275, sowie seinen Beitrag in diesem Band, S. 42 – 69.

8　Dazu gehörten beispielsweise die Widerstände gegen die plötzlichen staatlich verordneten Kurswechsel im Architekturstil vom modernen Bauen in der unmittelbaren Nachkriegszeit zum sogenannten Stil der „nationalen Tradition" etwa durch den Dresdner Architekten Wolfgang Hänsch; siehe dazu Wolfgang Kil (Hg.), *Wolfgang Hänsch. Architekt der Dresdner Moderne,* Berlin 2009.

9　Es versteht sich von selbst, dass es sich bei dieser typologischen Zusammenstellung um den Versuch einer systematischen Strukturdarstellung handelt, die aus heuristischen Gründen vereinfacht. Natürlich gab es diese Typen von Akteuren in der Realität in Reinform kaum, und die Übergänge zwischen einzelnen Akteuren in ihrer Zugehörigkeit zu dieser Typologie sind fließend.

10　Hierzu zählten beispielsweise das Institut für Städtebau und Architektur der DDR (Bernd Grönwald), Vertreter der Hochschule für Bauwesen und Architektur Weimar (u. a. Bernd Hunger mit der „Städtebauprognose") sowie das Bauhaus Dessau (mit dem 1986 eingesetzten neuen Leiter Rolf Kuhn), einzelne Gruppierungen innerhalb des Bundes der Architekten (BdA) der DDR sowie die wichtige Gruppe der Stadtarchitekten. Nähere Erläuterungen zu diesen Gruppen und ihrem Agieren siehe weiter unten.

11　Die jüngste Arbeit zu diesem Komplex lieferte Robert Seyfert, *Das Leben der Institutionen. Zu einer Allgemeinen Theorie der Institutionalisierung,* Velbrück 2011; ein Grundlagenklassiker ist der Band von Peter L. Berger, Thomas Luckmann, *Die gesellschaftliche Konstruktion der Wirklichkeit. Eine Theorie der Wissenssoziologie,* 21. Aufl., Frankfurt a. M. 2007.

12　Analysiert wurden vor allem relevante Bestandteile der Bestände DH 1 (Ministerium für Bauwesen), DH 2 (Bauakademie der DDR) sowie einschlägige Bestände der wissenschaftlichen Sammlung des IRS (v. a. A 1 Direktorium des ISA).

13　Es handelt sich um Interviews mit den Architekten und Planern Hans Bogatzky, Helmut Gelbrich, Herbert Härtel, Dietrich Koch, Hubert Matthes, Dorothea Tscheschner, Wilfried Stallknecht, Manfred Vogler u. a.

14　Vgl. dazu von Alexander von Plato, „Zeitzeugen und die historische Zunft. Erinnerung, kommunikative Tradierung und kollektives Gedächtnis in der qualitativen Geschichtswissenschaft – ein Problemaufriss", in: *BIOS. Zeitschrift für Biographieforschung, Oral History und Lebensverlaufsanalysen,* 13 (2000), H. 1, S. 5 – 29.

15　Vgl. hierzu die Beiträge von Wulf Brandstädter, Hanspeter Kirsch, Rolf Kuhn, Wolf R. Eisentraut und Wolfgang Kil in diesem Band.

16　Zur Geschichte und Bedeutung der SED siehe Andreas Malycha, Peter Jochen Winters, *Die SED. Geschichte einer deutschen Partei,* München 2009; Jens Gieseke, Hermann Wentker (Hg.), *Die Geschichte der SED. Eine Bestandsaufnahme,* Berlin 2011. Die organisatorische Ebene und Arbeitsweise analysiert Heike Amos, *Politik und Organisation der SED-Zentrale 1949 – 1963. Struktur und Arbeitsweise von Politbüro, Sekretariat, Zentralkomitee und ZK-Apparat,* Berlin, Hamburg, Münster 2003. Zur Verschränkung von Staats- und Parteiebene und der Dominanz der Staatspartei siehe Georg Brunner, „Staatsapparat und Parteiherrschaft in der DDR", in: *Materialien der Enquete-Kommission „Aufarbeitung von Geschichte und Folgen der SED-Diktatur in Deutschland"* (12. Wahlperiode des Deutschen Bundestages), Bd. 2, Baden-Baden 1995, S. 989 – 1029.

17　Als Beispiel die Beschäftigung des Politbüros mit der Entwicklung der Bezirksstadt Neubrandenburg, in: Staatsarchiv Schwerin, Bestand 7.21-1 Bezirkstag/Rat des Bezirkes Neubrandenburg, Z 05/1985 Bezirksbauamt/Städtebau/Wohnungsbau, Nr. 970a und 970b, Standortbestätigungen Planung Stadtstruktur, Schriftwechsel mit Bauakademie 1968 – 1970.

18 Interview mit Manfred Vogler am 30. Juni 2010. Allgemein zur Einflussnahme der Staatszentrale auf städtische Bebauungskonzeptionen siehe Bruno Flierl, „'Stadtgestaltung' in der ehemaligen DDR als Staatspolitik", in: Peter Marcuse, Fred Staufenbiel (Hg.), *Wohnen und Stadtpolitik im Umbruch. Perspektiven der Stadterneuerung nach 40 Jahren DDR*, Berlin 1991, S. 49 – 65.

19 Honecker ließ sich am 18. April 1983 in einem Seitenflügel des Großen Saals des ZK-Gebäudes in Berlin ein Modell für den neu zu gestaltenden Ernst-Thälmann-Park und das Thälmann-Denkmal vorführen. Teilnehmer der Sitzung waren neben Honecker Bauminister Wolfgang Junker, ZK-Abteilungsleiter Gerhard Trölitzsch, Erhardt Gißke (Direktor der Aufbauleitung Sondervorhaben der Hauptstadt Berlin) sowie der Bildhauer des Thälmann-Monuments Lew Jefimowitsch Kerbel; siehe Bundesarchiv (BArch), DH 1 (Ministerium für Bauwesen), Nr. 30945, Schriftverkehr mit ZK, Genosse Mittag, Bd. 21 (1983), Schreiben von Junker an Mittag vom 13. April 1983.

20 Zum allmählichen Scheitern des SED-Anspruchs siehe Thomas Neumann, *Die Maßnahme. Eine Herrschaftsgeschichte der SED*, Reinbek 1991.

21 Es ist auffällig und bemerkenswert, dass die Mitglieder des „Triumvirats" des DDR-Bauwesens beinahe zeitgleich Anfang der sechziger Jahre allesamt in jungen Jahren (Mittag mit 39, Trölitzsch mit 33 und Junker mit 34 Jahren) in ihre wichtigen Funktionen eintraten. Dies zeigt zum einen, dass die entscheidenden Funktionsträger der jungen DDR Teil einer sehr „jungen Bewegung" waren, und zum anderen, dass sie bis zum bitteren Ende 1989 in Amt und Würden blieben und in dieser Zeit langsam Teil der SED-Gerontokratie wurden.

22 Zu Mittag siehe Carl-Heinz Janson, *Totengräber der DDR. Wie Günter Mittag den SED-Staat ruinierte*, Düsseldorf 1991 (Janson war zwei Jahrzehnte lang Abteilungsleiter für sozialistische Wirtschaftsführung im ZK der SED und dem Politbüromitglied Günter Mittag direkt unterstellt); vgl. Gabriele Baumgartner, Dieter Hebig (Hg.), *Biographisches Handbuch der SBZ/DDR 1945 – 1990*, Bd. 2, München 1997, S. 548; Helmut Müller-Enbergs u. a. (Hg.), *Wer war wer in der DDR? Ein Lexikon ostdeutscher Biographien*, Bd. 2, 5. Aufl., Berlin 2010, S. 890 f.

23 Zu Trölitzsch siehe Baumgartner/Hebig (Hg.), *Biographisches Handbuch*, Bd. 2, S. 941 f.; Müller-Enbergs u. a. (Hg.), *Wer war wer in der DDR?*, Bd. 2, S. 1333 f.; Frank Betker, *„Einsicht in die Notwendigkeit". Kommunale Stadtplanung in der DDR und nach der Wende (1945 – 1994)*, Stuttgart 2005, S. 114; Bruno Flierl, „Stadtplaner und Architekten im Staatssozialismus der DDR", in: ders., *Gebaute DDR. Über Stadtplaner, Architekten und die Macht*, Berlin 1998, S. 172 – 207.

24 Schreiben von Junker an Trölitzsch vom 9. Februar 1983, der ihn zur nächsten Sitzung des Kollegiums des Ministeriums für Bauwesen am 18. Februar 1983 einlud; BArch, DH 1, Nr. 30122 Schriftverkehr mit Zentralkomitee – Bezirksleitungen der SED, Bd. 14 (1983).

25 Trölitzsch berichtete am 2. Mai 1983 an Mittag: „Zur konsequenten Durchführung [...] wird von unserer Abteilung unter Einbeziehung der Parteiorganisatoren des ZK und der Zentralen Parteileitung im Ministerium für Bauwesen eine straffe parteimäßige Einflußnahme und Kontrolle organisiert. Mit sozialistischem Gruß. Trölitzsch", BArch, DH 1/30945.

26 Am 17. Oktober 1983 teilte Junker Trölitzsch mit, wegen der Invalidisierung des Genossen Prof. Herholdt die Leitung des Instituts für Wohnungs- und Gesellschaftsbau der Bauakademie neu zu besetzen. Genosse Prof. Ewald Henn sollte neuer Institutsdirektor werden, gleichzeitig Präsident des BdA; „Mit dem Einsatz eines erfahrenen Bezirksarchitekten erwarte ich stärkere Impulse für die vom Institut auf dem Gebiet der Instandsetzung, Rekonstruktion und Modernisierung vorhandener Bausubstanz zu lösenden Aufgaben." Der Minister bat Trölitzsch um Zustimmung zu seinem Vorschlag; BArch, DH 1/30122.

27 Zu Junker siehe Müller-Enbergs u. a. (Hg.), *Wer war wer in der DDR?*, Bd. 1, S. 620 f.; Baumgartner/Hebig (Hg.), *Biographisches Handbuch*, Bd. 1, S. 366 f.

28 Schreiben von Junker an Mittag vom 30. November 1983, BArch, DH 1/30945.

29 Zur Bauakademie siehe Andreas Herbst, Winfried Ranke, Jürgen Winkler, *So funktionierte die DDR*, Bd. 1: *Lexikon der Organisationen und Institutionen*, Reinbek 1994, S. 85 – 89.

30 An der Plenartagung der Bauakademie im Oktober 1989 sollten neben den beiden Ehrenmitgliedern Kurt Liebknecht und Edmund Collein 29 ordentliche, 33 kandidierende und 35 korrespondierende, zusammen also 97 Mitglieder teilnehmen; siehe Aufstellung der Mitglieder der Bauakademie vom Oktober 1989, BArch, DH 2 (Bauakademie der DDR), Nr. 20836 (57. Plenartagung am 8. Dezember 1989).

31 Zur Bauakademie vgl. den Bestand DH 2 im Bundesarchiv sowie den Bestand des Instituts für Städtebau und Architektur (ISA), in: Wissenschaftliche Sammlungen des Leibniz-Instituts für Regionalentwicklung und Strukturplanung (IRS/WS), Bestand A.

32 Zum Agieren von Fritsche und der Führung der Bauakademie in der Krise des Jahres 1989 siehe weiter unten.

33 Zum BdA siehe Herbst/Ranke/Winkler, *So funktionierte die DDR*, Bd. 1, S. 139 – 141.

34 Siehe hierzu Olaf Gloger, „Stadtnahe Erholung", in: Andrea Gerischer, Jürgen Wenzel (Hg.), *Freiraum komplex. In memoriam Prof. Dr. Johann Greiner, Landschaftsarchitekt*, Berlin 2003, S. 60 f.; Helmut Gelbrich, „Die Bedeutung der Forschungsarbeiten Johann Greiners an der Bauakademie für die Freiraumplanung in der DDR", in: ebd., S. 12 – 45, hier insbes. S. 32 – 34.

35 Vgl. Flierl: „Stadtplaner und Architekten", S. 68 – 72. Zum Verhalten des BdA sowie seiner führenden Vertreter siehe weiter unten.

36 Zu diesem Komplex siehe auch die Beiträge von Max Welch Guerra sowie von Rolf Kuhn in diesem Band.

37 BArch, DH 2/3709 (Institut für Städtebau und Architektur, Sekretariat des Direktors, u. a. Schriftwechsel des Direktors mit dem Ministerium für Bauwesen) 1979 – 1988, Ausbau der Beziehungen zur Universität in Venedig.

38 BArch, DH 2/3709, Schreiben von Grönwald an Trölitzsch vom 19. Januar 1987.

39 Zu den Stadtarchitekten siehe Betker, „*Einsicht in die Notwendigkeit*", insbes. S. 153 – 217; Christoph Bernhardt, Heinz Reif, „Zwischen Herrschaft und Selbstbestimmung. Ambivalenzen sozialistischer Stadtpolitik und Urbanität", in: dies. (Hg.), *Sozialistische Städte zwischen Herrschaft und Selbstbehauptung. Kommunalpolitik, Stadtplanung und Alltag in der DDR* (= Beiträge zur Stadtgeschichte und Urbanisierungsforschung, Bd. 5), Stuttgart 2009, S. 299 – 317; außerdem den Beitrag von Frank Betker (S. 105 – 120) sowie die Beiträge der Stadtarchitekten Wulf Brandstädter (S. 121 – 129) und Hanspeter Kirsch (S. 130 – 136) in diesem Band. Ein Forschungsdesiderat ist nach wie vor die Sammlung und Publikation der Protokolle der Treffen der Stadtarchitekten in der DDR, die wichtige Erkenntnisse über kritische Diskurse, personelle und institutionelle Netzwerkstrukturen und Aushandlungsprozesse dieses wichtigen gesellschaftlichen Sektors liefern könnten.

40 Vgl. Betker, „*Einsicht in die Notwendigkeit*", S. 181 – 185.

41 So etwa ein neues Konzept für die Umstellung der staatlichen Mietensubventionierung von Objekt- auf Bewohnerförderung; Interview mit Manfred Vogler am 30. Juni 2010.

42 Vgl. Joachim Palutzki, *Architektur in der DDR*, Berlin 2000, S. 290 – 305; Thomas Hoscislawski, *Bauen zwischen Macht und Ohnmacht. Architektur und Städtebau in der DDR,* Berlin 1991, S. 153 – 158 und S. 374 f.

43 Vgl. Betker, „*Einsicht in die Notwendigkeit*", insbes. S. 213 – 217; Interview Manfred Vogler am 30. Juni 2010 sowie am 21. Februar 2012; Interview mit den Architekten Dietrich Koch und Herbert Härtel am 17. Februar 2009.

44 *Deutsche Architektur* (1952 – 1974) bzw. *Architektur der DDR* (1974 – 1990); *Deutsche Gartenarchitektur* (1960 – 1971) bzw. *Landschaftsarchitektur der DDR* (1972 – 1990). Vgl. auch Bruno Flierl, „Anspruchsvoll und waghalsig? Die Zeitschrift Deutsche Architektur/Architektur der DDR (1952 bis 1990)", in: Simone Barck, Martina Langermann, Siegfried Lokatis (Hg.), *Zwischen „Mosaik" und „Einheit". Zeitschriften in der DDR*, Berlin 1999, S. 252 – 257.

45 Der regierungskonforme Duktus der Zeitschrift *Architektur der DDR* änderte sich erst in der „Wendezeit", als in der Nr. 12 des Jahrgangs 38 (1989) Aufrufe wie „Konkretes Forderungsprogramm aufstellen!" und „Unser Standpunkt" sowie Schreiben von verschiedenen Regionalgruppen des BdA an die Redaktion gesandt und abgedruckt wurden. Die erste deutlich vom Reformprozess geprägte Ausgabe war die Nr. 1 des darauffolgenden Jahrgangs 39 (1990) (Redaktionsschluss: 6./13. November 1989).

46 Zum Informationsblatt *babl* siehe auch den Beitrag von Wolfgang Kil in diesem Band, S. 155 – 161.

47 Zur Fundus-Reihe siehe Hiltrud Ebert: „Die Fundus-Bücher – auch eine DDR-Geschichte" auf der Website des Verlags philo fine arts, der die Fundus-Reihe des Dresdner Verlags der Kunst fortführt: http://www.philo-fine-arts.de/verlag/fundus-geschichte.html (letzter Besuch am 24.2.2012).

48 Zum industriellen Bauen siehe Thomas Topfstedt, „Wohnen und Städtebau in der DDR", in: Ingeborg Flagge (Hg.), *Geschichte des Wohnens*, Bd. 5, Stuttgart 1999, S. 419 – 562, hier insbes. S. 486 – 493; Hoscislawski, *Bauen zwischen Macht und Ohnmacht*, S. 153 – 158.

49 In Artikel 1, Satz 2 der Verfassung der DDR von 1968; siehe dazu Siegfried Mampel, *Die sozialistische Verfassung der DDR*, Frankfurt (Oder) 1972, Artikel 1, Erläuterung II, S. 91 – 95; Georg Brunner, *Einführung in das Recht der DDR*, 2. Aufl., München 1972, § 2, S. 9; Jörg Menzel, *Die Bedeutung des Rechts in der DDR unter besonderer Berücksichtigung des Prinzips der sozialistischen Gesetzlichkeit in der Zeit von 1949 – 1989*, Diss., Mainz 1990, S. 37 f. und S. 165 – 169.

50 Vgl. Georg Brunner, „Führungsanspruch der SED", in: Rainer Eppelmann u. a. (Hg.), *Lexikon des DDR-Sozialismus*, Bd. 1, Paderborn u. a. 1997, S. 293 – 300.

51 Vgl. *Der demokratische Zentralismus. Theorie und Praxis*, hg. von der Akademie für Staats- und Rechtswissenschaften der DDR, Berlin 1981; Eckart Klein, „Demokratischer Zentralismus", in: Eppelmann u. a. (Hg.), *Lexikon des DDR-Sozialismus*, Bd. 1, S. 208 – 211; Fritz Schenk, „Staats- und Verwaltungsapparat", in: ebd., Bd. 2, S. 818 – 822.

52 Eine Ausnahme bildeten hier nur gesellschaftliche Sonderbauten sowie Kulturbauten, die teilweise beim Ministerium für Kultur ressortierten.

53 Gut dokumentiert sind diese Vorgänge auch in dem kurz vor dem politischen Umbruch 1989 entstandenen Film „Die Architekten" von Peter Kahane; siehe dazu Ingrid Poss, Peter Warnecke (Hg.), *Spur der Filme. Zeitzeugen über die DEFA*, Berlin 2006, S. 461 – 464.

54 Interview mit dem Architekten Manfred Vogler am 30. Juni 2010.

55 Bruno Flierl, *Kritisch Denken für Architektur und Gesellschaft. Arbeitsbiografie und Werkdokumentation 1948 – 2006*, hg. von Christoph Bernhardt, Berlin 2007, insbes. S. 23 – 27.

56 Horst Knietzsch, „Verstellte Sicht auf unsere Wirklichkeit", in: *Neues Deutschland* vom 4. Mai 1983.

57 Zum Film siehe Felix Rutzen, *Film als Spiegel gesellschaftlicher Konflikte in der DDR. Audio-visuelle Intention und Presse-Rezeption des Spielfilms „Insel der Schwäne"*, München 2010; Wolfgang Gersch, *Szenen eines Landes. Die DDR und ihre Filme*, Berlin 2006, insbes. S. 191 – 195.

58 Ikarusflug, Wettbewerb, Bersarinplatz, Berlin 1984 auf der Website http://www.enzmann-ettel.de/seite01.html des Büros Enzmann/Ettel (letzter Besuch am 20.3.2012).

59 Wolfgang Kil, „Staatsfeindliche Entwürfe", in: *Arch+*, (1990), H. 103, S. 62 – 65.

60 Interview mit dem Architekten Wilfried Stallknecht am 12. Juni 2010; vgl. Flierl, „Stadtplaner und Architekten", S. 66 – 68.

61 Vgl. Olaf Gloger, „Entwicklung der Landschaftsschutz- und Erholungsgebiete im ehemaligen Bezirk Frankfurt (Oder)", in: Hermann Behrens, Jens Hoffmann (Bearb.), *Umweltschutz in der DDR. Analysen und Zeitzeugenberichte*, Bd. 2: *Mediale und sektorale Aspekte*, München 2007, S. 27 – 43, hier insbes. S. 28 – 30.

62 Manfred Vogler war von 1966 bis 1990 Stadtarchitekt in Frankfurt (Oder); siehe dazu Holger Barth, „Manfred Vogler", in: ders., Thomas Topfstedt (Bearb.), *Vom Baukünstler zum Komplexprojektanten. Architekten in der DDR*, Berlin 2000, S. 245 f., sowie Interviews mit dem Architekten am 30. Juni 2010 sowie am 21. Februar 2012.

63 „Schwarzbauten" gehörten in der DDR zu einem gängigen Modus, Gebäude zu errichten, die im Rahmen planwirtschaftlicher und fondsrechnerischer Zuordnungen nicht hätten realisiert werden können, weil die Mangelwirtschaft nicht die Mittel zur Verfügung stellte. So wurden nicht nur im privaten Bereich Datschen oder Garagen „schwarz" errichtet, auch Stadtverwaltungen oder Betriebe bauten in dieser Form. Manfred Vogler gelang es als Stadtarchitekt von Frankfurt (Oder), mit Mitteln aus dem Staatshaushaltsplan, die am Jahresende noch vorhanden waren, sowie Material von „befreundeten" Baubetrieben oder Institutionen aus dem Bauwesen, zu denen er in Netzwerkbeziehungen stand, für die städtebauliche Struktur wichtige Gebäude zu errichten, die ohne diese unkonventionellen Wege niemals gebaut worden wären. Siehe Interview mit Manfred Vogler am 30. Juni 2010.

64 Interview mit Manfred Vogler am 30. Juni 2010. Zum Zerfall der Altstädte und zur Bedeutung der Bürgerbewegung gegen diese Tendenzen siehe Kowalczuk, *Endspiel*, S. 123 – 125. Die Bilanz des Schreckens über den Zustand von Städtebau und Architektur durch Bauakademie-Präsident Fritsche für die 57. Plenartagung der Bauakademie am 8. Dezember 1989 listete folgende Mängel auf: mangelhafte Bausubstanz (Bauzustandsstufen III und IV) bezogen auf bis 1945 errichtete Mehrfamilienhäuser von 1980 bis 1989 von 20 auf über 50 Prozent gewachsen; katastrophale technische Infrastruktur: nur zwei Drittel des aufbereiteten Trinkwassers erreichten den Verbraucher, jährlich 80 000 Schäden im Trinkwassernetz, 17 500 Schäden im Gasnetz, 30 000 Schäden im Abwassernetz; ein Drittel der Kläranlagen in ihrem Bauzustand geschädigt; 67 Prozent der kommunalen Straßen waren den Bauzustandsstufen III und IV zuzuordnen; von den 19 000 Brücken im kommunalen Straßennetz wiesen über die Hälfte schwere Schäden auf; BArch, DH 2/20836, Redemanuskript von Präsident Fritsche (Anfang Dezember 1989).

65 Interview mit Manfred Vogler am 30. Juni 2010 sowie am 21. Februar 2012; siehe auch Manfred Vogler, „Wohnungsbau im Zentrum von Frankfurt (Oder)", in: *Architektur der DDR*, 38 (1989), H. 1, S. 9 – 17.

66 Zitiert nach „Halle als sozialistische Großstadt" auf der Website halleforum: http://www.halleforum.de/nachrichten/vermischtes/12809/Halle-als-sozialistische-Grossstadt.html (letzter Besuch am 16.3.2012); siehe Wulf Brandstädter, „Innerstädtischer Wohnungsbau Brunos Warte", in: *Architektur der DDR*, 35 (1986), H. 6, S. 330 – 336; vgl. Betker, *„Einsicht in die Notwendigkeit"*, S. 324 – 329.

67 Die Architekten waren Peter Baumbach und andere; siehe dazu Michael Bräuer, „Zum Baugeschehen im historischen Stadtkern von Rostock", in: *Architektur der DDR*, 36 (1987), H. 12, S. 15 – 17.

68 Zu den Hintergründen siehe Betker, *„Einsicht in die Notwendigkeit"*, S. 335 – 339.

69 Vgl. Mario Niemann, *Die Sekretäre der SED-Bezirksleitungen 1952 – 1989*, Paderborn u. a. 2007, S. 325 – 336.

70 Vgl. Matthias Bernt, *Rübergeklappt. Die behutsame Stadterneuerung im Berlin der 90er Jahre*, Berlin 2003, und den Beitrag von Matthias Bernt in diesem Band, S. 217 – 231.

71 Zur Reformfähigkeit der SED siehe zusammenfassend Andreas Malycha, „War die Partei reformfähig? Chancen und Scheitern von Reformansätzen in der Staatspartei", in: Gieseke/Wentker

(Hg.), *Geschichte der SED*, S. 136 – 162; Wilfriede Otto, Thomas Klein, Peter Grieder, *Visionen. Repression und Opposition in der SED (1949 – 1989)*, Teil 1 und 2, Frankfurt (Oder) 1996, vor allem Teil 1, S. 230 – 269.

72 Die Plenartagungen wurden vom BdA und der Bauakademie gemeinsam organisiert. Die Plenarsitzung war für den 27. Oktober 1989 vorgesehen, die Einladungen waren bereits versandt. Die Sitzung wurde dann aber von Minister Junker in Absprache mit der Bauakademie, Fritsche, am 5. Oktober abgesagt. Sie fand schließlich erst am 8. Dezember im Zentralen Haus der Gesellschaft für Deutsch-Sowjetische Freundschaft (Unter den Linden, Kastanienwäldchen) statt; siehe dazu BA-Bestände und IRS/WS, A 1.

73 Insgesamt zeigen die relevanten Akten im Bundesarchiv, dass Bauminister Junker vom ZK der SED unter Trölitzsch dominiert wurde, den er fortwährend um Absegnungen und Zustimmungen bitten musste, zum Beispiel bei Redemanuskripten oder dem Empfang ausländischer Staatsgäste wie etwa 1983 Bundesbauminister Oskar Schneider; BArch, DH 1/30945, Bd. 21.

74 Die Dotation datiert vom 15. Dezember 1978; BArch, DH 2/20836.

75 Zu Fritsche siehe Baumgartner/Hebig (Hg.), *Biographisches Handbuch*, Bd. 1, S. 200; Müller-Enbergs u. a. (Hg.), *Wer war wer in der DDR?*, Bd. 1, S. 352 f.

76 Älterer Redeentwurf von Fritsche zur Eröffnung der Plenarsitzung vom September 1989, BArch, DH 2/20836.

77 BArch, DH 2/20836, Redemanuskript des Präsidenten der Bauakademie Fritsche zur 57. Plenartagung am 8. Dezember 1989 (etwa Anfang Dezember 1989).

78 Zu Henn siehe Christoph Glorius, „Ewald Henn", in: Barth/Topfstedt, *Vom Baukünstler zum Komplexprojektanten*, S. 106; Baumgartner/Hebig (Hg.), *Biographisches Handbuch*, Bd. 1, S. 301.

79 BArch, DY 15; vgl. Flierl, „Stadtplaner und Architekten", insbes. S. 68 – 72.

80 Zu Bernd Grönwald siehe Baumgartner/Hebig (Hg.), *Biographisches Handbuch*, Bd. 1, S. 247; IRS/WS, Bestand A 1.

81 Bernd Hunger u. a., *Städtebauprognose* (= Arbeitshefte des ISR der TU Berlin, Nr. 42), Berlin 1990; vgl. Welch Guerra, „Städtebau als Triebkraft", insbes. S. 267 – 271.

82 Schreiben von Grönwald an Trölitzsch vom 19. Januar 1987, BArch, DH 2/3709.

83 Ziel der Gruppe war es, mit elf Stellungnahmen und 23 ergänzenden Untersuchungen wichtige Probleme des Bauwesens auf dem nächsten SED-Parteitag zur Sprache zu bringen; siehe Erklärung Grönwalds als Vizepräsident der Bauakademie an das Plenum vom 8. Dezember 1989, BArch, DH 2/20836.

84 Ebd.

85 BArch, DH 2/3709.

86 „Thesen zu Aspekten und Aufgaben kulturell-ästhetischer Wertbildung im architektonischen Schaffen der 90er Jahre in der DDR" vom 24. Februar 1989, BArch, DH 2/20836

87 Siehe hierzu auch den Bestand IRS/WS, A 1 (Direktion des ISA).

88 Andrew I. Port, *Die rätselhafte Stabilität der DDR. Arbeit und Alltag im sozialistischen Deutschland*, Berlin 2010.

89 Dazu gehören – wie weiter oben gezeigt – beispielsweise die Eingangsbereiche von Stadtarchitekt Manfred Vogler in Frankfurt (Oder) oder die eigenwilligen architektonischen Lösungen in Rostock oder Halle.

90 BArch, DH 2/20836.

Frank Betker

„Die hatten dann hier den Hut auf!"

Zentralismuserfahrungen in der kommunalen Stadtplanung der DDR

Institutionen, Akteure, Diskurse und soziale Praxis im Städtebau der DDR

Städtebau und Architektur in der DDR waren strukturell und programmatisch, wie andere Handlungsfelder auch, sehr stark von der SED dominiert und ins zentralistische System der volkswirtschaftlichen Planung und Leitung eingebunden. Zentralismuserfahrungen auf kommunaler Ebene waren also im System angelegt. Gleichwohl rekrutierte sich die „Fachöffentlichkeit", wie in den Beiträgen von Max Welch Guerra und Harald Engler[1] deutlich wird, nicht nur aus einer Vielzahl von Organisationen und Institutionen auf horizontaler wie auf vertikaler Ebene, sondern auch aus einzelnen Akteuren und vor allem aus informellen Diskussionszusammenhängen, die sich nur begrenzt in ein einheitliches zentralistisches, „sozialistisches" Korsett zwingen ließen.

Gerade die noch immer viel zu wenig erforschte Sphäre des Informellen, die es auch innerhalb der offiziellen und stark reglementierten Institutionen gab, schuf wichtige Verbindungen zwischen den Akteuren: Man denke nur an den Bund der Architekten der DDR, der gerade in den achtziger Jahren nicht selten eine solche Plattform bot, oder an die vielen Tagungen des Instituts für Städtebau und Architektur (ISA) der Bauakademie (zum Beispiel für die Stadtarchitekten oder die „Informationsbeauftragten" aus den kommunalen Büros), auch das Weimarer Weiterbildungsinstitut für Städtebau und Architektur (WBI) ist zu nennen. Diese Institutionen waren ein Fundament für die Organisation des fachlichen Austauschs und trotz aller Reglementierung auch ein Kommunikationsraum, der informellen Netzwerken als Basis diente. Erfahrungs- und Informationsaustausch waren in diesem Zusammenhang Schlüsselwörter in der DDR.

Informelles Handeln, vor allem informelles Handeln in Netzwerkstrukturen und innerhalb formaler Strukturen, spielte zweifellos eine wesentliche Rolle in der DDR; die soziale Praxis basierte geradezu auf „zahlreichen Interaktionsprozessen auf unterster Ebene"[2] und auch quer zu Hierarchien und starren Strukturen. Gerade bei der Berufsgruppe der Stadtplaner und Architekten war die berufliche und disziplinäre Bindung besonders ausgeprägt.[3] Die informelle Sphäre zu reflektieren und dabei soziale und kulturelle Bindungen und Beziehungsnetze auch innerhalb von Berufsgruppen und fachlichen Diskussionszusammenhängen aufzuspüren, darin liegt sicherlich auch weiterhin eine wissenschaftliche Herausforderung für die Stadtplanungsgeschichte und die historische Urbanistik. Dabei dürfen aber die Herrschaftspraxis der SED und die darauf zurückzuführenden Konfliktlinien auch innerhalb von fachlichen Zusammenhängen nicht ausgeblendet werden. Trotz aller fachlichen Diskussionssträngen und Austauschprozesse auf vermeintlicher „Augenhöhe" ist es also wichtig, in der wissenschaftlichen Annäherung Grenzen zwischen Akteursgruppen zu erkennen und zu unterscheiden. Nur so wird die soziale Praxis in der DDR, werden Kulturen und Differenzierungen innerhalb der Gesellschaft sichtbar.

Genauso wenig wie es den einheitlichen Sozialismus in der DDR gab, gab es eine konfliktfreie und harmonische oder gar eine geschützte Welt des Fachlichen und der Expertise, auch nicht in Städtebau und Architektur. Die These lautet also, dass Konfliktlinien auch innerhalb der Berufsgruppe verlaufen und dass diese letztlich die zentralistischen Strukturen widerspiegeln. Das heißt: Es ist zu identifizieren und zu reflektieren, wie exklusiv Diskurszusammenhänge waren.

Der Forschungsbedarf in diesem Bereich ist enorm. Dieser Aufsatz möchte einen kleinen Beitrag dazu leisten, das Desiderat abzubauen, indem er fragt, welchen Beitrag die wissenschaftliche Auseinandersetzung mit den Berufserfahrungen (Zentralismuserfahrungen) der Stadtplaner und Architekten für die Rekonstruktion von Diskurszusammenhängen im Städtebau der DDR der achtziger Jahre leisten kann. Der vorliegende Beitrag kann lediglich einige Schlaglichter werfen. Im Folgenden soll also die Institutionalisierung der Stadtplanung auf der kommunalen Ebene anhand einiger unter anderem für die Weimarer Hochschule interessanter Zahlen für die achtziger Jahre quantitativ rekonstruiert werden. Danach folgen eine plakative Darstellung des zwar multiorganisatorischen, aber sehr hierarchischen Planungskontextes der kommunalen Stadtplanung sowie schließlich die Zusammenstellung einiger Splitter, die das Spannungsverhältnis zwischen der zentralen Ressortforschung (Bauakademie) und der örtlichen Stadtplanung kennzeichnen. Letztlich geht es darum, hier einer Grunderfahrung im Arbeitsalltag der kommunalen Stadtplanung nachzuspüren, der Zentralismuserfahrung.

Die örtlichen Einrichtungen der kommunalen Stadtplanung

Büros für Städtebau und Architektur bzw. Büros für Stadtplanung gab es planmäßig bei den Räten der 15 Bezirke, bei den Räten der 14 Bezirksstädte und in weiteren 13 größeren Städten (Stadtkreise) seit etwa 1968/69. Unterhalb dieser

Ebene unterhielten nur einige wenige Städte und Kreise solche Büros. Während diese also weitgehend auf die Bezirksbüros angewiesen waren, bearbeiteten die Bezirksstädte und andere größere Städte ihre städtebaulichen Planungsaufgaben weitgehend selbst.[4]

Die bezirklichen und kommunalen Büros für Stadtplanung waren keine unmittelbaren Teile des örtlichen Staatsapparats, sondern „nachgeordnete Einrichtungen", die dem jeweiligen Bezirks- bzw. Stadtbaudirektor unterstanden. Leiter des Büros für Stadtplanung war der Stadtarchitekt,[5] der einzige „Staatsfunktionär" im Team. Er hatte dezidiert hoheitliche, also vollziehend-verfügende Aufgaben. Der Stadtarchitekt war eine Genehmigungsstelle für Standorte, die zum Beispiel im Rahmen des komplexen Wohnungsbaus zur Bebauung vorgesehen waren. Und er hatte die städtebauliche Einordnung und Gestaltung von Einzelbauvorhaben auf dem Territorium der Stadt zu prüfen und die Bauanträge aller Bauwilligen städtebaulich zu genehmigen. Diese Rechtsposition des Stadtarchitekten war in der Investitionsgesetzgebung und in der Planungsordnung der DDR fixiert und wurde nur selten von der SED unterlaufen. Für den Status der Institution und für das Selbstbewusstsein der Mitarbeiter in den Büros für Stadtplanung war die Funktion der hoheitlichen Genehmigung also von großer Bedeutung, denn die Büros standen im Institutionengefüge am Ende der zentralistischen Struktur.

Das darüber hinausgehende Spektrum an fachlicher Arbeit war nicht gerade gering. Zu den Aufgaben der Büros gehörten in den achtziger Jahren vor allem Generalbebauungs- und Generalverkehrspläne, langfristige Planwerke und Konzeptionen zur Stadt- und Wohnungsbauentwicklung, die sogenannten „Ortsgestaltungskonzeptionen",„Bebauungskonzeptionen" für Vorhaben des komplexen Wohnungsbaus und die „städtebauliche Leitplanung" für größere innerstädtische Planungsgebiete. Dass die Büros dennoch nie in den Staatsapparat integriert wurden, gehört zu den Paradoxien in der Geschichte der DDR-Stadtplanung.[6] Für die Mitarbeiter in den Büros war der Status „nachgeordnet" nicht nur mit Nachteilen behaftet, sondern er war auch ein Mittel der Distinktion. Es wurde etwa als Vorteil empfunden, dass die Institution nicht ohne Weiteres zu einer streng parteilich geführten Einrichtung gemacht werden konnte. Nur eine Minderheit der Mitarbeiter waren SED-Mitglieder. Die Parteiarbeit war „im Alltag" nicht präsent.[7]

Die Büros der Bezirksstädte Halle und Rostock zum Beispiel verfügten über jeweils etwa 70 Mitarbeiterinnen und Mitarbeiter, von denen gut die Hälfte zum akademisch ausgebildeten Fachpersonal gehörte.[8] Schon auf der Kreisebene gab es aber kaum noch Fachleute für Städtebau und Architektur. In der Regel wurde also die gesamte städtebauliche Planungsarbeit nicht nur für die Dörfer, Klein-

Die 15 Bezirke der DDR (1952 bis
1990), die 14 Bezirksstädte und
13 Stadtkreise (eigene Darstellung)

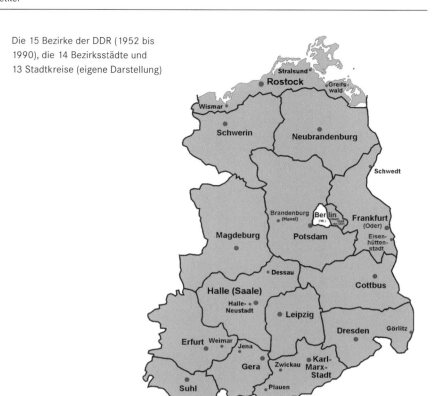

Planungseinrichtung	Planstellen (Stadt-/ Kreisarchitekt und Mitarbeiter)	Gesamtzahl der besetzten Planstellen	Unbesetzte Planstellen
Bezirksarchitekten und Büros für Städtebau (der 14 Bezirke, ohne Berlin)	1 + 63	896	
Stadtarchitekten und Büros für Städtebau (der 15 Bezirksstädte, inkl. Berlin)	1 + 37	570	
Stadtarchitekten und Büros für Städtebau (der 12 weiteren kreisfreien Städte)	1 + 8	108	
Kreisarchitekten und Mitarbeiter der 189 Kreise	1 + 3	378	ca. 378
Stadtarchitekten und Mitarbeiter der 162 Kreisstädte	1 + 1	195	ca. 129
Stadtgemeinden bis 20 000 Einwohner, Landgemeinden bis 2000 Einwohner	0	0	0
	2654	2147	507

Planstellen für Stadtplaner und Architekten in den örtlichen städtebaulichen Planungseinrichtungen
der DDR, 1989 (Quelle: Rhilinger)

und Mittelstädte, sondern auch für die Kreise und viele Kreisstädte von den großen Bezirksbüros geleistet. Die nach Angaben von Hajo Rhilinger zusammenge-
stellte Tabelle[9] (siehe S. 108) zeigt die Anzahl der Planstellen für das an den
Hochschulen ausgebildete Fachpersonal der Fachrichtungen Architektur, Städtebau, Stadt- und Gebietsplanung auf den einzelnen Gebietsebenen. Deutlich wird
hier eine Abstufung von oben nach unten sichtbar. Die Abstufung wird noch
schärfer, wenn die Ist-Zahlen danebengestellt werden. Denn Rhilinger hat auch
ermittelt, inwieweit das Planstellen-Soll im Frühjahr 1989 tatsächlich erfüllt war.
Auch hier gab es eine Hierarchie. Die Bezirksbüros waren planmäßig besetzt,
auch die Bezirksstädte. Ein großer Mangel herrschte auf der Ebene der Kreise
und Kreisstädte. Von den hier planmäßigen insgesamt ca. 1000 Stellen war nur
etwa die Hälfte auch tatsächlich besetzt. Bei den Kreisen fehlten vor allem Mitarbeiter, und in den Kreisstädten fehlten sogar 52 Stadtarchitekten und weitere
77 Mitarbeiter. Aber nicht nur die Planerfüllung kritisierte Rhilinger, sondern
auch die Vorgaben an sich. „Es bleibt festzustellen", urteilt er abschließend, dass
„gegenwärtig 189 Kreisarchitekten mit durchschnittlich je einem Mitarbeiter ad-
ministrativ für 6564 Landgemeinden [...] und 812 Stadtgemeinden, also für die
Belange von Städtebau und Architektur von insgesamt 7376 Gemeinden bis
20 000 Ew [Einwohner], das entspricht einer Wohnbevölkerung von ca. 50 % [der
gesamten Bevölkerung der DDR], verantwortlich zeichnen".[10]

Dabei gilt es zu bedenken, dass auf diesen unteren Ebenen kaum noch städtebaulich gearbeitet werden konnte. Zentralismus im Bauwesen und in der Stadtplanung bedeutete auch, dass kaum Planmittel für die Dorfplanung und Städtebauförderung in der Provinz zur Verfügung gestellt wurden. Immer wieder
wurden auch bereits zugewiesene Mittel zentralistisch umverteilt, wie etwa bei
dem Programm „Bezirke bauen in Berlin" zur Vorbereitung der Berliner 750-Jahr-
Feier 1987.[11]

Zur Ausbildung der Stadtplaner und Architekten

Wie waren nun die Rekrutierungswege für Fachleute in den kommunalen Büros
für Stadtplanung? An drei Hochschulen in der DDR gab es eine Architekturausbildung: an der Hochschule für Architektur und Bauwesen (HAB) in Weimar, an
der Technischen Universität Dresden und an der Kunsthochschule Berlin-Weißensee. Alle drei Hochschulen boten auch die Möglichkeit zur städtebaulichen
Vertiefung, aber nur in Weimar konnten ein auf dem Architektur-Grundstudium
basierendes Städtebaustudium sowie ein auf dem Bauingenieurwesen basierendes Studium der Gebiets- und Stadtplanung durchlaufen werden.

Die Ausbildung in den drei Fächern an den genannten Universitäten und Hochschulen der DDR war vom Ministerium für Hoch- und Fachschulwesen vorgegeben. Ein Studienplan definierte die „Charakteristik der Fachrichtungen" sowie das „Ausbildungs- und Erziehungsziel" und legte die Stundentafel präzise fest. Dabei gehörte zu den „Erziehungszielen" nicht nur die Herausbildung der „sozialistischen Persönlichkeit", sondern explizit auch das „Berufsethos".[12] Diese Ziele stellten sich letztlich als widersprüchlich heraus. Denn als in den achtziger Jahren die „kaderpolitischen Anforderungen" für die Beschäftigung im Staatsapparat und offensichtlich auch in den nachgeordneten Einrichtungen verschärft wurden, erschwerte eine relativ geringe Bereitschaft der berufsethisch motivierten Absolventen zur SED-Mitgliedschaft die Vermittlung in die staatlichen oder nachgeordneten Stellen. An der Weimarer Hochschule wurde das spürbar und ließ den Leiter der Absolventenkommission der Sektion Gebietsplanung und Städtebau schlussfolgern, künftig „diese Faktoren" bereits bei der Zulassung zum Studium zu berücksichtigen.[13]

Trotz dieses Fazits wirft das Faktum der eher geringen Parteinähe auch ein besonderes Licht auf den Geist, in dem an den Hochschulsektionen für die räumlich-gestalterischen Fächer gelehrt und gelernt wurde. Möglicherweise konstituierten berufsethische Motive, die auch handlungsleitend für viele Hochschullehrer waren, ein Abgrenzungsbedürfnis gegenüber der Parteimacht.[14]

Absolventenvermittlung an der Hochschule für Architektur und Bauwesen in Weimar

Wie funktionierte die Vermittlung an der Weimarer Hochschule? Die Absolventen der drei Fachrichtungen Architektur, Städtebau, Gebiets- und Stadtplanung wurden nach einer verbindlich festgelegten Studienzeit von zehn Semestern an die verschiedensten Einrichtungen des Bauwesens in der DDR vermittelt. Alle Dienststellen meldeten ihren Bedarf zentral beim Bauministerium an. Dieses wählte nach einer selbst definierten Dringlichkeit aus den Anträgen der Dienststellen aus.[15] Dass auch auf diese Weise der Zentralismus im Bauwesen gestärkt wurde, zeigt sich am unterschiedlichen Ausmaß der Defizite beim Fachpersonal auf den jeweiligen staatlichen Ebenen.

Vor allem die etwa 150 Architekturabsolventen der drei Hochschulen pro Jahr[16] wurden in den großen Projektierungseinrichtungen der Baukombinate angestellt. Zu einem kleineren Teil traten sie gemeinsam mit den Absolventen der Gebiets- und Stadtplanung sowie des Städtebaus auch in den Dienst der „städtebaulichen Entwurfskollektive" der staatlichen Planungseinrichtungen (Büros für

Stadtplanung/Städtebau etc.) und Bauämter der Bezirke, Städte und Kreise sowie der Lehr- und Forschungseinrichtungen an den Hochschulen, des Bauhauses Dessau und der Bauakademie der DDR.[17] Auch einige „Institutionen mit großer politischer oder wirtschaftlicher Macht" leisteten sich Entwurfsgruppen, zum Beispiel das Zentralkomitee (ZK) der SED und das Chemiekombinat Bitterfeld.[18]

Schätzungsweise 1000 Studierende wurden in Weimar in den etwa zwanzig Jahren von 1969 bis 1989 an der Sektion Gebietsplanung und Städtebau[19] in den beiden Fachrichtungen Gebiets- und Stadtplanung sowie Städtebau ausgebildet. Der Plan sah vor, dass je Fachrichtung 25 Absolventen pro Jahr ihr Studium abschließen, also 50 insgesamt. Die ersten Tätigkeitsorte der gerade Diplomierten hat die Sektion selbst in einer kleinen Erhebung für einen Zeitraum von elf Jahren (1974 bis 1984) festgestellt. Die Statistik umfasst 548 Absolventen insgesamt, also im Durchschnitt 50 pro Jahrgang. Ein etwas höherer Anteil (303) hat einen Abschluss im Fach Gebiets- und Stadtplanung erlangt, lediglich 245 im Fach Städtebau. Die folgende Tabelle zeigt, wie sich die Absolventen beider Fächer auf die einzelnen Dienststellen innerhalb und auch außerhalb des Bauwesens sowie auf die drei Ebenen des Staatsaufbaus verteilten.[20]

	Anzahl	%	%
Hoch- und Fachschulen	40	7,3	zentral
Bauakademie	24	4,4	14,6
Zentrale Projektierungseinrichtungen	16	2,9	
Büros für Städtebau des Bezirks, Bezirksbauämter	173	31,6	Bezirke
Bezirksplankommissionen	4	0,7	50,4
Büros für Territorialplanung	20	3,7	
Büros für Verkehrsplanung	9	1,6	
Wohnungsbaukombinate, Bau-/Montagekombinate, Straßen-/Tiefbaukombinate, HAG Komplexer Wohnungsbau	58	10,6	
sonstige (Projektierungs-)Einrichtungen d. Bezirke	12	2,2	
Büros für Stadtplanung, Stadtbauämter	107	19,5	Kreise
Kreisbauämter und nachgeordnete Büros	43	7,8	35,0
Kreis-/Stadtplankommissionen	8	1,5	
Kreis-/Stadt- und Landbaubetriebe	19	3,5	
Einrichtungen des Verkehrswesens	6	1,1	
sonstige (Projektierungs-)Einrichtungen der Kreise	9	1,6	
insgesamt	548	100	

Absolventenvermittlung der Jahrgänge 1974 bis 1984 an der Hochschule für Architektur und Bauwesen Weimar, Fachrichtungen Städtebau sowie Gebiets- und Stadtplanung (Quelle: HAB Weimar, Absolventenvermittlung)

Im Verlauf der statistisch erfassten elf Jahre von 1974 bis 1984 blieb die Verteilung auf die zentrale Ebene, die Bezirke und die Städte und Kreise mit einem Verhältnis von 15 : 50 : 35 etwa gleich. Wie gut oder schlecht die einzelnen Einrichtungen, vor allem die städtebaulichen Planungseinrichtungen, mit Absolventen versorgt wurden, lässt sich erst beurteilen, wenn die Absolventenzahlen mit der Zahl der jeweils auf allen Ebenen vorhandenen Einrichtungen statistisch ins Verhältnis gesetzt werden. Demnach erhielt jedes der 15 Bezirksbüros (inkl. Bezirksbauämter) bei einer Gesamtzahl von 173 vermittelten Absolventen durchschnittlich einen Absolventen pro Jahr. Das war das Maximum. Jedes kommunale Büro für Stadtplanung (inkl. Stadtbauamt) der 27 Stadtkreise bekam nur noch etwa alle drei Jahre einen neuen Absolventen zugewiesen. Unterhalb dieser Ebene konnte keine sinnvolle Personalplanung mehr betrieben werden, denn jedes der 189 Kreisbauämter und ihre (wenigen) nachgeordneten Büros bekamen im statistischen Durchschnitt alle 50 Jahre einen neuen Hochschulabsolventen.[21] Nur der Zufall oder gute Beziehungen verhalfen den Kreisen also zu Fachpersonal. Aus lauter Verzweiflung forderten etliche Kreise und Kreisstädte bei der Weimarer Sektion sogar direkt für Leitungsfunktionen geeignete Absolventen an. Es mangelte an Kreis- und Stadtarchitekten.[22] In der Regel entsprach das Bauministerium den Wünschen der Kreise und Kreisstädte nicht. Motivierte Absolventen waren ohnehin nicht leicht zu bekommen, denn diese wussten um die geringe Bedeutung der unteren Ebenen. Im Rahmen des Kommunalen Praktikums und des Berufspraktikums der Weimarer Hochschule hatten sie bereits Praxiserfahrungen gesammelt und gelernt, die Lage einigermaßen realistisch einzuschätzen.[23]

Auch wenn vieles zunächst Vermutung bleiben muss, kann davon ausgegangen werden, dass berufsethische Eigenlogiken an den Hochschulen etwas Raum zur Entfaltung hatten. Die Entwicklung einer Berufsethik wurde von den übergeordneten Institutionen zwar nicht gefördert, aber auch nicht unterbunden. So hing es letztlich von den Sektionen und vom Engagement des Lehrpersonals ab, inwieweit jenseits sozialistischer auch traditionelle berufliche Identitäten vermittelt wurden.

Der multiorganisatorische Planungskontext der Büros für Stadtplanung

Trotz aller zentralistischen Setzungen, die die räumlichen Ergebnisse sehr stark determinierten, und trotz aller Hierarchien war das städtebauliche Planungshandeln in den Bezirken und Städten der DDR ein mehrstufiges mit Rückkopplungs-, Koordinierungs- und auch Aushandlungsphasen, die teils formalisiert und teils informell abliefen, immer aber unter ständiger Beteiligung einer Vielzahl von Organisationseinheiten und Personen auf zentraler, bezirklicher und kommunaler Ebene stattfanden. Nicht zuletzt sorgten „Widersprüche" an den „Nahtstellen" zwischen den einzelnen Phasen der Planung, Vorbereitung und Ausführung von Baumaßnahmen sowie die zunehmende Komplexität der Stadtentwicklung und des Bauens dafür, dass sich der Koordinations- und Vermittlungsaufwand erhöhte, neue institutionelle Mechanismen in Form von Konferenzen, Arbeitsgruppen und Beiräten eingerichtet wurden. An städtebaulichen Planungsmaßnahmen der achtziger Jahre etwa – zum Beispiel an den Bebauungskonzeptionen für die Großsiedlungen an Stadträndern oder die Umgestaltungsgebiete in den Innenstädten – war ein sehr heterogenes Spektrum von Institutionen beteiligt.[24]

Das nachfolgende Schema veranschaulicht den differenzierten „multiorganisatorischen Planungskontext"[25] rund um das Büro für Stadtplanung und aus dessen Perspektive. Auf einer gedachten hierarchischen vertikalen Achse befinden sich die *Entscheider* (vom Stadtbaudirektor bis zum Politbüro), die vorgeschalteten Planungs- und Vorbereitungsinstitutionen (Plankommissionen, Büros für Territorialplanung) und *Ausführer* von Baumaßnahmen (u. a. Wohnungsbaukombinate [WBK]). Dort sind sie entsprechend Nähe und Häufigkeit des unmittelbaren Kontakts zum Büro für Stadtplanung angeordnet, wobei die generelle Bedeutung und das Gewicht einer Institution durch die Stärke der Umrandung angedeutet ist. In der horizontalen Richtung verteilen sich nach dem gleichen Prinzip alle anderen Institutionen, die in keinem ausgeprägt hierarchischen Verhältnis zum Büro für Stadtplanung standen. Die Büros für Stadtplanung standen nicht im Mittelpunkt des Geschehens, hier soll aber bewusst deren Perspektive eingenommen werden.

Den Büros für Stadtplanung standen also nicht nur weitere Ressorts der Stadtverwaltung gegenüber, sondern auch externe Institutionen unterschiedlichster Größe, interner Differenzierung und fachlicher Prägung, Staats- und Parteinähe, die planend, vorbereitend oder ausführend beteiligt waren.[26] Dabei waren die bilateralen Außenkontakte der Büros für Stadtplanung etwa zum sogenannten Hauptauftraggeber Komplexer Wohnungsbau (HAG) oder zur volkswirtschaftlich und raumökonomisch ausgerichteten Stadtplankommission kaum fachlich geprägt. Anders war das bei der Zusammenarbeit mit den von einem Chefarchitekten geleiteten Projektierungseinrichtungen der Wohnungsbaukombinate (WBK). Hier waren architektonisch oder bautechnisch ausgebildete Mitarbeiter unter anderem für den Hochbauentwurf, die Ausführungsplanung und die Bauleitung bei

Der multiorganisatorische Planungskontext der Büros für Stadtplanung (eigene Darstellung)

allen größeren Baumaßnahmen im Bezirk zuständig. Vor allem in den achtziger Jahren „verhandelten" die für den Städtebau zuständigen kommunalen Stadtplaner mit den WBK-Fachleuten.

Auch die Kontakte zur Bauakademie waren fachlich geprägt. Hier gab es allerdings kaum Verhandlungsspielräume, wenn die Institute der Bauakademie programmatisch, ideologisch, organisatorisch, technisch und baukulturell auf die örtliche Stadtplanung einwirkten.

Bauakademie und kommunale Stadtplanung – traditionell ein Spannungsverhältnis

Die Bauakademie war die zentrale Forschungseinrichtung des Bauministeriums und diesem direkt unterstellt. Sie verfügte über Entwurfsbüros und war auch für die Weiterbildung der Führungskader zuständig. Grundsätzlich erhielten SED-Mitglieder die wichtigsten Funktionen.[27] Bereits seit der Gründung im Dezember 1951 war die Bauakademie damit beauftragt, die Baupolitik der SED sowie die zentralistisch vorgegebenen Programmatiken und Grundsätze des Städtebaus auf der örtlichen Ebene auch gegen Widerstände durchzusetzen. Es gab auch kein eigenes Städtebaurecht; das Ministerium arbeitete mit Vorgaben unterhalb der Ebene von Gesetzen, zum Beispiel mit Komplexrichtlinien oder mit Orientierungen und Empfehlungen, die nicht nur rechtlicher oder technischer, sondern auch ideologischer Art waren. Dem lag die Idealvorstellung zugrunde, dass das Handeln des einzelnen Akteurs im Bau- und Planungswesen direkt über die Werte des Sozialismus zu steuern sei.[28] Dass in dieser Hinsicht die zentrale politisch-administrative der lokalen Ebene misstraute, war ein Wesensmerkmal der vertikalen Beziehungen im Bauwesen. Die Bauakademie hatte also nicht nur die Aufgabe, die städtebauliche Arbeit vor Ort zu begutachten und Berichte darüber für das Ministerium zusammenzustellen, sondern auch vor Ort Einfluss zu nehmen und über die Einhaltung sozialistischer Grundsätze zu wachen.

Wie ein roter Faden zieht sich ein Spannungsverhältnis zwischen zentraler und lokaler Ebene im Bereich des Bauwesens durch die Städtebaugeschichte der DDR, angefangen bei der Durchsetzung der „nationalen Tradition" in den fünfziger Jahren über die Zentrumsplanungen in den sechziger Jahren bis zum komplexen Wohnungsbau im Rahmen des Wohnungsbauprogramms ab 1973.[29] Im Auftrag des Bauministeriums handelnd, sorgten die Bauakademie als Institution, aber auch Mitarbeiter und exponierte Vertreter regelmäßig für Irritationen vor Ort, denn bei wichtigen Planungs- und Bauvorhaben zeigten sie regelmäßig große Präsenz in den Städten. Nicht nur der ansonsten geschätzte Hermann Henselmann, zeitweise Institutsdirektor und Chefarchitekt an der Bauakademie, verschreckte etliche kommunale Planer mit seinen Bildzeichenentwürfen (um 1968), zum Beispiel in Erfurt und Halle.[30] Regelmäßig wurden die örtlichen Architekten in den kommunalen Büros für Stadtplanung zu „Zuarbeitern" degradiert, wenn die Bauakademie vor Ort war: „Die hatten dann hier den Hut auf!", so brachte ein Rostocker Architekt seine Erfahrungen in den späten sechziger Jahren zum Ausdruck.[31] Die Fremdbestimmtheit der Vorgänge und die Überheblichkeit der zentralistischen Akteure waren ausschlaggebend dafür, dass die Zeit der Zentrumsplanungen kaum positiv erinnert wird. Interessant sind in diesem Zusammenhang auch die Protokolle und Berichte von den Plenartagungen der Bauakademie, wo teils unverhohlen das (ideologische) Misstrauen und die Missachtung den kommunalen Stadtplanern und Architekten gegenüber deutlich werden.[32]

Tiefe Spuren in der Erinnerung haben bei den kommunalen Stadtplanern und Architekten auch Erfahrungen aus den achtziger Jahren hinterlassen. Einschneidend war zum Beispiel die Begutachtung der Bebauungskonzeptionen für größere und bedeutende Baumaßnahmen (ab 1000 Wohneinheiten [WE]). In mehreren Phasen begutachtete etwa das Institut für Städtebau und Architektur (ISA) der Bauakademie im Auftrag des Bauministeriums insgesamt über 200 Bebauungskonzeptionen der städtebaulichen Planungsbüros der Bezirke, Städte und Kreise für den Wohnungsbau des Fünfjahrplans von 1981 bis 1985 im Umfang von etwa 600 000 Wohnungen.[33] Das Hauptaugenmerk wurde auf die (städte-)bauliche Verdichtung und die rationelle Erschließung am Standort und in den Gebäuden gelegt. Auch die Wohnfläche sollte weiter reduziert und gesellschaftliche Einrichtungen minimiert werden. Der Plattenbau der achtziger Jahre war letztlich in gestalterischer und funktioneller Hinsicht vergleichsweise minderwertig. Viele der schließlich realisierten Lösungen widersprachen den unter Fachleuten gängigen Vorstellungen von „qualitativ hochwertigen Bebauungslösungen". Die Beschlüsse und Maßnahmen dieser Zeit – das lässt sich ohne Einschränkung sagen – trugen ganz erheblich zum Negativimage der Neubau- und Erneuerungsgebiete in der DDR bei. Die örtlichen Fachleute wurden von der Bevölkerung für städtebaulich und architektonisch problematische Situationen verantwortlich gemacht. Durchgesetzt wurde die Sparsamkeitsprogrammatik vor Ort mithilfe der Bauakademie.[34]

Die Begutachtungswelle der achtziger Jahre zog sich bis in die Tage der „Wende" 1989 hin. In dieser letzten Phase hatte in den kommunalen Büros für Stadtplanung und in der Bauakademie die Arbeit an den neuen Generalbebauungsplänen (ab 1988), die die nächste Phase im Anschluss an die „Lösung der Wohnungsfrage" ab 1990 einleiten sollte, einen hohen Stellenwert. Aufgabe des ISA war es, die „Zuarbeit" aus den Städten zusammen mit eigenen Erkundungen zu speziellen (teils) wissenschaftlichen Fragen zu einer „Städtebauprognose" zu verdichten.[35] Allerdings war dieses Projekt nicht als ein Bottom-up-Prozess angelegt, denn wie gewohnt wurden die Entwürfe und Vorarbeiten aus den Bezirken und Städten im Verlauf des Jahres 1989 durch die Bauakademie begutachtet. Im Dezember 1989 zog die Bauakademie Schlussfolgerungen aus der Begutachtung der (noch nicht vollständig) vorliegenden Entwürfe,[36] ohne dass dies jedoch noch Konsequenzen gehabt hätte.

Lern- und Erfahrungsprozesse zu „Wende"-Zeiten

Vor dem Hintergrund der „Wende" in der DDR ab November 1989 gingen dann die einigermaßen weit gediehenen Generalbebauungspläne der Städte und die Städtebauprognose des ISA getrennte Wege. Einzelne Städte wie Rostock zeigten, dass sie, unter nunmehr rechtsstaatlichen und marktwirtschaftlichen Verhältnissen, die räumliche Entwicklung ihrer Stadt fachkompetent begleiten und steuern konnten.[37] Und die Mitarbeiter des ISA zeigten, dass sie die (stadt-)räumliche Entwicklung in der DDR auf hohem fachlichen Niveau reflektieren konnten. Aber beide Prozesse liefen nicht mehr zusammen. Reformvorschläge waren für die örtliche Ebene kaum relevant. Die kommunalen Stadtplaner und Architekten waren daran nicht beteiligt, und im Übrigen empfanden sie es als Gewinn an Handlungsautonomie, dass die Ressortforschung nun nicht mehr mit Anweisungsrechten vor Ort agieren konnte.[38]

Letztlich war auch die akademische Fachdiskussion über die künftige Stadtentwicklung gespalten, sie reflektierte aber zaghaft die Zentralismuserfahrungen auf kommunaler und fachlicher Ebene. In der Zeit der „Wende" Mitte Januar 1990 veranstaltete die Bauakademie unter dem Titel „Gesellschaftskonzeption und Stadtentwicklung" ein Symposium,[39] das sich auch mit der (stadt-)räumlichen Planung beschäftigte. Und während sich die einen mit der Forderung nach „übergreifenden Konzepten" auf regionaler Ebene (ISA-Direktor Bernd Grönwald) oder nach „siedlungspolitischen Grundsätzen", die zentral zu erarbeiten und von der Regierung zu bestätigen seien (Rosel Warth, Forschungsleitstelle für Territorialplanung), nur vermeintlich progressiv gaben, stellten andere Teilnehmer den von der Leitung der Bauakademie vorgegebenen Titel „Gesellschaftskonzeption und Stadtentwicklung" und die Programmatik, die darin zum Ausdruck kommt, grundsätzlich infrage. Der Weimarer Hochschullehrer für Städtebau Joachim Bach zum Beispiel betonte unmissverständlich: „Wir werden alte Fehler wiederholen, wenn wir (gerade jetzt) eine Gesellschaftskonzeption (welche?) den Entwicklungsvorstellungen der Städte zugrunde legen."[40]

Genauso wie die Zentralismuserfahrungen der Stadtplaner und Architekten in den kommunalen Planungsbüros der DDR letztlich den Blick auf Reformvorschläge zu DDR-Zeiten prägten, lieferten sie letztlich auch die Maßstäbe für den Blick auf den Transformationsprozess nach der „Wende" und für die Beurteilung der westlichen Akteure und Institutionen sowie der neuen gesellschaftlichen Rahmenbedingungen.

1　In diesem Band S. 42 – 69 bzw. S. 71 – 104.

2　Konrad Jarausch, „Die gescheiterte Gegengesellschaft. Überlegungen zu einer Sozialgeschichte der DDR", in: *Archiv für Sozialgeschichte*, Bd. 39, hg. von der Friedrich-Ebert-Stiftung, Bonn 1999, S. 1 – 17, hier S. 10 f.

3　Zur wechselhaften Geschichte der kommunalen Stadtplanung in der DDR und zur Herausbildung ihres Institutionensystems siehe Frank Betker, „Traditionsbrüche im Sozialismus. Zum unvollendeten Institutionenwandel der Stadtplanung in der SBZ/DDR (1945 – 1969)", in: Frank Betker, Carsten Benke, Christoph Bernhardt (Hg.), *Paradigmenwechsel und Kontinuitätslinien im DDR-Städtebau* (= Reihe Regio transfer des IRS 8), Erkner 2010, S. 29 – 60. Zu den Berufserfahrungen und Institutionen im Bauwesen und in der kommunalen Stadtplanung der DDR siehe Frank Betker, *„Einsicht in die Notwendigkeit". Kommunale Stadtplanung in der DDR und nach der Wende (1945 – 1994)* (= Beiträge zur Stadtgeschichte und Urbanisierungsforschung, Bd. 3), Stuttgart 2005, S. 82 – 150. Speziell zur informellen Sphäre siehe ebd., S. 341 – 349. Zum Zentralismus im Bauwesen ebd., S. 112 – 150, auch S. 213 – 216.

4　Vgl. ebd., S. 181 ff.

5　Meines Wissens gab es nur in Neubrandenburg eine Stadtarchitektin: Iris Grund. Vgl. Helga Fassbinder, Isabel Bauer (Hg.), *„Wichtig war das Bewußtsein der Frauen, Einfluß zu haben …" Erfahrungswelten von Frauen im Bau- und Planungswesen der DDR*, Hamburg 1996. Vgl. auch Christiane Droste, „Werke und Biographien von Architektinnen in Ost- und West-Berlin von 1945 – 1962", in: Holger Barth (Hg.), *Grammatik sozialistischer Architekturen*, Berlin 2001, S. 305 – 320.

6　Vgl. Frank Betker, „Ein Unikum im Zentralismus. Die kommunalen Büros für Stadtplanung in der DDR und ihre Handlungsspielräume", in: Christoph Bernhardt, Heinz Reif (Hg.), *Sozialistische Städte zwischen Herrschaft und Selbstbehauptung*, Stuttgart 2009, S. 47 – 67.

7　Aus dem Interview mit einem Mitarbeiter des Büros für Stadtplanung in Rostock, vgl. Betker, *„Einsicht in die Notwendigkeit"*, S. 354 ff. und 376 ff.

8　Dieses setzte sich den Aufgaben entsprechend zusammen. Neben den Fachrichtungen Architektur, Städtebau, Gebiets- und Stadtplanung waren u. a. die Disziplinen Freiraum- und Grünplanung, Verkehrsplanung, Bauingenieurwesen, Bauökonomie vertreten.

9　Hajo Rhilinger, „Stadtplanungsprozesse in der DDR", in: *Zwischen den Zeiten. Städte in der DDR*, hg. von den Landesgruppen Hessen, Rheinland-Pfalz und Saarland der Deutschen Akademie für Städtebau und Landesplanung e. V. (Hg.), Kassel 1990, S. 39 – 56, hier S. 43. Die Zahlen zeigen den Stand im Jahr 1989 (März); offensichtlich hat Hajo Rhilinger, ehemaliger Leiter des Erfurter Bezirksbüros, die Zahlen selbst erhoben. Berlin spielte eine Sonderrolle. Eine systematische Untersuchung und Bestandsaufnahme zur Situation der Stadtplanung in den Bezirken, Städten und Gemeinden der DDR, zur staatlichen Lenkung des Fachpersonals etc. steht noch aus.

10　Ebd., S. 42.

11　Vgl. Joachim Felz u. a., *Bezirke bauen in Berlin. Beschleunigte Durchführung des Wohnungsbaus in der Hauptstadt mit der Kraft der ganzen Republik in den Jahren 1985 und 1986*, Berlin 1987.

12　Ministerrat der DDR, *Studienplan für die Grundstudienrichtung Städtebau und Architektur zur Ausbildung an Universitäten und Hochschulen der DDR*, 3. Aufl., Berlin 1983, Privatarchiv Joachim Bach; weitere Details zur Ausbildung siehe Betker, *„Einsicht in die Notwendigkeit"*, S. 198 ff.

13　Hochschule für Architektur und Bauwesen (HAB) Weimar, Sektion Gebietsplanung und Städtebau, *Analyse der Absolventenvermittlung 1974 – 1984*, Weimar 1984, S. 3 f., Typoskript, Privatarchiv Joachim Bach.

14　Für andere Disziplinen und für die Ulbricht-Ära ist dieses Phänomen schon genauer untersucht worden. Vgl. Ralph Jessen, *Akademische Elite und kommunistische Diktatur. Die ostdeutsche Hoch-*

schullehrerschaft in der Ulbricht-Ära, Göttingen 1999; auch Florian Kreutzer, Die gesellschaftliche Konstitution des Berufs, Frankfurt a. M. 2001.

15 Vgl. Gerold Kind, „Die Ausbildung von Fachleuten für räumliche Planung in der ehemaligen DDR– Das Weimarer Modell", in: Planerin, (1997), H. 3, S. 40 – 42, hier S. 41.

16 Geschätzte Zahl für die Fachrichtung Architektur mit Vertiefung Städtebau, ohne die Weimarer Absolventen der Fächer Städtebau sowie Gebiets- und Stadtplanung (ca. 50). Die Zahl beruht auf Angaben des Statistischen Jahrbuchs der DDR (1987) sowie Fassbinder/Bauer, „Wichtig war das Bewußtsein ...", weitere Details siehe Betker, „Einsicht in die Notwendigkeit", S. 201.

17 Vgl. Bund der Architekten der DDR (Hg.): Architektenausbildung in der DDR (gedrucktes Faltblatt), 1980; vgl. auch die Übersicht bei Rhilinger: „Stadtplanungsprozesse in der DDR", S. 41.

18 Vgl. Carl Krause, „Das Wettbewerbswesen in der Deutschen Demokratischen Republik", in: Heidede Becker, Stadtbaukultur. Modelle, Workshops, Wettbewerbe, Stuttgart 2002, S. 747 – 785.

19 Zur Vorgeschichte der Sektion und weiteren Literaturangaben siehe Betker, „Einsicht in die Notwendigkeit", S. 201 f.

20 HAB Weimar, Analyse der Absolventenvermittlung 1974 – 1984.

21 Eigene Berechnungen nach ebd.

22 Ebd.

23 Vgl. Rolf Kuhn, „Das Kommunale Praktikum, ein 1978 eingeführtes neues Element im Stadtplanerstudium", in: Wissenschaftliche Zeitschrift der Hochschule für Architektur und Bauwesen Weimar, 32 (1986), H. 1/2/3, S. 128 – 131. Vgl. auch den Beitrag von Rolf Kuhn in diesem Band, S. 137 – 144.

24 Vgl. Betker, „Einsicht in die Notwendigkeit", S. 193 ff.

25 Vgl. Rainer Funke, Organisationsstrukturen planender Verwaltungen, (= Schriftenreihe des Bundesministers für Raumordnung, Bauwesen und Städtebau; Städtebauliche Forschung 03.027), Bonn 1974, S. 59 und 73 ff. Funke bezieht sich auf John K. Friend, William Neil Jessop, Entscheidungsstrategie in Stadtplanung und Verwaltung, Düsseldorf 1973, S. 87 f.

26 Siehe dazu ausführlicher Betker, „Einsicht in die Notwendigkeit", S. 194 – 196.

27 Vgl. Jörn Düwel, Baukunst voran! Architektur und Städtebau in der SBZ/DDR, Berlin 1995, S. 112 ff.

28 Vgl. „Komplexrichtlinie für die städtebauliche Planung und Gestaltung von Neubauwohngebieten im Zeitraum 1986 – 90"; Werner Rietdorf hat die wichtigsten städtebaulichen Planungsgrundlagen in der DDR zusammengestellt, vgl. Werner Rietdorf, „Ein Traum vom Raum", in: RaumPlanung, (1996), H. 74, S. 181 ff.

29 Zahlreiche Beispiele finden sich in: Betker, „Einsicht in die Notwendigkeit", etwa S. 161 – 168, 174, 176 und 283 – 301.

30 Vgl. Betker, „Einsicht in die Notwendigkeit", S. 288.

31 Aus einem Interview mit einem Architekten des Rostocker Büros für Stadtplanung.

32 Vgl. etwa Ernst Proske zum Bauakademie-Vizepräsidenten Collein, „Die Aufgaben des Städtebaus und der Architektur in der Periode des umfassenden Aufbaus des Sozialismus in der DDR", in: Deutsche Bauakademie (Hg.), 9. Plenartagung am 12./13. Dezember 1963 in Berlin, Berlin 1964, S. 61; oder den Beitrag von Gerhard Kosel, „Über die grundlegende Veränderung der Arbeitsweise in der bautechnischen Projektierung bei der Verwirklichung des NÖSPL im Bauwesen", in: Deutsche Bauakademie (Hg.), 12. Plenartagung, Berlin 1964, S. 9 – 28, hier S. 23 ff.

33 Vgl. Wilfried Pfau, „Stand und Tendenzen bei der städtebaulichen Planung und Gestaltung von Bebauungskonzeptionen für Neubauwohngebiete", in: Architektur der DDR, 30 (1981), H. 5, S. 265 – 271.

34 Die Ergebnisse der Begutachtung und Überarbeitung der Bebauungskonzeptionen wurden in einem Bericht für den X. Parteitag der SED zusammengestellt, Bauakademie der DDR, ISA: Bebauungskonzeptionen für die Wohnungsbauvorhaben über 1000 Wohnungen. Bestätigungsverfahren

im Zeitraum von April 1979 bis Dezember 1981, Forschungsvorhaben sozialistischer Städtebau, 6. Bericht, gedr. Typoskript, Vertrauliche Dienstsache, Berlin, August 1982, Archiv im Stadtplanungsamt Halle (Saale).

35 Im Prinzip lief der Prozess parallel. Teile der als umfassend angelegten Prognose wurden schon früher fachlich diskutiert, eine erste vollständige Fassung wurde schon im November 1989 vorgelegt: Institut für Städtebau und Architektur der Bauakademie der DDR, Bernd Hunger (Leiter des Bearbeiterkollektivs), „Städtebauprognose – städtebauliche Grundlagen für die langfristige intensive Entwicklung und Reproduktion der Städte", in: *Arbeitshefte des ISR, TU Berlin*, Nr. 42, Berlin 1990; vgl. Max Welch Guerra, „Städtebau als Triebkraft. Ein fachpolitischer Reformflügel in der späten DDR", in: *Deutschland Archiv*, 42 (2009), H. 2, S. 267 – 275, hier S. 267 f.

36 Wilfried Pfau, „Schlussfolgerungen aus der Begutachtung der Entwürfe der Generalbebauungspläne der Bezirksstädte und übrigen Stadtkreise", in: Bauakademie (Hg.), *Aktuelle Probleme der Generalbebauungsplanung*, Seminar am 5./6. Dezember 1989, Berlin 1990, S. 12 – 16.

37 Zahlreiche neue Flächennutzungspläne resultierten aus den Generalbebauungsplan-Entwürfen.

38 Vgl. Betker, *„Einsicht in die Notwendigkeit"*, S. 248 und 269.

39 Bauakademie der DDR (Hg.), *Gesellschaftskonzeption und Stadtentwicklung. Symposium am 17. Januar 1990 in Berlin* (= Bauforschung – Baupraxis, H. 274), Berlin 1990.

40 Bernd Grönwald, Einführungsreferat, in: ebd. S. 5 – 9; Rosel Warth, „Überlegungen zum Symposium", in: ebd. S. 19 f.; Joachim Bach, „Notate zum Thema Gesellschaftskonzeption und Stadtentwicklung", in: ebd., S. 47 – 49, Klammerzusätze im Original von Joachim Bach.

Wulf Brandstädter

Städtebau und Architektur zwischen Anspruch und Möglichkeiten

Anmerkungen eines ehemaligen Stadtarchitekten

Zum Berufsbild des Architekten in der DDR

Die Architektenausbildung an der Kunsthochschule Berlin-Weißensee, an der Hochschule für Architektur und Bauwesen in Weimar oder an der Technischen Universität Dresden dauerte im Allgemeinen fünf bis sechs Jahre. Mein Studium in Dresden umfasste sowohl Vorlesungen über Bauleistungen der Vergangenheit als auch die ausführliche Darstellung zeitgemäßer Architektur aus aller Welt, die nicht selten von den betreffenden Architekten selbst vorgetragen wurden. Offizielle Exkursionen zum Freihandzeichnen in die damals noch marode Altstadt von Görlitz gehörten genauso dazu wie der inoffizielle Besuch der Internationalen Bauausstellung Interbau 1958 in West-Berlin. In zehn Semestern vermittelten meist erfahrene, oft weit gereiste Hochschullehrer, viele Gastprofessoren unter anderem Grundlagen des Entwurfs in Hoch- und Städtebau, Landschaftsarchitektur, Baukonstruktion, Statik, Kunstgeschichte und Aktzeichnen sowie Baukeramik und Baustoffkunde. Natürlich standen auch Marxismus-Leninismus und Fachrussisch auf dem Lehrplan.

Bauaufnahmen, Belege und vier Hauptentwürfe waren ähnlich wie an den anderen genannten Schulen Bestandteile unserer Ausbildung. Nach zweitägiger Aufnahmeprüfung habe ich 1955 die damalige Technische Hochschule Dresden klopfenden Herzens betreten und 1961, voller Tatendrang, mein Architektenleben im Volkseigenen Betrieb Hochbauprojektierung in Halle begonnen. Der eigene architektonische Anspruch an uns als Absolventen einer traditionsreichen Schule war relativ hoch, jedoch geprägt von ziemlicher Unkenntnis, welche ständig voranschreitende Entindividualisierung und wie vielfältige Reglementierungen aller Entwurfs- und Bauprozesse uns erwarteten. Es gab durchaus Unterschiede – in Anspruch und Möglichkeiten – zwischen Architekten in einem kommunalen oder bezirklichen Stadtplanungsbüro und in einem Büro für Hochbauprojektierung. Verkürzt und nicht generell, so doch in der Regel: Formulierung hehrer Planungsideen, Stadtkomposition in den Städtebaubüros, dagegen ausführungsmögliches Projektieren, Erfüllung der Planvorgaben bei den Hoch-

Ecksituation in Halle-Silberhöhe, Architekten: Wulf Brandstädter, Sigrid Schaller, Anfang 1980

Eckausbildung in Halle, Brunos Warte, Architekten: Wulf Brandstädter, Sigrid Schaller, Uwe Graul, Mitte 1980

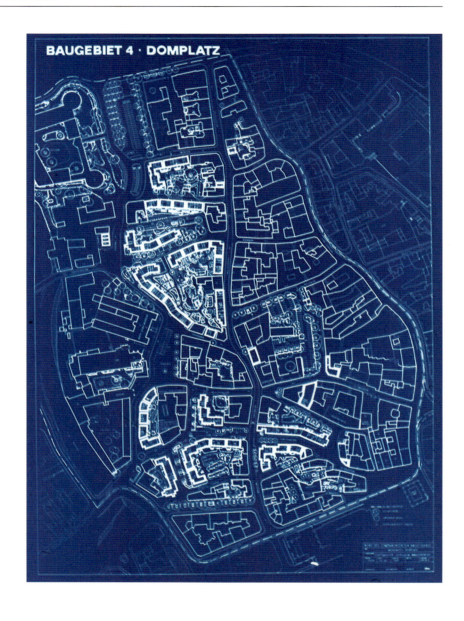

Lageplan Baugebiet 4, Halle Domplatz,
Architekten: Wulf Brandstädter, Rüdiger Thäder, Peter Weeck, Mitte 1980

bauern. Diese Unterschiede wurden mit dem Zusammenschluss immer größerer Einheiten von Projektierungs- und Baubetrieben zu Kombinaten, das heißt im Zuge der Vereinnahmung der Hochbauarchitekten durch die Bauausführung, noch deutlicher. Trotzdem, auch unter den Bedingungen rigider zentralistischer Wirtschaftsstrukturen, der absoluten Hinwendung zu Vorfertigung und Typenprojektierung, waren die Handlungsspielräume der Architekten der DDR zwar erheblich eingegrenzt, aber nicht völlig aufgehoben. Beispiele guter Architekturleistungen, oft in Verbindung mit Werken der bildenden Kunst, sind von Rostock bis Suhl, nicht unbedingt in Masse, aber noch immer in natura zu besichtigen – und das gleichermaßen auf den Gebieten des Wohnungs-, Industrie- und Städtebaus wie der Denkmalpflege.

Bauliche Umwelt als Spiegel gesellschaftlicher Systeme

Tatsache ist, dass das heutige bauliche Aussehen der Stadt Halle sich im Vergleich zum Zustand vor zwanzig Jahren positiv verändert hat. Nach wie vor sind Bauten und Siedlungsformen stumme Zeugen der Zeit. Sie künden von Machtverhältnissen, Wirtschaftskraft, vom Scheitern tragender Ideen, vom kulturellen Stand vergangener Gesellschaften. Ich konzentriere mich hier auf das innerstädtische Bauen Anfang der achtziger Jahre. (Obwohl Vergleiche des komplexen Bauens außerhalb der historisch gewachsenen Stadt in der Bundesrepublik und in der DDR, etwa der Gropiusstadt in West-Berlin und Halle-Neustadt, interessante Gemeinsamkeiten und Unterschiede ergeben würden.) Zu Beginn der achtziger Jahre wurde in der DDR der schlechte bauliche Zustand ganzer Innenstadtbereiche immer sichtbarer. Sogenannte Sicherheitsabbrüche und vernachlässigte Bausubstanz wurden mehr und mehr zum Politikum. Es galt also jetzt mit dem Mittel, das zur Verfügung stand, mit der Plattenbauweise, die Stadt in der Stadt zu bauen. Hierzu ist in den 1982 vom Ministerrat der DDR beschlossenen „Grundsätzen für die sozialistische Entwicklung von Städtebau und Architektur in der Deutschen Demokratischen Republik" unter anderem zu lesen, dass die „harmonische Verbindung der neu entstehenden Bauten mit der vorhandenen wertvollen Bausubstanz immer größere sozialökonomische und kulturpolitische Bedeutung" erlangt, und weiter: „der liebevollen Pflege und Ausgestaltung des Stadtzentrums mit seinen Ensembles und historischen Gebäuden, mit seinen den Bürgern vertrauten Straßen und Plätzen gebührt dabei besondere Aufmerksamkeit".[1] Ein Anspruch, der sicher unabhängig von jeder Ideologie Gültigkeit haben sollte und der damals als Argumentation im Kampf um hundert Ziegelsteine manchmal hilfreich war.

Große Klausstraße Baugebiet 4, Halle Domplatz, Architekt: Peter Weeck, Mitte 1980

rechts: Montage am Schlossberg, Baugebiet 4, Halle Domplatz, Architekt: Peter Weeck, Mitte 1980

Das verstärkte innerstädtische Bauen in der DDR begann etwa zehn Jahre später als in der Bundesrepublik, nachdem in Westdeutschland wirtschaftskraftstrotzend und aus gewissem Zeitgeist teilweise bedauerliche Abrisse historischer gestaltprägender Bausubstanz und ihr Ersatz durch Allerweltsarchitektur nicht mehr überzeugten. Aus unterschiedlichen Gründen war in den achtziger Jahren das innerstädtische Wohnen in beiden deutschen Staaten stark zurückgegangen. Hohe Gewerbemieten da und nicht kostendeckende Mieten hier hatten zu diesem Trend beigetragen.

Einerseits gab es also Erkenntnisse und hohe Zielstellungen, andererseits oft unflexible Vorfertigungswerke, veraltete Montagetechnologien, eingefahrene sogenannte Blockprojektierungsmethoden, die beim Bauen am Rande der Stadt noch verkraftbar waren, aber gänzlich ungeeignet, etwa vorhandene Straßenzüge aufzunehmen. Insgesamt war das eine Herausforderung nicht nur für die Architekten, sondern für alle am Bauen Beteiligten.

In dieser Situation wurde ich 1983 überraschend zum Stadtarchitekten der Stadt Halle berufen. Meine Brigade, wie unsere Projektierungsgruppe damals hieß, und ich hatten zuvor in Merseburg, Halle-Silberhöhe und nach einem Wettbewerbserfolg am Rande der halleschen Innenstadt begonnen, anfangs bescheidene, später schon kühnere Plattenbauvarianten zu entwickeln und durchzusetzen. Die Funktion eines Stadtarchitekten ist in etwa mit der eines heutigen Amtsleiters im Stadtplanungsamt zu vergleichen, jedoch mit größeren Befugnissen. Die Aufgaben des Büros des Stadtarchitekten reichten von der Generalbebauungsplanung bis zur Erteilung von Baugenehmigungen. In den achtziger Jahren war die Erarbeitung präziser städtebaulicher Pläne im Maßstab 1:500 zur Neugestaltung der gesamten halleschen Innenstadt Hauptaufgabe des Büros. Der Stadtarchitekt war in Halle disziplinarisch, nicht fachlich dem Stadtbaudirektor, einer Wahlfunktion, unterstellt.

Zur Rolle der Berufsorganisation Bund der Architekten der DDR und der Bauakademie der DDR bei der Kommunikation unter den Architekten

Im Bemühen, das gerade noch Mögliche auf den Gebieten von Städtebau und Architektur zu erreichen, empfand ich den Gedankenaustausch unter meinen Berufskollegen, vornehmlich organisiert vom Bund der Architekten der DDR und der Bauakademie der DDR, als außerordentlich wichtig. Jede in Rostock, Halle oder Gera gelungene städtebauliche und hochbauliche Abweichung vom Mittelmaß wurde aufmerksam verfolgt und war Ansporn nachzuziehen. Die DDR war übersichtlich, man kannte sich in Architektenkreisen. In der Rückschau erstaunt es mich, mit welcher Offenheit wir ab Mitte der achtziger Jahre während einiger BdA-Tagungen und auf Zusammenkünften der Bauakademie über die Notwendigkeit, die Funktion des gesellschaftlichen Auftraggebers, des Bauherrn, neu zu bestimmen, und eine Überwindung der Monopolstellung der Baukombinate diskutierten. Selbst über den Dogmatismus und die nicht nachvollziehbaren Unfehlbarkeitsansprüche gegebener Machtstrukturen wurde am Ende der achtziger Jahre laut nachgedacht. Viele Themen waren nicht neu, waren aber zuvor nicht öffentlich behandelt worden.

Schon vor meiner Berufung als Stadtarchitekt war ich zum Vorsitzenden der Bezirksgruppe Halle des BdA/DDR gewählt worden. Hierdurch war es leichter möglich, unter Umgehung des direkten Dienstweges Entscheidungsträger oberhalb der kommunalen Ebene zu erreichen. Natürlich konnten keine Wunder ausgelöst, wohl aber oft Unterstützung beim Verteilungskampf um Material oder Ausrüstung, beim Erhalt eines gestaltprägenden Eckhauses erlangt werden. Die Ergebnisse unserer Arbeit bei der sogenannten innerstädtischen Rekonstruktion in Halle müssen selbstverständlich immer in Beziehung zur wirtschaftlichen Gesamtsituation gesehen werden und sind Ausdruck der gelungenen Zusammenarbeit einer ganzen Gruppe, vielleicht auch einer glücklichen Konstellation.

Die Umsetzung der städtebaulichen Vorgaben aus dem Büro des Stadtarchitekten im Prozess der Stadterneuerung der achtziger Jahre lässt sich am Beispiel des Baugebiets Halle Domplatz, eines von mehreren innerstädtischen Baugebieten, belegen.

Grundsätzlich bestand unsere Absicht darin, die historische Stadtstruktur aufzunehmen, gestalterisch unterscheidbare Baugebiete zu entwickeln, besonders Eckgebäude zu erhalten und im Plattenwohnungsbau individuellere Grundrisse als bislang anzubieten.

---

1   „Grundsätze für die sozialistische Entwicklung von Städtebau und Architektur in der DDR", in: *Neues Deutschland* vom 29./30. Mai 1982.

Hanspeter Kirsch

Zwischen Zentralisierung und beginnender Rekommunalisierung

Erfahrungen in Schwedt, Jena und Magdeburg

Meine Erfahrungen in den Bereichen Städtebau und Architektur in der DDR sammelte ich vor allem in der langjährigen Tätigkeit als Stadtarchitekt. Ich war zwei Jahre als Stadtarchitekt in Schwedt (Oder) tätig, einer Kleinstadt in der Uckermark, die in den sechziger Jahren des vergangenen Jahrhunderts für die DDR Bedeutung erlangte, weil hier ein neues Erdölverarbeitungswerk entstand und die Stadt durch den umfangreichen Wohnungsbau geradezu explosionsartig wuchs. In Jena, einer kreisfreien Stadt im Bezirk Gera, war ich vier Jahre Stadtarchitekt, in der Zeit, als der VEB Carl Zeiss Jena zu einem Zentrum des wissenschaftlichen Gerätebaus ausgebaut wurde und in der Stadt ein umfangreiches Wohnungsbauprogramm zu verwirklichen war. Schließlich war ich 17 Jahre Stadtarchitekt in der Bezirksstadt Magdeburg. Erlebnisse, Erkenntnisse und Erfahrungen sammelte ich also in sehr unterschiedlichen Städten.

Bei aller Verschiedenheit der Städte war überall deutlich, dass Städtebau und Architektur in der DDR entscheidend durch den jeweiligen Stand des Bauwesens geprägt wurden. Die Leistungsfähigkeit der DDR-Wirtschaft im Allgemeinen und des Bauwesens im Besonderen bestimmten das Niveau von Städtebau und Architektur. Und die Einbindung der Stadtplanung in die Leitungs- und Abhängigkeitsstrukturen des DDR-Bauwesens war letztlich verantwortlich für zunehmende Fehlentwicklungen. Dabei gab es sehr unterschiedliche Entwicklungsphasen. Sie reichten von der zunehmenden Industrialisierung des Bauens am Ende der fünfziger Jahre, was mit einer Abkehr von der Zeit der „nationalen Tradition" verbunden war und von uns damals jungen Architekten als hoffnungsvolle Wende zur Moderne begrüßt wurde. Und alles endete schließlich mit der Phase eines zunehmenden Verfalls der technischen Qualität des Bauens und einem immer unerträglicher werdenden Verhältnis von gestalterischem Engagement und erzieltem Ergebnis – eine Folge der schwindenden Wirtschaftskraft der DDR in den achtziger Jahren. Diese Bedingungen galten nach meinem Eindruck überall in der DDR bei durchaus unterschiedlicher Schärfe der Auswirkungen in den einzelnen Bezirken.

Fraglos gab es daher einen zunehmenden Reformstau. Aus zwei Gründen aber hatte ich „Reformen" nicht erwartet: Erstens hatte das Wort Reform in der Sprachregelung von Staat und Partei einen abwertenden Klang – es ging nicht um „Reform", sondern immer um „Revolution". Ich kann mich nicht erinnern, dass jemals – auch nicht in kollegialen Gesprächen – „Reformen" gefordert wurden. Was wir erwarteten, waren Weiterentwicklungen; wir waren der Überzeugung, dass wir es mit historischen Entwicklungsphasen zu tun hatten, dass es um die Überwindung von Rückständen ging. Zweitens schwanden diese Hoffnungen auf eine qualitative Weiterentwicklung zunehmend. Der langjährige Minister für Bauwesen Wolfgang Junker erwies sich immer deutlicher als abhängig vom Sekretär für Wirtschaftspolitik des Zentralkomitees (ZK) der SED Günter Mittag, der seinerseits mit administrativen Methoden bis in die örtliche Ebene hinein die Wirtschaftsentwicklung der DDR dirigierte und Veränderungen unterband.

Es erscheint daher zunächst als verständlich, dass Untersuchungen und Studien der letzten Jahre die Ursachen für die Leistungsgrenzen von Städtebau und Architektur in den in der DDR bestehenden Strukturen suchten – also letztlich in der zentralistischen Einflussnahme von Staat und Partei. Das mag über weite Strecken auch richtig sein. Aber wie erklären sich dann die erheblichen Niveauunterschiede zwischen den einzelnen Bezirken? Meines Erachtens können die Analysen der Leitungsstrukturen nur einen Teil der Erklärung liefern. Zu einem wirklichen Verständnis der Situation gehört, dass in den durchaus zentralistischen Strukturen jeweils konkrete Menschen wirkten und in Beziehungen zueinander traten. Das führte zu oft großen Unterschieden. Diese Unterschiede erfuhr ich in den drei Städten, in denen ich als Stadtarchitekt arbeitete, sehr deutlich.

In Schwedt (Oder) galten die staatliche und die Aufmerksamkeit der Parteiführung in erster Linie dem Aufbau des Erdölverarbeitungswerkes, das von großer Bedeutung für die Volkswirtschaft war. Die dazu notwendige Entwicklung der Stadt mit neuen Wohngebieten, der erforderlichen Infrastruktur und großen Sozialeinrichtungen (Krankenhaus, Kulturzentrum, Warenhaus usw.) wurde aufmerksam beobachtet. Und wenn alles „gut lief", durfte man sich der Anerkennung gewiss sein. Die Einflussfaktoren auf mein Verantwortungsgebiet mit Abstand zu beobachten, war ich damals noch zu jung und zu unerfahren. Was mir jedoch auffiel, war, dass der amtierende Oberbürgermeister nur ein geringes Interesse für Städtebau und Architektur aufbrachte.

Ein ganz anderer Fall war ein paar Jahre später die Stadt Jena. Die Stadtentwicklung wurde Ende der sechziger Jahre geprägt durch die Absicht, auf der Grundlage des VEB Carl Zeiss Jena ein „Zentrum des wissenschaftlichen Gerätebaus" zu schaffen. Die Stadt hatte bei meinem Amtsantritt gerade einen Besuch von Walter Ulbricht hinter sich. Im Zusammenhang mit den anspruchsvollen Entwicklungszielen gab es nach dem Besuch scharfe Kritik an den kommunalen Zuständen. Der Oberbürgermeister Walter Windrich blieb jedoch im Amt, was den weisen Hermann Henselmann zu der Feststellung veranlasste, wer so kritisiert werde und im Amt bleibe, der stehe unter dem „Schutz" der Parteiführung. Ich begriff diese Bemerkung erst viel später. Für die neuen Erfahrungen in Jena war bestimmend, dass Jena keine Bezirksstadt, sondern *nur* eine kreisfreie Stadt im Bezirk war. Das führte zwangsläufig zu einer eifersüchtigen Haltung der Bezirksstadt Gera und einer nicht gerade fürsorglichen Begleitung der Entwicklung in Jena seitens der bezirklichen Organe des Staates und der Partei. Und als sichtbar wurde, dass die ehrgeizigen Ziele in Jena vor allem wegen eines Leistungsversagens des Zeiss-Werkes nicht erreicht wurden, kam es zu immer offeneren Behinderungen der Stadtentwicklung von Jena mit Investitionskürzungen, Reduzierungen von Baukapazitäten und dann sogar zur Beauflagung des Büros des Stadtarchitekten in Jena mit Planungsaufgaben für die Bezirksstadt Gera. Ich erlebte das erste Mal massive Eingriffe aus übergeordneten Leitungsstrukturen auf die kommunale Ebene von Jena und einen fast vollständigen Befugnisentzug für den Rat der Stadt. Hinzu kam ein rüder Umgangston, geprägt durch den damaligen Ersten Sekretär der SED-Bezirksleitung Herbert Ziegenhahn. Als wir einmal glaubten, einen umfangreichen Modellbau für eine zentrale Vorlage nicht in der geforderten Zeit zu schaffen, das auch deutlich sagten, eine entsprechende Antwort erhielten und die Modelle dann doch fristgerecht fertig wurden, lautete der Dank: „Euch muss man nur richtig in den A... treten, dann geht es doch!" Das etwa war die übliche Art des Umgangs mit den „Kleinbürgern", die der Erste Sekretär in uns Architekten sah. Die Umgangsformen der Bezirksparteileitung – das war nach meinen Beobachtungen typisch in der DDR – färbten ab; nun glaubten der Vorsitzende der Bezirksplankommission, der Bezirksbaudirektor, ja selbst der Bezirksarchitekt sich auch so verhalten zu müssen – „wie der Herre so's Gescherre". Ich muss sicher nicht besonders darstellen, welche Auswirkungen das für Jena hatte; Eigeninitiative oder gar Wagemut auf städtischer Ebene erstarben vollständig. Hätte ich nur die Erfahrungen aus Jena – ich würde uneingeschränkt zustimmen, dass alle Mängel, alles Versagen auf den Leitungs- und Führungsstrukturen in der DDR beruhten, dass alles auf einem uneingeschränkten Zentralismus beruhte.

Dass dies aber nicht überall so sein musste, erfuhr ich schließlich in Magdeburg. Die Schlüsselfigur war hier Oberbürgermeister Werner Herzig, der auch hinsichtlich der Arbeit in Städtebau und Architektur ausgesprochen fordernd auftrat. Nicht nur zu *seinem* Stadtarchitekten, sondern zu allen für die Stadt tätigen Architekten pflegte er ein vertrauensvolles, freundschaftliches Verhältnis. Seine Haltung wurde befördert durch wiederholte Reisen auch in westliche Länder und die dort gewonnenen Erfahrungen vom Wert des Städtebaus und der Architektur für den Ruf einer Stadt. Begünstigt wurde diese Grundhaltung durch eine – bis auf eine kurze Episode mit einem Ersten SED-Bezirkssekretär – durchweg verständnisvolle Zusammenarbeit mit dem Rat des Bezirkes und der Bezirksleitung der SED, zuletzt unter Werner Eberlein. Die Konstellation für die Arbeit des Stadtarchitekten und seiner Mitarbeiter wurde umso besser, je mehr das bezirkliche Bauwesen sich eine im DDR-Vergleich gute Position erarbeiten konnte.

Die Darstellungen von Strukturen, wie sie in den letzten Jahren angestellt wurden, verleiten oft zu der Annahme, dass alles auch immer im Rahmen dieser Strukturen funktionieren musste – genau dies war aber nicht der Fall. Es war vielmehr geradezu typisch für die DDR, dass alle übergeordneten Leitungen direkt auf den Stadtarchitekten einwirken konnten. In der Regel geschah dies am wenigsten durch den zuständigen Leiter, den Stadtbaudirektor. Es konnte unerträglich werden, wo Personen selbstherrlich regierten – siehe das Beispiel Jena/Gera. Bei einer günstigen personellen Konstellation wie in Magdeburg eröffnete sich die Möglichkeit für den Stadtarchitekten, den Dienstweg zu umgehen und sich direkt an eine beliebige Ebene zu wenden – taktisches Feingefühl vorausgesetzt. Von dieser Möglichkeit machte ich in Magdeburg oft Gebrauch. Ein dringendes Anliegen konnte so *unbehandelt* an der Stelle ankommen, wo die Entscheidungsbefugnis lag. Schon im Eigeninteresse war es dabei unumgänglich, den Oberbürgermeister und den direkten Vorgesetzten – den Stadtbaudirektor – zu informieren.

Das funktionierte selbst bis in die Ebene des Ministeriums für Bauwesen – hier aber fast ausschließlich zu dem für den Städtebau zuständigen Staatssekretär. Alles in allem setzte der Umgang innerhalb des Gefüges von staatlicher Leitung und bezirklicher sowie städtischer Parteiorganisation ein Mindestmaß an Erfahrungen voraus. Und selbstverständlich musste der Stadtarchitekt *dazugehören*, er musste Vertrauen besitzen. Auch insoweit war die Funktion des Stadtarchitekten in DDR-Zeiten ein *politisches Amt* – die daraus resultierenden Konsequenzen nach dem Zusammenbruch der DDR sind nur zu verständlich.

In der DDR galt ein „Gesetz über die örtlichen Volksvertretungen und ihre Organe"[1]. Dieses Gesetz sollte die Zuständigkeiten der örtlichen Volksvertretungen (also zum Beispiel der Stadtverordnetenversammlung) und ihrer Räte regeln. Es ist sicher richtig, dass dieses Gesetz dem vorherrschenden Zentralismus auch als „Feigenblatt" diente; es auf diese Funktion zu reduzieren, wird der Realität aber nicht gerecht. Zu den Kompetenzen der Stadtverordnetenversammlung und ihres Rates gehörten die städtebauliche Entwicklung und die dazu erforderliche Planungshoheit.

Dazu möchte ich folgendes Erlebnis schildern: 1975 wurde ein Regierungsabkommen zwischen der UdSSR und der DDR über die Zusammenarbeit beim Wohnungsbau abgeschlossen. Teil des Abkommens waren die Planung und der Bau eines Beispielwohngebietes im jeweils anderen Land und der dazu notwendige Erfahrungsaustausch. Die Standortwahl fiel in der UdSSR auf Gorki (Nižnij Novgorod) und in der DDR auf Magdeburg. Für die UdSSR war das von Nižnij Novgorod 500 Kilometer entfernte Moskauer Zentrale Institut für Wohnungsbau unter Professor Rubanenkov planungsverantwortlich. Mein Freund Vadim Voronkov, Stadtarchitekt von Gorki, war zur Begleitfigur degradiert worden. In der DDR gab es hartnäckige Versuche seitens verantwortlicher Mitarbeiter des Instituts für Städtebau und Architektur (ISA) der Bauakademie, die gleiche Position wie das Moskauer Institut zu erlangen. Gegen diese Bestrebungen konnte ich unter Berufung auf das oben genannte Gesetz mit Erfolg intervenieren. Aber auch das war letztlich nur möglich, weil ich mir der Rückendeckung auf bezirklicher und städtischer Ebene sicher sein konnte.

Ein weiterer Fall zeigt, wie wichtig es ist zu differenzieren. In der DDR gab es die Forderung nach einer „sozialistischen Demokratie" – auch dies war natürlich ein Versuch, den verbreiteten Aversionen gegen den allgegenwärtigen Zentralismus zu begegnen. Ich bekannte mich damals zu dieser Forderung, in einem Land, das eine neue Gesellschaftsordnung verwirklichen wollte, auch nach neuen, anderen Formen von Demokratie – jenseits der *repräsentativen, parlamentarischen* – zu suchen. In Magdeburg versuchten wir, im Bereich des Städtebaus und der Architektur diese Forderung in die Realität umzusetzen. Ich habe es einmal überschlagen – in den 17 Jahren meiner Amtszeit habe ich Jahr für Jahr in etwa 15 bis 20 Einwohnerversammlungen die aus unserer Planungsarbeit resultierenden Konzepte dargelegt und diskutiert. Verantwortliche Mitarbeiter meines Büros erreichten ähnliche Zahlen. Diese Zusammenkünfte waren durchaus nicht immer durch Übereinstimmung gekennzeichnet – es gab Streit und Auseinandersetzungen. Und es war vor allen immer wieder der Magdeburger Oberbürgermeister Werner Herzig, der nachdrücklich dafür eintrat, Vorschläge und Forderungen aus der Öffentlichkeit – wo irgend möglich – erkennbar umzusetzen. Natürlich fungierten Städtebau und Architektur als eine Art Ventil, um die Auffassungen der Bürger zu respektieren. Andererseits aber waren Ergebnisse der Öffentlichkeitsarbeit – gut genutzt – ein nicht zu unterschätzendes Mittel, um die Widerstände des Bauwesens überwinden zu helfen. Zur Arbeit für die Öffentlichkeit gehörten regelmäßige monatliche Presseberatungen mit allen Zeitungsredaktionen, dem Rundfunk, dem Fernsehen. Nicht zuletzt ist in diesem Zusammenhang die regelmäßige aktive Teilnahme des Stadtarchitekten an den Beratungen der Ständigen Kommission Bauwesen der Stadtverordnetenversammlung zu nennen.

Eine besondere Situation entstand, als wir begannen, das erste größere Vorhaben in der Innenstadt zu planen. Magdeburg war am Ende des Zweiten Weltkriegs zum zweiten Mal in seiner Geschichte schwer zerstört worden – das erste Mal 1632 im Dreißigjährigen Krieg. Aus der Vernichtung der wertvollen historischen Bausubstanz resultierten gravierende Identitätsprobleme. Und so war es nicht verwunderlich, dass die Magdeburger die Reste ihrer Innenstadt, den südlichen Teil des Stadtzentrums, besonders liebten. Dieser Bereich um den Hasselbachplatz ist ein städtebaulich zweigesichtiges Gebiet: äußerlich bürgerlich-repräsentativ und hinter den Fassaden barbarisch dicht überbaut, mit „Lichthöfen" von maximal sechs mal sechs Metern bei einer Gebäudehöhe, die heutigen sechs- oder siebengeschossigen Wohngebäuden entspricht. Unser Grundkonzept der Umgestaltung stellten wir in der Magdeburger *Volksstimme* (dem „Organ der Bezirksleitung der SED") vor und riefen zu Meinungsäußerungen auf. Das Ergebnis war überraschend und eindrucksvoll: Es gab nicht nur zahlreiche Zuschriften an die Zeitung, die natürlich an uns weitergeleitet wurden, auch unser Büro erhielt an die 200 Briefe mit Zustimmungen, Kritiken und Vorschlägen. Uns wurde klar, dass mit der Planung im Innenstadtbereich wirklich betroffene Bewohner angesprochen wurden – ganz anders als bei Neubaugebieten. Wir reagierten dann in der anschließenden Planung – wie ich glaube – mit großer Sorgfalt auf alle Vorschläge und Kritiken und stellten die Ergebnisse in einer gut besuchten und sehr erfolgreichen Veranstaltung vor.

Es gab aber auch eine Kehrseite der Medaille: Wir waren alle „stolz wie die Spanier" auf unseren Erfolg in der Stadtöffentlichkeit. Auf der nächsten Plenartagung der Bauakademie wurde ich zu einem Diskussionsbeitrag aufgefordert. Ich stellte die Arbeitsergebnisse als „Frucht sozialistischer Demokratie" dar. In der Tagungspause sprach mich der für Magdeburg zuständige Mitarbeiter der Abteilung Bauwesen des ZK der SED an. Mein Beitrag sei gut gewesen (derartige Zensuren wurden immer verteilt), ich solle aber „nicht so viel von Demokratie reden"! Kommentar überflüssig! Das Ganze ereignete sich Mitte der achtziger Jahre – und ich sage offen, dass ich den Anfang vom Ende der DDR damals noch nicht sah.

Aus der Realisierungszeit des Vorhabens Südliches Stadtzentrum möchte ich einen Vorfall berichten, der charakteristisch ist: Wer das Gebiet um den Hasselbachplatz in Magdeburg kennt, hat vielleicht die Bauart vor Augen – manche der Gebäude haben an markanten Eckpunkten erkerartige Vorbauten mit haubenförmigen Dachabschlüssen. Eine dieser Dachhauben war noch provisorisch mit Preolitschindeln eingedeckt, einem Material, das auch auf vielen Gartenlauben zu finden war. Unser Denkmalpflegebetrieb hatte von der Rekonstruktion eines Sakralbaus noch ein paar Quadratmeter Kupferblech übrig – und damit wurde die Haube eingedeckt. Jemand musste uns – „ganz oben" – verpfiffen haben; jedenfalls bekam ich nach kurzer Zeit, auf dem „kleinen Dienstweg", einen wütenden Anruf des Ministers für Bauwesen, ob ich das Anwendungsverbot für Kupferblech im Wohnungsbau nicht kenne, eigentlich sei eine Bestrafung fällig!

Es ist ein eigen Ding mit der Geschichtsdarstellung. Nach meiner Erfahrung kann man sich noch so sehr um Objektivität mühen – Geschichtsdarstellung ist immer subjektiv. Und so bin ich mir sicher, dass meine heutige Sicht auf die DDR und ihre Verhältnisse auch durch den tiefgreifenden Wandel seit ihrem Ende mitbestimmt wird und anders ist als in der Zeit des Erlebens.

Ich möchte mit einer Begebenheit enden. Ende der neunziger Jahre wurde ich zusammen mit anderen Kollegen aus der DDR-Zeit von der Technischen Universität (TU) Hannover zu einem Gespräch eingeladen. Es ging um die ersten Ansätze von vier Dissertationen, die sich mit der Entwicklung der Stadtplanung in beiden deutschen Staaten seit 1945 befassen sollten. Teilnehmer waren die Doktoranden, deren Betreuer und weitere Professoren der TU und eben die Vertreter der „DDR-Planung". Bereits die thesenhafte Darstellung der vier Arbeiten ging sehr vordergründig von dem Standpunkt aus, die DDR „als Unrechtsstaat schlechthin" zu betrachten. Die Ergebnisse in Städtebau und Architektur wurden ausschließlich als Ausfluss direkter zentralistischer Entscheidungen dargestellt. Das forderte unseren gemeinsamen Widerspruch heraus, und wir versuchten zu schildern, dass es sehr wohl ein Bau- und Städtebaurecht gab und dass auch in der DDR Architekten engagiert arbeiteten. Ein paar Monate später trafen sich drei der ursprünglich vier Aspiranten mit uns in Weimar und stellten ihre überarbeiteten Konzepte vor. Wir fühlten uns wiederum missverstanden, denn jetzt stellte sich die DDR-Stadtplanung als geradezu weites Feld demokratischer Verhältnisse dar. Wir mussten also erneut Widerspruch einlegen. Die Angelegenheit verlief sich für uns dann im Sande, und ich kann leider nicht berichten, wie diese historischen Untersuchungen am Ende ausgingen.

---

1 Vgl. Gesetz über die örtlichen Organe der Staatsmacht (GBl. I Nr. 8 S. 65; ber. S. 120) und Gesetz über die Rechte und Pflichten der Volkskammer gegenüber den örtlichen Volksvertretungen (GBl. I Nr. 8 S. 72; ber. S. 120) (beide vom 17. Januar 1957); Gesetz über die örtlichen Volksvertretungen und ihre Organe in der Deutschen Demokratischen Republik vom 12. Juli 1973, aufgehoben durch Gesetz über die örtlichen Volksvertretungen in der DDR vom 4. Juli 1985 (GBl. I S. 213), aufgehoben durch das Gesetz über die Selbstverwaltung der Gemeinden und Landkreise in der DDR vom 17. Mai 1990 (GBl. I S. 225).

Rolf Kuhn

Das Kommunale Praktikum

Stadtsoziologie als Partner der kommunalen Praxis und die Städtebaudebatte
in den 1980er Jahren

Im Jahre 1977 wurde zum ersten und einzigen Mal in der DDR ein Soziologie-
lehrstuhl an einer Fachrichtung Gebietsplanung und Städtebau, nämlich an der
Hochschule für Architektur und Bauwesen in Weimar, eingerichtet. Unter Leitung von Prof. Dr. Fred Staufenbiel versuchten wir, die Interessen angehender Architekten und Stadtplaner auf alltagskulturelle Probleme zu lenken. Dabei wurden Probleme des Stadtmilieus, der Stadtkultur, des Heimischfühlens und des
Wohnens betrachtet. Wesentlich war, dass dies nicht an einem theoretischen, ge-
sellschaftswissenschaftlichen, sondern an einem auf räumliche Planung und Gestaltung orientierten Fachbereich und anhand sehr konkreter Beispiele geschah.
Kernstück unserer wissenschaftlichen und pädagogischen Arbeit war ein jährli-
ches vierwöchiges Kommunales Praktikum für ca. fünfzig Städtebaustudenten.
Die Studenten konnten dabei mit allen Sinnen erleben oder zumindest erahnen,
wie man in verfallenden Altstädten oder in neuen Plattenbausiedlungen wohnte
und welche Bedeutungen das Zentrum und andere Teile und Strukturen der Stadt
für die Bewohner hatten. Ein Erlebnis, das die Studenten mehr prägte (und, wie
ich merkte, auch begeisterte) als noch so viele Vorlesungen und Übungen zu diesem Thema. Die wesentlichen Arbeitsmethoden in diesem Praktikum waren Be-
fragungen, Gruppen- und Expertengespräche, Beobachtungen, Auswertungen
statistischer Materialien, zeichnerisches und fotografisches Erfassen und Darstellen der Untersuchungsgebiete und -situationen, Diskussionen mit Planern,
Architekten und Kommunalpolitikern der jeweiligen Stadt sowie eine Auswertung und Zusammenfassung der Ergebnisse vor Ort, einschließlich einer umfangreichen Ausstellung zum Abschluss des Praktikums. Unsere wichtigsten
Partner waren in den jeweiligen Städten meist sozial und kulturell engagierte Architekten und Stadtplaner, denen wir mit unseren stadtsoziologischen Ergebnissen bessere oder wirkungsvollere Argumente für die Durchsetzung ihrer Ziele
liefern wollten.

Planungsprämissen blieben ohne Wirkung

Während unsere wissenschaftlichen und pädagogischen Hoffnungen mehr als in Erfüllung gingen, blieben unsere Planungsprämissen bei den Entscheidern auf kommunaler und höherer Ebene ohne Wirkung. Diesbezüglich streuten wir uns wohl immer wieder selbst Sand in die Augen, um Motivation und Hoffnung für das nächste Mal, das nächste Jahr, das nächste Praktikum, die nächste Ergebnisbroschüre nicht zu verlieren, denn unser Ziel war natürlich, den Altstadtverfall und den damit einhergehenden Geschichts-, Identitäts- und Kulturverlust der Städte aufzuhalten sowie Neubau zugunsten der Städte und ihrer Bewohner vielfältiger, auch funktionell vielschichtiger und individueller zu gestalten.

Hier ein ausführlich zitiertes Beispiel aus unserer Ergebnisbroschüre zur nördlichen Innenstadt (Andreasviertel) in Erfurt, 1982 erschienen als „graue Literatur":[1]

„Das Gebiet Nördliche Innenstadt, wie es für die soziologische Analyse abgegrenzt wurde, umfaßt 7600 Einwohner. Die Einwohnerstruktur weicht in mehrer Hinsicht vom Stadtdurchschnitt ab. Es wohnen hier 10 % mehr Rentner als im Durchschnitt, was vorwiegend mit einem geringeren Anteil der Gruppe der 40- bis 65jährigen in Beziehung steht. In den Neubaugebieten Erfurts gibt es die entsprechend gegenläufige Tendenz. Es zeigt sich, daß durch die gegenüber dem Stadtdurchschnitt immer mehr verfallende Wohnqualität in der Nördlichen Innenstadt eine Konzentration von älteren, sozial weniger aktiven und anspruchsloseren Bewohnern sowie von sehr jungen Familien, die hier ihre Erst- bzw. eine Übergangswohnung nutzen, entstand. Daß es für gegenläufige demographische und sozialstrukturelle Entwicklungen gute Chancen gibt, zeigt die Aussage, daß mehr als die Hälfte aus allen Altersgruppen, aber besonders die 30- bis 40jährigen (zu 70 %) in der Nördlichen Innenstadt wohnen bleiben möchten, gleichzeitig aber ein Viertel aller Rentner in ein Neubaugebiet übersiedeln würde. Ähnliches gilt für die Sozialstruktur, da der Anteil derer, die nach einer Instandsetzung und Modernisierung im Gebiet wohnen bleiben möchten, bei den Angehörigen der Intelligenz besonders hoch ist (ebenfalls 70 %), dagegen ist der Wunsch, in eine Wohnung im Neubaugebiet umzuziehen, bei den Arbeitern am ausgeprägtesten (20 %).

Baukultur der städtischen Handwerker. Im Gegensatz zu Gründerzeitgebieten, deren kulturhistorischer Wert neben Fassadengliederung und Ornamentik der Gebäude besonders in der klaren, rechtwinkligen Rasterung des Gesamtgebiets und im Wechsel von langen Straßen mit weiten Platzräumen besteht, liegt der kulturhistorische Wert der Nördlichen Innenstadt (Bestandteil der Altstadt) weniger in der Struktur des Gesamtgebietes, sondern vielmehr bei einzelnen kleinen Gassen und Gassenverzweigungen, die durch ihre Proportionen und Formen zusammen mit den sie bildenden kleinen, verschachtelten Häusern noch ein Stück Baukultur und Architektur des Mittelalters vermitteln. Die Erhaltung einer einzelnen Gasse in einer neugebauten Umgebung mit verändertem Maßstab könnte jedoch leicht zum Unikum werden. Wichtig wäre es deshalb, mehrere, möglichst miteinander verzweigte Gassen in einer zu ihnen proportionalen Umgebung und in Korrespondenz zu ihren traditionellen Dominanten (Kirchen) zu erhalten. Eine solche Möglichkeit ergibt sich im vorgesehenen Umgestaltungsgebiet Nördliche Innenstadt im Bereich Glocken-, Glockenquer-, Weber-, Marbacher- und Weiße Gasse. Die genannten Gassen sollte man als städtebauliches Schutzgebiet innerhalb der Nördlichen Innenstadt auffassen, weitestgehend erhalten und mit angepaßten Einfamilienhäusern auffüllen. Für die Rekonstruktion und für die Bebauung von Lücken sollten vorwiegend noch brauchbare oder kulturhistorisch wertvolle Materialien aus den Abrißgebieten der Nördlichen Innenstadt verwandt werden (Tore, Türen, Fenster und ihre Einfassungen, Dachaufbauten, Balken, Treppen, Geländer, behauene Steine usw.). Der aus gleichermaßen kulturhistorischen und städtebaulich geprägten Überlegungen getroffene Vorschlag zur Erhaltung der Gassen und der Einfamilienhausstruktur im südwestlichen Teil des Umgestaltungsgebietes Nördliche Innenstadt läßt sich auch durch die Wohnungswünsche der jetzigen Einwohner für ihren engeren Wohnbereich untermauern. 60 % der Probanden aus den Untersuchungsgebieten möchten in der Nördlichen Innenstadt wohnen bleiben, knapp 20 % möchten in einem reinen Einfamilienhausgebiet wohnen und nur 15 % möchten in ein Neubaugebiet übersiedeln. Dabei möchten 50 % aller Probanden in einem modernisierten und nur 10 % in einem neugebauten Einfamilienhaus wohnen. 50 % aller Befragten wünschen sich eine Wohnung im Wohnblock bzw. Mehrfamilienhaus (aber nicht in Hochhäusern bzw. Scheiben), von diesen würden sich wiederum mehr als die Hälfte für einen modernisierten Altbau entscheiden.

Sehnsucht nach dem Einfamilienhaus. Die Kritik der Bewohner richtet sich hauptsächlich gegen den schlechten Bauzustand und den zu geringen Wohnkomfort, teilweise auch gegen die zu kleine Wohnung und hinsichtlich der unmittelbaren Umgebung gegen die fehlenden Grün- und Spielflächen sowie gegen den Durchgangs- und Parkverkehr in den engen Gassen. 55 % der befragten Familien wünschen sich einen Garten am Haus. Diese Zahl wird sich bei einem größeren Anteil junger Familien im Gebiet noch um etwa 10 % erhöhen. Die angegebenen Prozentzahlen hinsichtlich der Wohnwünsche sind natürlich auch beeinflußt von der gegenwärtigen Bewohnerstruktur und von den Wohngewohn-

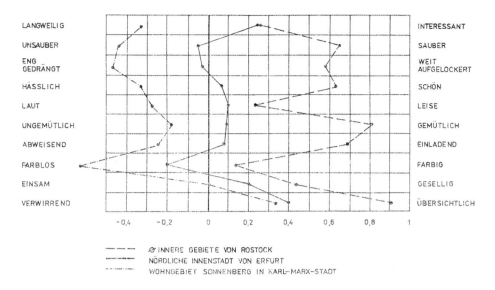

LANGWEILIG — INTERESSANT
UNSAUBER — SAUBER
ENG GEDRÄNGT — WEIT AUFGELOCKERT
HÄSSLICH — SCHÖN
LAUT — LEISE
UNGEMÜTLICH — GEMÜTLICH
ABWEISEND — EINLADEND
FARBLOS — FARBIG
EINSAM — GESELLIG
VERWIRREND — ÜBERSICHTLICH

-0,4   -0,2   0   0,2   0,4   0,6   0,8   1

– – – – ∅ INNERE GEBIETE VON ROSTOCK
————— NÖRDLICHE INNENSTADT VON ERFURT
—·—·—· WOHNGEBIET SONNENBERG IN KARL-MARX-STADT

Polaritätsprofile für die Bewertung unterschiedlicher Stadtstrukturen, hier: gründerzeitlich geprägtes Stadtviertel in Karl-Marx-Stadt, mittelalterliche Stadtstruktur in Erfurt und Rostocker Stadtteil der 1920er/1950er Jahre

heiten, trotzdem ist der Wunsch nach einem modernisierten oder zu modernisierenden Einfamilienhaus so gewichtig, daß man ihm im Zusammenhang mit der kulturhistorischen und der Modernisierungskonzeption Rechnung tragen sollte. Da die Größe der zum Teil sehr kleinen Häuser jedoch oft nicht den Bedürfnissen junger Familien entspricht, müßte auch die Zusammenlegung zweier Häuser oder ein Erweiterungsneubau hinter dem Haus ins Auge gefaßt werden. Bei der Erhaltung einzelner Gassenstrukturen ist die typische Kommunikation in diesen städtebaulichen Räumen zu beachten, die durch das Sich-kennen-in-der-Gasse, das Gespräch des Vorbeigehenden mit dem aus dem Fenster Schauenden (etwa gleiche Höhe) gekennzeichnet ist.

Eigeninitiative erwünscht. Da Erfurt einen der größten und kulturhistorisch wertvollsten deutschen Altstadtbereiche besitzt, dessen Erhaltung ein außergewöhnlich großes Bauvolumen erfordert, ist die vorgeschlagene Rekonstruktion der genannten Gassen im südwestlichen Teil des Umgestaltungsgebietes, zusätzlich zum historisch sicherlich noch wertvolleren Zentrumsbereich, nur durch eine überdurchschnittlich hohe Eigeninitiative der Bewohner möglich. Diese Vorstellung stimmt auch mit der Haus- und Eigentumsform in diesem Gebiet überein. Die Einfamilienhäuser dieser Gassen sind vorwiegend in Privatbesitz und zum Teil nur durch unklare Perspektivvorstellungen für dieses Gebiet und die damit einhergehende Deformation der Alters- und Sozialstruktur in schlechtem Zustand. Durch ein klares Konzept, auch für diesen historisch wertvollen Gassenbereich, die Vergabe von zu rekonstruierenden oder neuzubauenden Einfamilienhäusern vorwiegend an jüngere Familien mit viel Eigeninitiative und die Leitung des Prozesses durch einen Komplexarchitekten speziell für dieses Teilgebiet (der nicht nur Festpunkte bestimmen, sondern auch die Hauseigentümer beraten muß), wäre eine materialsparende, aufwandsgeminderte und bauzeitverkürzende Rekonstruktion denkbar."[2]

Diese Feststellungen und Vorschläge von 1982 waren gut zehn Jahre später noch aktuell und konnten nun durch vielfältigere Entscheidungs- und Baustrukturen überhaupt erst zur Anwendung kommen. Es war für mich ein trauriger und glücklicher Moment zugleich, als ich in den „Wende"-Monaten 1989/90 unsere damals bereits seit acht Jahren vorliegenden Zielvorstellungen von Erfurter Bürgerinitiativen lautstark eingefordert sah.

Kernstück der Ausbildung: Kommunale Praktika

Wie in Erfurt wurden ab 1977 an unserem Lehrstuhl an der HAB Weimar bis zu meinem Ausscheiden 1987 (auch danach wurden die Arbeiten mit der gleichen Methode fortgesetzt) Kommunale Praktika in Leipzig, Chemnitz, Rostock, Gotha, Halle und Halle-Neustadt, Eisenach und Magdeburg durchgeführt. Neben mittelalterlich, gründerzeitlich oder auch in den 1920er oder 1950er Jahren geprägten Altbaubereichen standen auch immer Plattenbauten in Großsiedlungen am Stadtrand im Mittelpunkt unserer Betrachtungen. Ein wesentliches Problem dieser Plattenbausiedlungen (aber auch anderer Großsiedlungen) lag (liegt) bereits in ihrer Lage am Stadtrand, gepaart mit ihrer auf das Wohnen orientierten Monofunktionalität, begründet. Arbeitswege wurden dadurch (besonders für Mütter mit kleineren Kindern) zu weit, und das Thema Arbeit war in seiner Vielfalt gerade für Kinder und Jugendliche – in ihrer Alltagsumgebung – kaum noch erfassbar. Während sich die Bewohner dieser Siedlungen bezüglich der Versorgung mit dem täglichen Bedarf (Kaufhallen) und der Kinderbetreuung (Kinderkrippen, Kindergärten, Schulen) zufrieden zeigten, wurden die zu geringen Kultur- und Freizeitmöglichkeiten, besonders hinsichtlich gastronomischer Versorgung und unkomplizierter sportlicher Betätigung, kritisiert. Probleme zeigten sich auch mit den Orientierungsmöglichkeiten für Fußgänger sowie der Anordnung der Zentren oder sagen wir lieber der zentralen Versorgungseinrichtungen in diesen Plattenbaugroßsiedlungen. Während die meist angewandte Kompakt- oder Pa-

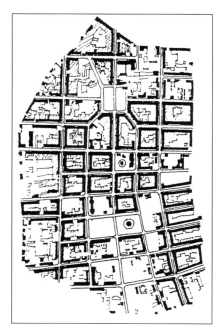

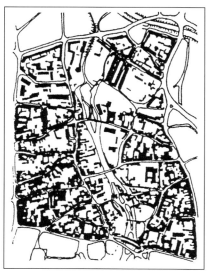
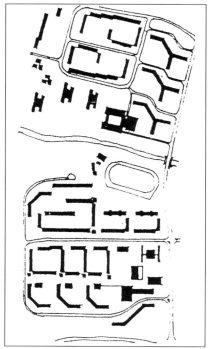

1 a – d Städtebauliche Strukturen der
    Untersuchungsgebiete

a Chemnitz, Gründerzeit
b Chemnitz, Neubau
c Erfurt, mittelalterliche Struktur
   (Nördliche Innenstadt)
d Erfurt, Neubau

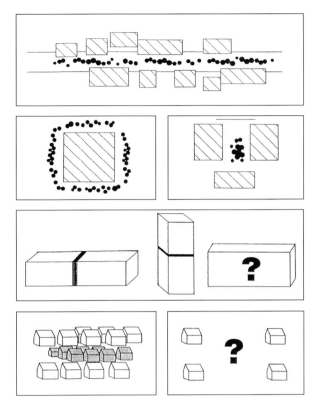

Städtebauliche Formen von Wohngebietszentren: Nur das straßenartige Zentrum (evtl. mit Platzaufweitungen) entspricht den Lebensabläufen im Wohngebiet und steigert seinen Erlebniswert.

Entwicklung von Nachbarschaftsbeziehungen in Abhängigkeit von baulich-räumlicher Situation (ein Grenzwert liegt bei erleb- und abgrenzbaren Einheiten mit ca. zehn Familien)

ketform (die leider immer noch von Warenhäusern und Handelsketten bevorzugt wird) kaum eine Bereicherung des städtischen Lebens und der architektonischen Besonderheit in diesen Wohngebieten darstellte, gab es positive Ausnahmen wie den Lichtenhäger Brink in Rostock oder den Berliner Platz in Erfurt, wo zentrale Versorgungs-, Freizeit- und Dienstleistungseinrichtungen als Fußgängerzone angelegt wurden, die im wichtigsten Fußgängerstrom lagen und somit den alltäglichen Erlebniswert des Wohngebietes enorm steigerten.

Einheitlicher Brei

Das Freiraumsystem in Plattenbausiedlungen kritisierten wir immer wieder als einen zu einheitlichen Brei, dem eine erkennbare Gliederung in öffentliche (wirklich attraktive und anziehende), gemeinschaftliche (für einen Hof mit höchstens 300 bis 600 Bewohnern) und individuelle Freiräume (für Familien oder eine kleine Personengruppe) fehlte. Gerade für Mietergärten vor Erdgeschosswohnungen in fünfgeschossigen Wohnbauten setzten wir uns immer wieder ein und konnten nachweisen, dass diese, wo immer wir sie auch zwischen Gotha und Rostock antrafen, gut funktionierten und den gesamten Wohnhof bereicherten. Aber auch das ließ die Baukombinate kalt. Die Größe der Wohnungen in den Plattenbauten wurde von Familien, deren Kinder noch nicht ausgezogen waren, allgemein als zu klein bezeichnet. Ein Mehr wurde besonders als Bewegungs- und Spielfläche für Kinder, für zusätzlichen Arbeits-, Hobby- und Abstellraum und zur Trennung von Bad und WC gefordert. Die Kritik an der Größe der Zimmer richtete sich hauptsächlich auf die Kinder- und Schlafzimmer, weniger auf die Wohnzimmer. Auch ein besserer Schutz vor Lärm und Energieverlust wurde schon damals verlangt.

Fazit

Die Einrichtung eines Soziologielehrstuhles, erstmals an einer Architekturhochschule der DDR, war für die HAB Weimar, insbesondere für die Sektion Gebietsplanung und Städtebau, ein großer Gewinn. Studierende dieser Zeit (1978 bis 1990) schwärmen bis heute vom Kommunalen Praktikum, dem Kernstück der Soziologieausbildung. Zukünftigen Planern wurde bewusst, welche Auswirkungen ihre Entscheidungen bezüglich Abriss oder Neubau auf das Leben der Bewohner einer Stadt hatten. Städtebaustudenten erlebten die Perspektive der Bewohner hautnah und entwickelten Skepsis gegenüber Entscheidungen am „grünen Tisch", ohne Einbeziehung der Betroffenen.

Den mit uns kooperierenden Stadtplanern vor Ort gaben wir Argumente an die Hand, ihre ohnehin vorhandenen Vorstellungen von mehr Erhalt in den Altstädten und größerer Vielfalt in den Neubaugebieten zu untermauern, auch wissenschaftlich zu begründen. Die Bau- und Städtepolitik der DDR konnten wir jedoch weder auf lokaler noch auf gesamtstaatlicher Ebene beeinflussen. Das wäre aber die Voraussetzung für wirksame Veränderungen gewesen. Die Hoffnung gaben wir nicht auf, obwohl sie trügerisch war, zumindest trug sie uns bis zum nächsten Praktikum.

---

1   „Graue Literatur" bezeichnet Publikationen von Institutionen und Organisationen, die nicht im Buchhandel vertrieben wurden und vielfach „nur für den Dienstgebrauch" bestimmt waren.

2   Hochschule für Architektur und Bauwesen (HAB) Weimar, Sektion Gebietsplanung und Städtebau, *Soziologische Probleme der Rekonstruktion in der Nördlichen Innenstadt von Erfurt*, Weimar (Juni) 1982.

Bruno Flierl

Reformdiskurse, aber keine Reformpolitik

Ein Kommentar

Die DDR-Stadtplaner und -Architekten waren in hohem Maße sozial engagierte und politisch interessierte Fachleute und Bürger ihres Staates. Sie planten und bauten ja nicht im Auftrag privater Interessenten, sondern im Auftrag der Gesellschaft. Dazu wurden sie gebraucht, und dazu waren sie auch bereit. Um als Fachleute gut arbeiten zu können, waren sie naturgemäß daran interessiert, gute gesellschaftliche Bedingungen und Voraussetzungen für ihre Arbeit zu haben, also für deren Herausbildung selbst einzutreten, Vorschläge zu machen. Gestaltung der Architektur und Gestaltung der Gesellschaft waren für sie deshalb im Grunde stets eine miteinander verbundene Aufgabe. So entstand und wuchs ein starkes gemeinsames und solidarisches Interesse zwischen ihnen zur Lösung von Aufgaben der Stadtplanung und der Architektur in entwickelten gesellschaftlichen Verhältnissen als einer öffentlichen Sache. Das prägte den Beruf und das Ethos von Stadtplanern und Architekten in überwiegendem Maße. Das muss man natürlich historisch-konkret sehen, damit die reale Geschichte nicht zu einer nachträglich geschönten Erzählung wird. Selbstverständlich gab es in der DDR auch Eifersucht und Konkurrenz zwischen Stadtplanern und Architekten, und es gab durchaus immer wieder – gerade in der leitenden Ebene – erfolgreiche Versuche, über persönliche Beziehungen zu führenden Institutionen und deren dominanten Funktionsträgern zu eigenen vorteilhaften Aufträgen zu gelangen, „im Dienste der gemeinsamen großen Sache", versteht sich. Umso mehr brauchten alle, denen ein solcher Weg nicht offenstand oder die ihn nicht zu betreten gedachten, eine demokratische Öffentlichkeit zur Beratung und Durchsetzung ihrer *öffentlichen Sache*. Genau diese aber war in der DDR unzureichend entwickelt. Das Fehlen einer dem Sozialismus angemessenen Öffentlichkeit und Demokratie erschwerte es der Mehrheit der Stadtplaner und Architekten, sich über die fachlichen und gesellschaftlichen Probleme ihrer Arbeit als ihrer auf das Wohl der Gesellschaft orientierten gemeinsamen Sache offen, kritisch und konstruktiv auseinanderzusetzen. Dafür gab es für sie außerhalb ihrer unmittelbaren Planungs- und Entwurfsarbeit ausschließlich nichtöffentliche, staatliche Gremien und vor allem ihren Fachverband, den Bund der Architekten (BdA) der DDR.

Der BdA war wie alle gesellschaftlichen Organisationen der DDR ein zentral ge-lenktes Instrument zur Orientierung seiner Mitglieder auf die allgemeine gesell-schaftliche Zielstellung, die von der führenden Staatspartei vorgegeben und über die Pläne der staatlichen Organe – nicht zuletzt im Bauwesen – zu realisieren war. Ihrerseits nutzten Stadtplaner und Architekten unablässig ihren Fachverband, den BdA, um ihre Ideen und Vorschläge zur Gestaltung von Städtebau und Archi-tektur einschließlich der dafür notwendigen gesellschaftlichen Voraussetzungen auf dem Weg von unten nach oben zur Kenntnis und zur praktischen Durchfüh-rung zu bringen: von den Betriebsgruppen in den Stadtplanungsämtern und Pro-jektierungseinrichtungen – auch im Institut für Städtebau und Architektur der Bauakademie der DDR – über die Bezirksgruppen, assistiert von fachgebundenen zentralen Arbeitsgruppen, bis in die oberste Republikebene des Fachverbandes – ins Präsidium und in den Kongress des BdA. Ein breites Feld kollektiver Diskus-sion, könnte man meinen – leider ohne die Wirkung, die es hätte zeugen können, ganz einfach deshalb, weil die in ihm fixierte vertikale Struktur der Beratung und Entscheidungsfindung nur der Form nach demokratisch aussah, nicht aber auch der Funktion nach demokratisch praktiziert wurde, nämlich in der Regel nur von oben nach unten, nicht auch von unten nach oben. Ich kenne das aus der Bezirks-ebene von Berlin und aus der Republikebene der DDR.

Als BdA-Kovorsitzender der gemeinsam mit dem Verband Bildender Künstler der DDR gebildeten *Zentralen Arbeitsgruppe Architektur und bildende Kunst* weiß ich, was für Anstrengungen wir unternahmen, um unseren übergeordneten Lei-tungen bewusst zu machen, dass die Zusammenarbeit von Stadtplanern und Ar-chitekten mit Malern, Bildhauern und Designern im Prozess komplexer Umwelt-gestaltung im Raum der Stadt – sowohl bei der Umgestaltung vorhandener Städte als vor allem beim Bau neuer Stadtgebiete – am besten dann funktionierte, wenn sie auf einem dafür entwickelten komplexen gesellschaftlichen Auftrag basierte. Für unsere zu diesem Zweck erarbeiteten gemeinsamen Vorschläge hatten das für den Künstlerverband zuständige Ministerium für Kultur wie auch die dahin-terstehende Abteilung Kultur des Zentralkomitees (ZK) der SED, der führenden Staatspartei der DDR, durchaus Verständnis, nicht aber das für den Architekten-verband zuständige Ministerium für Bauwesen unter der Leitung seines Ministers Wolfgang Junker, schon gar nicht die hinter ihm stehende Abteilung Bauwesen des ZK der SED unter der Leitung von Gerhard Trölitzsch, der dem Se-kretär für Wirtschaft im Politbüro der SED Günter Mittag sklavisch unterstand. Das eben war die Krux: Städtebau und Architektur in der DDR unterstanden dem Bauwesen und dieses der Wirtschaft. Kultur wurde gesondert davon geleitet und entwickelt. Kein Wunder, wenn Vorschläge für komplexe Lösungen auf dem Gebiet von Städtebau, Architektur und bildender Kunst in der staatssozialistisch geleiteten Entscheidungsebene der DDR als konterrevolutionäre Angriffe gegen die Autorität von Partei und Staat verdächtigt wurden. Genau mit diesem Vorwurf wurde ich, der ich mich jahrelang immer wieder für eine komplexe Zusammenarbeit von Stadtplanern, Architekten und bildenden Künstlern schon vom gesellschaftlichen Auftrag her eingesetzt hatte, 1982 aus meiner Funktion im BdA beseitigt: vom Parteitrio Mittag, Trölitzsch und Junker. Daraufhin stellte ich dann selbst meine weitere Arbeit im BdA, nicht in der DDR, ein. Ich setzte mich weiterhin für eine demokratische Mobilisierung und Nutzung der durchaus vorhandenen, aber nicht freigesetzten sozialistischen Potenziale innerhalb der DDR ein. Noch auf einem Bauhaus-Kolloquium 1989 an der Hochschule für Architektur und Bauwesen in Weimar, auf dem es um die Rolle der Produktivkräfte im Bauwesen ging, forderte ich, unter Produktivkräften nicht immer nur die für das industrielle Bauen benötigten Produktionsmittel, sondern auch die sie für ihre Zwecke benutzenden Menschen ins Auge zu fassen, ohne die sie keinen Sinn machten. Ohne Zustimmung der Vertreter des Bauwesens freilich.

Wie viele von uns hoffte ich auf Reformen des in Stagnation geratenen Aufbaus einer von mir gewollten sozialistischen Gesellschaft in der DDR – vor allem seitdem Gorbačev in der Sowjetunion 1984/85 auf sozialistische Demokratie und Perestroika orientierte, ein Ziel, das von der Partei- und Staatsführung in der DDR strikt abgelehnt, ja geradezu als Verrat am Sozialismus verurteilt wurde. Das machte es uns DDR-Stadtplanern und -Architekten, die wir um des Sozialismus willen Reformen wollten, umso schwerer, dieses Ziel und seine Verwirklichung näher ins Auge zu fassen. Wir wussten völlig unzureichend, was es im Einzelnen und im Ganzen zu reformieren galt und wie wir das auch erreichen könnten, offensichtlich nicht nur im Bauwesen, sondern in der Gesellschaft insgesamt. Dazu waren wir Stadtplaner und Architekten der DDR viel zu wenig integriert in die auf anderen Gebieten der DDR durchaus schon weiter gediehenen Vorstellungen zur Reform des in Stagnation geratenen Sozialismus. Ich las im Frühsommer 1989 das an der Humboldt-Universität zu Berlin von einer Gruppe jüngerer Gesellschaftswissenschaftler ausgearbeitete Konzept für einen modernen Sozialismus in der DDR. Mit wem hätte ich das im Bauwesen besprechen können? Auch diese Gruppe, später als „Reformsozialisten" bezeichnet, konnte ihr Konzept nicht durchsetzen – und musste zuschauen, wie ein paar Monate später Staat und Gesellschaft der DDR implodierten.

Es ist richtig, dass auf diesem Kolloquium über den *verborgenen Reformdiskurs* in der späten DDR auf dem Gebiet des Städtebaus und der Architektur gesprochen wird. Und es ist notwendig, darüber weiter zu forschen. Ja, es gab ein ganzes Netz von Stadtplanern und Architekten in der DDR, die mit ihren engagierten kritischen Analysen der Stagnation und mit konstruktiven Ideen, sie zu überwinden, durchaus bereit und fähig zu Reformen waren, diese und jene Reformen auch forderten, aber nicht in der Lage waren, ein tragfähiges Konzept für eine Reform auszuarbeiten, geschweige denn öffentlich bekannt zu machen und so *politisch* zu vertreten – in einem Wort: sich als *Reformbewegung* zu organisieren. Auch das von Bernd Grönwald ausgearbeitete und nach der Honecker-Mittag-Junker-und-Trölitzsch-Herrschaft der neuen DDR-Regierung unter Hans Modrow Ende 1989 empfohlene Reformkonzept für Städtebau und Architektur, das Reformen der Gesellschaft einschloss, kam viel zu spät, um die DDR als sozialistische Gesellschaft zu retten. Es wurde auch gar nicht mehr richtig wahrgenommen.

Das muss berücksichtigt werden, wenn wir weiterhin über den Reform*diskurs* im Städtebau der DDR, der nie zur Reform*politik* wurde, nachdenken.

Weiterführende Literatur

André Brie, Michael Brie, Rainer Land, Dieter Segert, Hans-Peter Krüger, Harald Bluhm, Forschungsprojekt „Philosophische Grundlagen der Erarbeitung einer Konzeption des modernen Sozialismus", Materialien der Eröffnungsberatung November 1988, Manuskriptdruck der Humboldt-Universität zu Berlin 1989, später überarbeitet und veröffentlicht in: Rainer Land (Hg.), *Das Umbau-Papier [DDR]*, Berlin 1990

Bruno Flierl, „Stadtplaner und Architekten im Staatssozialismus der DDR", in: ders., *Gebaute DDR. Über Stadtplaner, Architekten und die Macht. Kritische Reflexionen 1990 – 1997*, Berlin 1998, S. 52 – 75

Bruno Flierl, *Kritisch denken für Architektur und Gesellschaft. Arbeitsbiografie und Werkdokumentation 1948 – 2006* (= Dokumentenreihe des IRS, Nr. 4), Erkner 2007

Bruno Flierl, „Das Schicksal Bernd Grönwalds – ein Nachruf", Beitrag zum Kolloquium „Wissenschafts- und Personalgeschichte Bernd Grönwalds" der Bauhaus-Universität Weimar am 28. Januar 2009 (unveröffentlichtes Manuskript, Archiv der Moderne an der Bauhaus-Universität Weimar; in diesem Band erstmals veröffentlicht unter dem Titel „Hoffnung bis zuletzt. Ein Nachruf auf Bernd Grönwald", S. 177 – 183)

Wolf R. Eisentraut

Es gibt immer unterschiedliche Blickwinkel

Bedingungen und Handlungsspielräume

Dass es in Weimar ein Schiller-Kaufhaus und ein Goethe-Kaufhaus gibt, ist schon sehr beeindruckend. Wirft das doch die Frage auf: Widerspiegelt das die Herrschaft der Krämerseelen, demonstriert das den Konflikt zwischen Geist und Kommerz? Als Konflikt zwischen Geist und Ökonomie galt solcher auch in der DDR, zwischen dem Handeln einzelner Menschen und machtsichernden einseitigen Vorgehensweisen. So wurden im Planungsalltag der DDR bestimmte gesellschaftliche Sachverhalte über- und andere unterbewertet. Letzteres galt zweifellos für den Wert der geistigen Arbeit und insbesondere den der Architekten, die von Berufs wegen Individualisten sein müssen, um überhaupt Neues erfinden zu können, und somit von vornherein suspekt waren. So erklärt sich das Bemühen, alle Architekten in die Baukombinate zu bringen, sich gleichsam ein akademisches Proletariat heranzuziehen. Der Bauarbeiter musste um sieben anfangen, der Architekt auch – was dazu führte, dass der Architekt erst mal zwei Stunden unproduktiv war. Das fruchtete also nicht, weil Strukturen schematisch gemacht wurden ohne Betrachtung der Individuen, ohne Betrachtung der Eigenheiten der verschiedenen Tätigkeiten.

Doch neben und über den Strukturen und Versuchen gleichmacherischer Reglementierung gab es den freien Geist und das aktive Handeln der Menschen, auf die insbesondere bei der Betrachtung institutioneller Zusammenhänge zuvorderst hinzuweisen ist und durch die kontinuierlich Veränderungen herbeigeführt worden sind. Vielleicht trifft der Untertitel *Verborgene Reformdiskurse* dieses informelle Handeln nicht richtig. Ich kann mich an solche schlecht erinnern, obwohl ich viel zu Veränderungen in dieser Zeit beitrug, als ich das Vergnügen hatte, in einem Baukombinat zu arbeiten, und dort viel bauen konnte. Wir wollten keineswegs zielgerichtet *Reformen* machen, sondern es ging um die ursächliche Aufgabe des schöpferischen Planers, nämlich *Zukunft* zu denken, die Dinge, die erreicht worden waren, noch mal infrage zu stellen und zu überlegen: Was kann besser werden, was muss *Neues* passieren? Und es wurde viel erreicht, viel behindert oder gar verhindert. Das hinderte die Leute aber nicht, darüber nachzudenken. So entstanden permanente Veränderungen durch aktives Handeln der einzelnen Menschen. Das ganze geschlossene System war von oben nach unten durchorganisiert, es funktionierte aber nicht so effektiv, wie man es sich wünschte, weil es um Menschen ging, um Individuen und Geister. Jeder machte seine Sache, eingeordnet in die Möglichkeiten, lotete aber auch Spielräume aus. Es ging schlichtweg um das Verhältnis von Geist und Macht.

Frank Betker zeigt in seinem Beitrag ein Schema der Strukturen im Bauwesen der DDR:[1] In der Mitte steht die Planung, und ringsherum sind alle anderen Institutionen geordnet. Das ist schlichtweg falsch. Das war eben nicht wie an einem runden Tisch, sondern es gab eine ganz klare hierarchische Struktur, um die ideologisch determinierten Absichten durchzustellen. Da war es eindeutig, wer oben stand und wer in welcher Ebene saß: Unten war das akademische Proletariat, welches die Arbeit tat, aber eben nicht nur das, sondern seinen Geist behielt, Gegenbewegungen machte und Gegenentwicklungen in Gang setzte.

Die nach der Einheit dominierenden Erscheinungen, dass Leute aus der alten Bundesrepublik kamen und das Leben und die Bräuche der Eingeborenen mit Abstand und Verwunderung kommentierten und bewerteten, sind nun vielleicht vorüber, und es gibt eine Vertiefung und Verwissenschaftlichung des Ganzen. Wenngleich ich mir wünsche, dass man diese wiederum in eine neue Ebene bringt, nämlich in den gesamtdeutschen geschichtlichen Rahmen. Welche Erscheinungen, die es in der DDR gab, werden jetzt plötzlich erkannt? Obwohl wir das schon immer wussten, erforscht die Forschung das alles jetzt neu, zumeist ohne den Horizont auf den gesamtdeutschen oder gar den europäischen Rahmen zu weiten. Es gibt positive Ansätze, indem man etwa Stalinallee und Hansaviertel in Beziehung zueinander setzt oder wie in der Ausstellung und im Katalog „Zwei deutsche Architekturen" des Instituts für Auslandsbeziehungen 2004 in schöner Systematik zur gleichen Zeit entstandene Bauwerke aus Ost und West zusammengebringt. Wünschenswert ist, dass die Betrachtungsweise, die sich hier entwickelt, nicht nur auf die Architekten und Planer bezogen wird, sondern auf Kulturschaffende überhaupt. Diese erfahren häufig immer noch eingeschränkte Wertschätzung, wie eben die Bekanntheitsgrade auch unterschiedlich sind. Wir wussten eigentlich immer, dank guter Literatur und weil wir es wissen wollten, wer in der alten Bundesrepublik anständige Häuser baute. Umgekehrt war das den meisten Kollegen von dort unbekannt. Es gibt natürlich auch Verständigungsprobleme. Erzählen Sie mal einem Kollegen in Darmstadt, dass es hier schwierig war, Architektur zu machen, weil die „geschlossene Ecke"[2] im Plattenbau nicht verfügbar war. Das versteht keiner.

Bei allen Betrachtungen muss man also stets den wirtschaftlichen Hintergrund sehen, hier insbesondere die Zwänge der radikalen Typisierung als Staatsdoktrin zur Leitung des Bauwesens. Es liegt mir fern, die dogmatische Betreibung und Durchsetzung der Typisierung im Nachhinein zu rechtfertigen – im Gegenteil, ich verbrachte zwanzig Jahre damit, das infrage zu stellen –, aber man muss deren Existenz zur Kenntnis nehmen und überlegen: Warum haben die das gemacht? Da gab es erhebliche ökonomische Zwänge, auch von außen, die in ganz Europa sehr unterschiedlich waren und auch in Westdeutschland wieder anders. Das muss man immer im Blickfeld haben, will man bestimmte Erscheinungen bewerten.

Zu den Institutionen: Die Bauakademie war eine janusköpfige Einrichtung. Auf der einen Seite war sie überhaupt dazu da, die Anweisungen als *prikaz* (russ.: Befehl) von oben durchzusetzen und pseudowissenschaftlich zu verbrämen. Aber die gleiche Bauakademie hatte mehr als tausend Wissenschaftler, darunter sehr viele kluge Leute. Die dachten darüber nach: Was gibt es denn noch? Was kann man machen? Sie forschten und legten Ergebnisse auf den Tisch, trieben Entwicklungen voran. Zur Bauakademie gehörten neben den Instituten Arbeitsgruppen und Sektionen; in diesen war auch ich aktiv und ich erinnere mich an die letzte Plenartagung der Bauakademie am 8. Dezember 1989. Nach dramatischer Vorbereitung war es die wohl kläglichste Plenartagung überhaupt. Ausgerechnet die Leute, die früher Honecker als Ehrenmitglied huldigten, sagten, der dürfe das nun nicht mehr sein. Beschlossen wurde nichts, und es gab nie eine weitere Tagung. Die Bauakademie war einfach weg. Sie verkrümelte sich, mit dem ganzen großen Apparat. Aber – und das ist viel wichtiger – in diesem großen Apparat gab es vielerlei Zusammenhänge und Zusammenwirken. Die erwähnten Sektionsarbeitsgruppen ermöglichten Begegnungen zwischen Wissenschaftlern, die Zeit hatten zu forschen, und Praktikern, die nebenher forschten, wie ich zu jener Zeit. Wir fanden uns zusammen und schrieben Pamphlete, Berichte, und darin steht – auch aus heutiger Sicht – so viel Kluges und heute noch Gültiges.

Das gilt auch für die Hochschulen, nicht nur Weimar war ein Hort der Intelligenz, auch die Dresdner Universität brachte kluge Leute hervor. Mit einer Vielfalt von Beiträgen wurde an Dogmen gerüttelt, zunehmend in den 1980er Jahren. Aber keiner forderte, das Ministerium für Bauwesen aufzulösen oder die DDR abzuschaffen. Viele jedoch schrieben und trugen immer wieder vor, wie sich das Bauen entwickeln müsse, nachdem die vielen Plattenbauten außerhalb der Stadt gebaut worden waren, wie man wieder in die Stadt kommen müsse und vieles mehr. Ein Beitrag bewirkte gar nichts, aber viele eben doch etwas. Nach materialistischer Dialektik – Quantität schlägt in Qualität um – oder nach dem einfachen Prinzip: Steter Tropfen höhlt den Stein.

Man musste natürlich klug und auch vorsichtig vorgehen. Erinnert sei nur daran, was Bruno Flierl oder Bernd Ettel und Christian Enzmann widerfuhr. Wenn man zu sehr an die Substanz ging und zu offen agierte, wurden die Handlanger der Macht schnell böse. Man musste geschickt formulieren. Dazu ein Beispiel: Bernd Grönwald und Gerd Zimmermann verfassten 1984/85 in Vorbereitung des IX. Parteitages der SED das Werk „Die DDR- Architektur nach 1986".[3] Da steht alles drin, was gesagt werden musste und was hätte unternommen werden müssen. Den Titel eines Kapitels möchte ich zitieren: „Kapitel eins: Die DDR-Architektur Mitte der achtziger Jahre in ihrem historischen Entwicklungszusammenhang sowie unter dem Einfluß der weiteren Durchsetzung der ökonomischen Strategie und der sozialpolitischen Zielstellungen der Partei der Arbeiterklasse". Die Autoren verwendeten diesen komplizierten Titel, um dann genau das zu sagen, was sie eigentlich mitteilen wollten, weil schon mit dem Lesen des Titels die Aufpasser müde wurden und dann gar nicht weiterlasen. Das war der Trick. Die Tragik dabei ist aber, dass all das, was an klugen Ideen und Feststellungen im Text stand, sich letztlich im Referat des Ministers für Bauwesen auf der 8. Baukonferenz nur noch mit zwei Sätzen widerspiegelte: „Wir werden uns irgendwann um die Innenstädte kümmern", und: „Wir müssen die Qualität erhöhen." Das war das, was von einem mehr als hundertseitigen Werk übrig blieb. Die Zeit war noch nicht reif, ob sie ohne radikalen Bruch noch hätte reifen können, weiß ich nicht. Damals jedoch glaubte ich daran.

Der Architektenverband (BdA DDR) gab uns auch Kraft und Trost, obwohl er letztlich nur eine Institution zur gesellschaftlichen Einbindung der Individuen war. Wir berichteten uns gegenseitig, was wir machten, welche Schwierigkeiten auftraten und wie wir die Kurve kriegten, um dieses oder jenes zu realisieren. Da gab es gegenseitige Ermutigungen. Es gab da schon einen informellen Zusammenhalt, ohne dass das eine Zusammenrottung im eigentlichen Sinne war. Und ein wenig Konkurrenz gab es auch, das bringt der Beruf mit sich.

Zum Schluss möchte ich das Zusammenspiel von Stadtplanung und Baukombinat beleuchten. Die Institution Baukombinat, gleichsam ein großer Baukonzern, in den auch die Architekten eingegliedert waren, wird ja heutzutage als das Böse schlechthin dargestellt. Ich geriet in so ein Baukombinat, ohne das zu wollen. Und ich blieb lange dort, 15 Jahre, weil ich der Meinung war, dass ich das, was ich für richtig hielt, nämlich diese verschärfte Typenprojektierung aufzuweichen, nur aus dem Kombinat heraus vorantreiben konnte. Auch in dieser Beziehung hielt ich mich nicht für den großen Reformer. Aber ich hatte ein klares Konzept, wie man die industrielle Bauweise vielfältiger gestalten und besser an die Bedürfnisse der Menschen anpassen und der städtebaulichen Situation gerecht werden konnte. Es galt, einen Teufelskreis zu durchbrechen. Die staatlichen Büros für Städtebau machten schöne Pläne, das Baukombinat aber sagte: „Ihr bekommt nur 18 Streichholzschachteln und verlorene Ecken", dann ging der

Plan wieder zurück ins Büro, und nach entsprechender Angleichung und Nivellierung gab es keine Weiterentwicklung. Dagegen fügte ich aus dem Baukombinat heraus die städtebauliche Planung und die sogenannte Erzeugnisentwicklung, also Häuser zu planen, in meinem Verantwortungsbereich zusammen. So konnte ich diese Typendoktrin langsam unterminieren, meine Theorie in der Praxis erproben, revidieren, verändern und immer wieder überlegen: Wie geht es überhaupt? Ich untersetzte das dann auch wissenschaftlich, promovierte und habilitierte zu dieser Thematik, das letzte Stück wurde dann gar nicht mehr veröffentlicht. Für mich galt immer das Ziel der Veränderung. So nahmen andere Kollegen das, was ich gebaut habe, ermutigend zur Kenntnis, und ich verfolgte stets interessiert, was andere Kollegen machten, und da waren Akademie und BdA wieder recht nützlich.

Es gab Rückschläge, aber auch hilfreiche Einflüsse von Einzelpersonen. Ich hatte den Auftrag, einen Pavillon für die sowjetische Presseagentur Novosti zu bauen, an der Ecke Unter den Linden, Friedrichstraße in Berlin. Dazu gab es eine Vorgabe – die Plankommission wusste immer, welcher Typ anzuwenden war. Da es keinen Typ Novosti gab, sollten einfach zwei Zeitungskioske hingestellt und aufgehübscht werden. Alle waren sich einig, es musste so sein. Mein „Umweg" führte über Moskau, über junge Leute aus der Presseagentur Novosti. Wir einigten uns schnell, und die Russen wünschten sich ja auch einen besonderen Entwurf. So errichtete ich also zwei zeichenhafte Röhren als Pavillon in einprägsamer und besonderer Form. Allerdings verkam dieser später, fiel schließlich einem wesentlich lukrativeren Investorenprojekt in der Friedrichstraße zum Opfer und wurden durch verschärfte Blockrandbebauung ersetzt. Vieles, was früher größter Anstrengungen bedurfte, relativiert sich heute.

Langer Rede kurzer Sinn: Man konnte in diesem System letztlich durch individuelle und auch kollektive Aktivität Veränderungen herbeiführen und manche dogmatische Verfestigung konterkarieren. Es gab natürlich auch Kollegen, denen das alles egal war. Viele sagten: „Ich kann hier sowieso nichts machen, ich tue meine Pflicht und gehe abends nach Hause." Es gab auch welche, die darunter litten, dass sie sich nicht frei entfalten konnten, und so suchten sie andere Tätigkeitsfelder. Doch ein großer Stamm von Leuten engagierte sich – ich behaupte, zuerst aus berufsethischen Gründen – und versuchte immer wieder, ihren eigentlichen Aufgaben, nämlich individuelle Stadt- und Umweltgestaltung zu betreiben sowie gute Architektur zu machen, nachzukommen.

Letztlich gab es am Ende der DDR viel Bewegung. Ich konzipierte und leitete an der Technischen Universität Dresden ein Forschungsprojekt – gegen die erklärte Absicht, die Dresdner Neustadt abzureißen und dort das Plattenbaukombinat mit Typenbauten zum Zuge kommen zu lassen. Wir wollten die Produktion des Kombinats umstrukturieren auf innerstädtische Anwendungen, um mit industrialisierten Methoden den Ausbau und die Sanierung dieser vorhandenen und zu erhaltenden Gründerzeithäuser voranzubringen. Der große Kran sollte nicht mehr auf der freien Wiese den Städtebau bestimmen, sondern in den Straßen fahren, zwischen Gründerzeitfassaden seinen Weg der hundertjährigen Stadtstruktur unterordnen. Der Praxistest ist nie erfolgt, weil dann die DDR plötzlich weg war und andere Prämissen galten.

Dieser Beitrag basiert auf einem frei gehaltenen Vortrag.

1 Siehe den Beitrag von Frank Betker in diesem Band, S. 105–120.
2 Vgl. den Beitrag von Wulf Brandstädter in diesem Band, S. 121–129.
3 Bernd Grönwald, Gerd Zimmermann, *Die DDR-Architektur nach 1986. Entwicklungszusammenhang und Ausblick auf eine qualitativ neue Etappe in der Durchsetzung der Grundsätze für die sozialistische Entwicklung von Städtebau und Architektur in der DDR*, Weimar 1985.

Wolfgang Kil

Gruppenbild mit Aphorismen

babl – die Berliner Architektenblätter

Zum Andenken an Matthias

Es gibt gute und wichtige Gründe dafür, dass man Geschichtsschreibung den eigentlichen Zeitzeugen besser nicht anvertraut. Aber damit berufene Historiker sich eines Tages auf ihre Forschungspfade begeben können, brauchen sie zumindest Fingerzeige. Einen solchen Versuch, Spuren zu legen, findet man im Katalog zur Wanderausstellung „Zwei deutsche Architekturen", dessen Einführungstext „eine kleine hektografierte Druckschrift aus dem Jahr 1975"[1] erwähnt. Dazu wird das Repro eines Titelblatts gezeigt. Mehr war über *babl* – die *Berliner Architektenblätter* bisher nicht zu erfahren.[2]

Wir waren fünf, die es per Absolventenlenkung zwischen 1970 und 1973 aus den Hochschulen in Dresden und Weimar an das Berliner Wohnungsbaukombinat geschafft hatten,[3] und wir waren entschlossen, die ständigen Lippenbekenntnisse der Systemträger einfach mal ernst zu nehmen: Wir wollten uns „einbringen". Im Sommer 1975 überredeten wir den Vorstand der Berliner Bezirksgruppe des Bundes der Architekten der DDR (BdA), uns als „Jugendprojekt" die Neugestaltung der *bda-Mitteilungen* anzuvertrauen, einer unregelmäßig erscheinenden drögen Vereinspostille. Im Verlauf mehrmonatigen Tauziehens um neue Inhalte wie auch um ein neues Erscheinungsbild schafften wir es, den von uns erfundenen Namen *babl* als Logo durchzusetzen. Dazu passend wählten wir als erste Titelgrafik eine Zeichnung von Michael Kny: „Breughels Babylon vollendet" (siehe S. 70). Hauptartikel unserer Erstausgabe war ein umfänglicher Bericht mit Modellfoto über die Planungen für Marzahn. Von Bruno Flierl erhielten wir die Essayskizze „Gestaltidee und Technologie", von mir stammte eine Polemik zum Thema „Wettbewerbe". Den Abschluss bildete ein erster Bericht Heinz Graffunders zum Stand der Arbeiten am Palast der Republik. Dazwischen waren Meldungen, Karikaturen und Aphorismen einiger von uns sehr geschätzter polnischer Autoren gestreut. In der Mitte des zwölfseitigen Heftchens im A5-Format lag ein gefaltetes Blatt. Das ließ sich zum A3-Poster aufklappen und zeigte eine Berliner Stadtansicht im Stile Merians, in die Jim Schütz die markanten Neubauten des neuen Alexanderplatzes einmontiert hatte, triumphal überragt von einem protzigen Fernsehturm sowie daneben vom kräftig qualmenden Schlot des Heizkraftwerks Mitte.

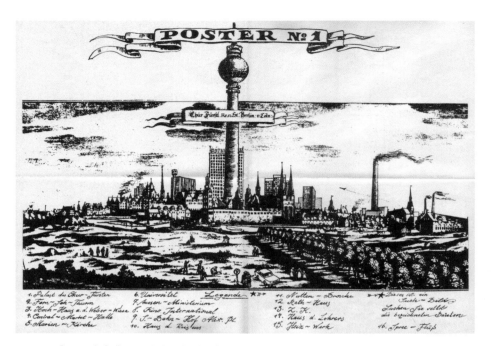

Poster als Beilage zu *babl 1*: Merian-Stich von Berlin, „aktualisiert" von Jim Schütz 1975 (Format DIN A3, eingestampft)

So hatte man das im BdA-Bezirksvorstand mit „diskussionsfreudiges Mitgliederblatt" aber nun auch nicht gemeint. Die erste Ausgabe wurde, noch druckfrisch, komplett einkassiert, hatten wir doch so ziemlich alle Regeln des strengen DDR-Pressereglements verletzt – etwa indem wir die bis dahin erst intern bekannten Pläne für Berlins neuen Stadtbezirk Marzahn nicht nur überhaupt veröffentlichten, sondern uns obendrein auch noch planungskritische Kommentare dazu erlaubten. Vor allem jedoch hatten wir beharrlich nach der Rolle der Architekten gefragt, die unter all dem „Primat von Politik, Technologie und Ökonomie" nicht einmal mehr namentlich Erwähnung fanden.

Erst die zweite Ausgabe, als Doppelnummer *babl 1/2* immerhin als Folge eines „Fehlstarts" zu erkennen, erschien zur Jahreswende 1975 und erreichte tatsächlich sämtliche im Berufsverband organisierten Architekten Ost-Berlins. Der Anfang war also gemacht, die *Berliner Architektenblätter* waren in der Welt.

„Nicht geschehene Taten lösen oft einen katastrophalen Mangel an Folgen aus." Mit diesem Aphorismus von Stanisław Jerzy Lec hatten wir unser Credo wie ein Bekennerschreiben unter das Redaktionsfoto der ersten (eingestampften) Ausgabe gesetzt. Wir waren gegen die ewige Folgenlosigkeit fruchtlosen Räsonierens, wollten mitdrehen am großen Rad. Mit dieser Ungeduld waren wir nicht allein, auch unter Literaten, Film- und Theaterleuten war damals Optimismus angesagt. Es war allerhand in Bewegung geraten, seit man sich von Erich Honecker ein Ende der lähmenden Greisenherrschaft in der Staatspartei versprach. (Hatte er nicht, nur als Beispiel, den grotesken Streit um ein Regierungshochhaus beendet zugunsten jener volkstümlichen Lösung namens Palast der Republik?) Höhere Staatsangelegenheiten mussten uns aber allenfalls beruflich interessieren. Das Leben an sich, unsere „wunderbaren Jahre", fanden in selbst renovierten Altbauwohnungen statt, in einer Handvoll Kneipen und Ateliers, aus deren immer dichterer Vernetzung schließlich das hervorging, was später als „Prenzlauer-Berg-Szene" zur Legende wurde. Dass man nach den hinreichend lockeren Erfahrungen der Weltfestspiele (Sommer 1973) sich trotzdem am Beginn einer quälenden Stagnationsphase befinden sollte, war uns „jungen Wilden" in jener kurzen Tauwetterphase vor der Biermann-Ausbürgerung (November 1976) keineswegs plausibel.

Als Architekten, deren Studium noch von ganz anderen Dingen als vom Primat industrieller Technologien bestimmt gewesen war, haderten wir natürlich mit einer Baupolitik, die in diesen Jahren den Gipfelpunkt ihrer technokratischen Erstarrung erreicht hatte. Das „Erzeugnisprinzip", und somit das Diktat der Betonwerke über das Baugeschehen insgesamt, war landesweit durchgesetzt. Für den Erhalt der immer hinfälligeren Altstädte rührte sich staatlicherseits (noch) kein Finger. Einer rein mechanischen „Lösung der Wohnungsfrage" auf minimalstem Standard wurde sehenden Auges alles geopfert, was nach unserer Überzeugung zur Bau- und Stadtkultur, zur Lebensqualität überhaupt gehörte. Dass dieser Kulturverfall ewig unzureichenden Ressourcen geschuldet sein sollte, konnte nicht glauben, wer die irrsinnigen Folgekosten des hypertrophen Bauindustrieapparates nur annähernd durchschaute. Mit Vernunft, wie wir sie verstanden, hatte diese von Technologen und Kostenverwaltern dirigierte Realität nichts zu tun. Unserer Machtlosigkeit in dem Prozess entsprach unsere offizielle Berufsbezeichnung – gemäß unseren Arbeitsverträgen hießen wir nicht „Architekt", sondern „Ingenieur für Projektierung und Entwurf".

Die Absturzhöhe aus den träumerischen Sphären der Studienseminare in die Niederungen dieser Praxis konnte katastrophaler nicht sein. Deshalb griffen wir dankbar zu, als Helmut Stingl, seit 1974 Vorsitzender eines sichtlich verjüngten Berliner BdA-Bezirksvorstands, uns anbot, aus seinem Mitteilungsblatt eine „richtige Zeitung" zu machen. Uns schwebte ein fachtheoretisches und berufspolitisches Diskussionsforum vor, in das alles hineingehören sollte, was wir im offiziellen Fachorgan, der *Architektur der DDR,* vermissten: taufrische Informationen, Hintergrundberichte, Kritiken zu neuen wie auch erst geplanten Bauten,

Rezensionen von Büchern und Veranstaltungen. Und immer wieder, da im Verbandsalltag nie wirklich zugelassen: wirklich kontroverse Debatten! „Die komplexe Gestaltung der Stadt und ihre Aneignung zu menschlichen Zwecken setzt Kommunikation und Kooperation der an ihrer Gestaltung und Nutzung Beteiligten voraus. *babl* will als Diskussionsblatt die Möglichkeit nutzen, effektiver und sinnvoller gemeinsam zu arbeiten und [...] dadurch die Erfahrungsfähigkeit jedes einzelnen Architekten zu erweitern."[4] Sicher konnte man das so oder ähnlich in jedem Leitfaden zur erfolgreichen Führung eines Kollektivs lesen; wir aber waren wild entschlossen, die pappigen Floskeln mit Leben zu erfüllen.

Nachdem die erste Auflage, nach meiner Erinnerung 500 Stück, von der Druckerei direkt in einen großen Sack gewandert war, folgten enervierende Auseinandersetzungen. Einige Male noch zeigten wir Einsicht, nahmen „Rücksicht auf die komplizierte gesellschaftliche Situation". (Aber war die eigentlich jemals unkompliziert?) Die daraufhin entschärfte neue Ausgabe kam vor allem deutlich humorloser daher. Keine polnischen Aphorismen mehr, auf Tschechows bissige Glosse über den einzigen, leider talentlosen Architekten in seiner kleinen Stadt wurde verzichtet, und anstelle des verballhornten Merian-Stichs gab es jetzt ein Poster des Maler-Architekten Michael Voll aus Frankfurt (Oder), der existenzialistische Welträtsel mit konstruktivistischen Geometrien konfrontierte. Als deutliches Zugeständnis an die Funktionäre war ein Vorabdruck der Diskussionsthesen zum bevorstehenden BdA-Bundeskongress zu werten, und um wenigstens das Gruppenbild der Redaktion halten zu können, wurde der hintersinnige Lec-Aphorismus durch einen flammenden Protest gegen das Franco-Regime in Spanien sowie gegen die Untaten der Militärjunta in Chile ersetzt.

Kaum lag diese Ausgabe in der Geschäftsstelle des Bezirksverbandes vor, ging die Krittelei erneut los. Langsam schien es selbst den Aufpassern peinlich zu werden, nochmaliges Einstampfen einer ganzen Auflage kam nicht infrage. Doch ausgerechnet in dem Bericht über eine Vorstandssitzung störte ein Absatz ungemein: Darin wurde der damalige Stadtarchitekt Roland Korn mit der süffisanten Bemerkung zitiert, dass „wir mit den gesellschaftlichen Einrichtungen bis 1980 wohl keinen wesentlichen Beitrag zur Weltarchitektur leisten werden". Unter Kollegen waren solche Äußerungen weder selten noch gar ein Skandal – nur gedruckt sollten sie nicht an die Öffentlichkeit. In einem Anflug von blankem Irrwitz schlugen wir vor, den fraglichen Absatz eigenhändig aus der gesamten Auflage zu tilgen. In einer stundenlangen Aktion machten wir dann mit einem aus zwei Radiergummis gebastelten Stempel in sämtlichen Exemplaren jene Passage unleserlich – was wiederum dazu führte, dass nun natürlich jeder gern wissen wollte, was unter dem dunkelgraublauen Doppelfarbfleck wohl verborgen sein mochte ...

Gruppen(selbst)porträt in der Oderberger Straße. Hintere Reihe v. l.: Schütz, Schöne, Kny, Stein, Kil, vordere Reihe: NN, Blankenfeld, NN

babl 3 fiel schon bei der Vorlage im Bezirksvorstand im Januar 1976 wieder durch. Damit waren die Grenzen unserer Leidensbereitschaft erreicht. Wir fühlten uns hingehalten und missbraucht, kündigten die weitere Zusammenarbeit auf. Vermutlich waren die Funktionäre über unseren Rückzug erleichtert. Sie gewannen eine Gruppe ähnlich junger Kollegen aus anderen Berliner Projektierungsbüros und ließen von denen fortan wieder Mitteilungsblätter fertigen, keine Diskussionsforen. Nur unser Logo *babl* zierte noch bis 1990 die mit Terminen und Sitzungsberichten gefüllten DIN-A3-Seiten.

Der Kampf um unser Zeitungsprojekt hatte uns ein Stück weit ins Tal der Erniedrigungen geführt. Waren wir nun Dissidenten? Fühlten wir uns als „Opposition"? Nein, derart riskante Begriffe spielten für uns in den frühen siebziger Jahren überhaupt keine Rolle. Wir waren Mitte zwanzig, eben erst auf die Praxis losgelassene Enthusiasten, voller Ungeduld und Eigensinn. Wir waren der leibhaftige Generationenkonflikt, angetreten, den Laden zu übernehmen. Von den Kämpfen und Niederlagen unserer Chefs und älteren Kollegen wussten wir damals (und noch lange später) nichts. Wir wollten einfach „folgenreich" arbeiten, Diskussionen voranbringen. Und wir wollten endlich Kritik – nicht als Vehikel zur Demontage missliebiger Vorgesetzter, sondern schlicht als Grundlage normaler Lernprozesse! Politisch war unser Denken, soweit unser Ziel Weltverbesserung

Junge Architekten diskutieren

"Wir müssen eine der Sache dienende kritische Einstellung zu den Berliner Bauleistungen provozieren. Die Wohngebietsstudie der Hochschule Weißensee ist dafür ein brauchbares Beispiel."

"Die 'Architektur der DDR' ist als Selbstdarstellungs- und Selbstverständigungsorgan in der jetzigen Form nicht wirksam genug."

"Was uns fehlt, ist eine wirksame Architekturkritik in der Tagespresse. Wir Architekten tragen nämlich Mitverantwortung für die Geschmacksbildung breiter Bevölkerungskreise."

"Architektur ist in ihrer Wirkung praktische Politik. Deshalb sollte vor allem auch bei Rekonstruktionsmaßnahmen unüberlegter 'Kahlschlag im kleinen' vermieden werden."

"Am Arnimplatz ist es vorgekommen, daß sich Altbau-Mieter weigerten, in angebotene Neubauwohnungen zu ziehen."

"Wir wenden uns gegen die ökonomische Daseinsmathematik im Wohnungsbau."

"Wir müssen nun mal mit unseren Kapazitätsgrenzen leben; Bauen ist und bleibt ein Nadelöhr."

"Wer leitet, muß Unzufriedenheit um sich herum dulden, muß sie zur Förderung der eigenen Aufgaben nutzbar zu machen verstehen."

"Baut bürokratische Verklemmungen ab! Logik in das Projektierungsgeschehen bringen und mit dem Auftraggeber eine gemeinsame Sprache sprechen."

"Der für Berlin geplante Kapazitätszuwachs des Bauwesens in der Größenordnung eines ganzen Kombinates (!) macht von sich aus noch keine Stadtstruktur. Auch hier qualifizieren!"

"Schöpferische Aktivitäten und effektive Leistungen für die Architekten Berlins sind nur im und durch den Verband möglich. Der Vorstand steht da vor einer höchst verantwortungsvollen Aufgabe."

Wie diese wenigen Zitate belegen, wurde eine erfrischend offene und realistische Sprache gesprochen – beim diesjährigen Clubgespräch junger Architekten im April in der "Möwe".
Teilnehmer: Koll. Stingl, Koll. Wagner (als Vertreter des Bezirksvorstandes), Koll. Bark (Generalprojektant IHB), Koll. Schenk (Abgeordneter) und 26 junge Kollegen aus nahezu allen Berliner Projektierungseinrichtungen.

RADIKALISMUS: DER KONSERVATISMUS DER KOMMENDEN GENERATION.
J. TUWIM

9

hieß. Im Umgang mit Macht- und Kräfteverhältnissen, im Taktieren und Lavieren waren wir völlig unerfahren, geradezu naiv. Wir brauchten lange, um jenen Ratschlag wirklich zu beherzigen, den Bruno Flierl uns beim Start unseres *babl*-Projekts mit auf den Weg gegeben hatte: „Man muss immer wieder neu abwägen, auf welcher Barrikade es sich lohnt, zu sterben."

Weil unser Zeitungsprojekt vollkommen spontan, überhaupt nicht politstrategisch eingefädelt war, nahmen wir die Niederlage persönlich. Wir brauchten Zeit, um das Fiasko zu verwinden. Als Versuch „kollektiver Sinnfindung" unternahmen wir noch eine Abenteuerreise, mit zwei Autos bis in den Kaukasus. Danach löste die Gruppe sich auf: Jürgen wollte die „technologischen Irrwege" in der Schaltzentrale des Kombinates korrigieren; Michael und Matthias suchten das Abenteuer Architektur beim Palast der Republik; Marianne schaffte den Absprung in die Denkmalpflege; Jim Schütz verschwand nach Mecklenburg. Ich fand mich 1978 auf einem echten Redaktionssessel[5] wieder, in eben jenem Verlagshaus, unter dessen Dach unter anderem Monat für Monat *Architektur der DDR* erschien.

linke Seite:
Ausriss eines Artikels
in *babl 1*, der gekürzt auch
in der Doppelausgabe
babl 1/2 erschien

Editorial und Impressum
von *babl 1/2*, in denen die
Redaktion ihre Absichten
darlegt

1   Simone Hain, „Über Turmbauer und Schwarzbrotbäcker. Gebaute Landschaft DDR", in: Institut für
    Auslandsbeziehungen e. V. (Hg.), *Zwei deutsche Architekturen 1949–1989*, Stuttgart 2004, S. 39.

2   1997 gab es einmal den Versuch, die Geschichte dieses Projekts zu erzählen, vgl. Wolfgang Kil,
    „Meine Zeitungen", in: *Der Architekt*, (1997), H. 7, S. 406. Aber bis auf einen neugierigen Dokto-
    randen aus London hat sich danach kein Nachgeborener (oder Zugereister) mehr damit beschäf-
    tigt – siehe Torsten Lange, „Spaces for critique: Tracing public debate in architectural magazines
    in the GDR in the 1970s and 1980s", Bartlett School of Architecture London, Masterthesis 2008,
    unveröffentlicht.

3   Die *babl*-Redaktion bestand aus den Architekten Marianne Blankenfeld (Jahrgang 1951), Wolf-
    gang Kil (Jahrgang 1948), Michael Kny (Jahrgang 1947), Jürgen Schöne (Jahrgang 1946), Matthias
    Stein (1949–1993) sowie dem Fotografen und Lebenskünstler Jürgen-Hermann „Jim" Schütz.

4   Zitiert aus dem Editorial der zweiten Ausgabe *babl 1/2* (1975).

5   Von 1978 bis 1982 als verantwortlicher Redakteur der Zeitschrift *Farbe und Raum* im Verlag für
    Bauwesen Berlin.

Demokratisierung der Stadtentwicklung

Harald Kegler

Wiederholung als Chance

Die Bauhaus-Kolloquien in Weimar und Dessau

Die Weimarer Bauhaus-Kolloquien sind keine abgelegte Erinnerung, der es pflegend nachzugehen gilt. Sie gibt es nicht nur heute noch als kommunikative Plattform, sie gewinnen in der Rückschau erneutes Interesse einer nachfolgenden Generation. Mit dem neu (wieder)geschaffenen Studiengang Urbanistik an der Weimarer Bauhaus-Universität kann zugleich der Blick auf die heute zur Vorgeschichte geronnenen Aktivitäten gerichtet werden, um das historisch Liegende (Abgelegte) wieder in den Prozess einer Aneignung zu überführen. Zwanzig Jahre nach der staatlichen Wiedervereinigung Deutschlands kann die Zeit als reif angesehen werden, sich ungetrübten Blickes dieser Vorgeschichte zu nähern und sie als Teil eines widersprüchlichen Gesamtprozesses zu begreifen. So sind es die heutigen Herausforderungen, die auch dazu angetan sind, den Blick in eine scheinbar abgeschlossene Entwicklungsphase der Institution Bauhaus in Weimar zu werfen. Die Bauhaus-Kolloquien können einerseits als abgeschlossene Institutionsform zwischen 1976 und 1989 angesehen werden; sie können, ja müssen zugleich als unabgeschlossenes Kapitel der institutionellen Entwicklung von heutiger Warte aus wieder betrachtet werden. Dies verbindet sie mit der Geschichte des Studienganges Urbanistik, der ebenfalls in dieser Doppeldeutigkeit zu betrachten ist. Damit öffnet sich der Blick auf zwei hinter den konkreten Ereignissen liegende Kategorien der Auseinandersetzung mit der (Stadtplanungs-)Geschichte als gesellschaftliche wie institutionsindividuelle Geschichte, die hier gleichsam als Plattform für die Darstellung der Bauhaus-Kolloquien dienen mögen – Erinnerung und Wiederholung: „Die Entscheidung für die Wiederholung wäre also die Hinnahme des Gegebenen, der Mut, von dem hier die Rede ist, der des Stoikers. Eines Individuums, das weder wehmütig dem Vergangenen nachtrauert, noch auf eine ungewisse Zukunft setzt, sondern das Leben ergreift, das jetzt das Seine geworden ist. ‚Wer die Wiederholung wählte, der lebt.'"[1]

Die Auseinandersetzung mit den Bauhaus-Kolloquien wird zu einem Teil des mutigen Schrittes zur – nicht trivialen – Wiederholung des Planungs-Studienganges, der sich nicht einfach aus Erinnerung speist, sondern sich in dem Heute verortet und dabei Gewesenes reflektierend einbezieht. Erinnerung kann allzu schnell in ideologischer Erstarrung verkümmern und damit Wege zur Erschließung versperren. Sie ist aber zugleich unumgänglich, um einen respektvollen Zugang überhaupt zu ermöglichen, so widersprüchlich das Abgelegte auch erscheinen mag. Insofern wird hier der Versuch unternommen, beides zu verknüpfen und auf diese Weise einen Beitrag zu einem zeitgemäßen Umgang mit der andauernden Geschichte des Bauhauses zu leisten.

Das Vorspiel der Bauhaus-Kolloquien

Zwischen 1976 und 1989 fanden fünf Bauhaus-Kolloquien an der Hochschule für Architektur und Bauwesen (HAB) in Weimar statt.[2] Das Bauhaus in Dessau wurde dabei als Exkursions- und Veranstaltungsort einbezogen. Die Kolloquien wurden im Wesentlichen von der Sektion Architektur getragen, aber mit verschiedenen Partnern ausgestaltet, die von anderen Sektionen und Hochschulen, von der Bauakademie oder aus der Bau- und Planungspraxis kamen. Die Kolloquien trugen von Anbeginn einen internationalen Charakter. Sie richteten sich an die akademische und die studentische Welt ebenso wie an die politische und baupraktische. Das war ein Spagat, zumal die politische Aufmerksamkeit mit dem Bauhaus-Thema per se zugegen war, hatte doch gerade dieses in den deutsch-deutschen Verhältnissen einen nicht zu unterschätzenden Stellenwert erlangt, gemäß der Frage: Wem gehört das Bauhaus wirklich? Die Bauhaus-Kolloquien können nur als Teil und Resultat einer weit vor 1976 begonnenen Auseinandersetzung – in beiden deutschen Staaten – angesehen werden. Sie sind Bestandteil einer schwierigen Annäherung der DDR an das Erbe, die von Ablehnung bis zur schrittweisen Annahme reichte und sich über fast zwei Jahrzehnte erstreckte.

Die Bauhaus-Kolloquien traten nicht als Begründer eines Bauhaus-Diskurses in der DDR auf den Plan, sie kamen vielmehr zu einem Zeitpunkt zustande, da die wesentlichen ideologischen Kämpfe bereits abgeschlossen waren und es an

Blick auf den Werkstattbau
mit rekonstruierter
Glasfassade – das sanierte
Bauhaus-Gebäude in Dessau

die eher praktische Aneignung des Erbes ging, allem voran das Bauhaus-Gebäude in Dessau. Dies geschah nicht von ungefähr: Das 50-jährige Jubiläum 1976
sollte die Aneignung des Bauhaus-Erbes durch den jeweiligen deutschen Staat
dokumentieren. In West-Berlin war der Grundstein für das noch von Gropius ent-
worfene Bauhaus-Archiv gelegt worden, das dann 1978 seine Tätigkeit aufnahm
und zur weltweit größten Sammlungsstätte des Bauhauses avancierte.[3] Dem
hatte die DDR die Originale der Bauhaus-Bauten in Weimar, vor allem aber in
Dessau entgegenzusetzen. Die Hinwendung der DDR zum baulichen Erbe des
Bauhauses setzte in Dessau Anfang der sechziger Jahre ein. Die Stadt sanierte
das nach der Teilzerstörung von 1945 notdürftig mit Ziegelwänden (anstelle der
Glasfassade) geschlossene und als Berufsschule genutzte Gebäude. Anstelle der
Lochfassade wurden Fensterbänder eingezogen.[4] Im Jahre 1964 wurde das Bauwerk von Studierenden der Hochschule für Architektur und Bauwesen Weimar
unter Anleitung des Bauhäuslers Konrad Püschel vermessen und dokumentiert
sowie in die bezirkliche Denkmalliste aufgenommen.[5] 1965 erfolgten Teilrekon-
struktionen im Nordflügel und im Treppenhaus.[6] Es dauerte nochmals zehn

Jahre, bis die endgültige Anerkennung des Bauhauses durch die DDR als „eine der bedeutendsten Schöpfungen des modernen Bauens"[7] erfolgte, diesmal in Form der Aufnahme in die zentrale Denkmalliste der DDR, verbunden mit dem Beschluss, das Gebäude zu rekonstruieren.[8] Die Sanierung war bis 1976 in wesentlichen Teilen abgeschlossen und bis 1978 vollendet. Ein Staatsakt im Bauhaus Dessau am 4. Dezember 1976, dem 50. Jubiläum der Eröffnung der Institution in Dessau, sanktionierte die offizielle Hinwendung der DDR zum sichtbaren Bauhaus-Erbe.[9]

Die inhaltliche Auseinandersetzung mit dem Bauhaus hatte parallel mit der baulichen Aufnahme des Bauhauses in den frühen sechziger Jahren begonnen. In dieser Zeit entstand das für die DDR wegbereitende Werk von Karl-Heinz Hüter „Das Bauhaus in Weimar". Das Manuskript für dieses Grundlagenwerk, das bis heute als „Quellenstudie" Bestand hat, lag bereits 1967 vor, konnte aber wegen „äußerer Gründe" erst 1973 erscheinen, und bereits 1976 kam eine zweite unveränderte Auflage heraus.[10] Zusammen mit anderen zeitgleichen Studien von Leonid Pazitnov, Diether Schmidt und Lothar Lang in Berlin und Dresden war damit eine theoretische und Quellenbasis geschaffen worden, auf der nun die systematische Aneignung und Verbreitung des geistigen, pädagogischen, künstlerischen und sozial-kulturellen Erbes erfolgen konnte.[11] Doch dafür fehlte eine geeignete Plattform. Es kam letztlich nur die Hochschule in Weimar als Gründungsort des Bauhauses infrage. Hier hatte sich zudem eine Gruppe um Christian Schädlich und Bernd Grönwald gebildet, die in Lehre und Forschung die Auseinandersetzung mit dem Bauhaus vorantrieben.[12]

Die Phasen der Bauhaus-Kolloquien

An der Entwicklung der Bauhaus-Kolloquien lassen sich drei Akzente ablesen, die den jeweiligen Kolloquien ein Gepräge gaben. Den Auftakt bildeten 1976 die grundsätzliche Hinwendung zum Bauhaus-Erbe in der DDR und die Aneignung vor allem des architektonischen Erbes, insbesondere des Bauhauses in Dessau. Mit Grundsatzbeiträgen leiteten Schädlich zur Bauhaus-Geschichte und Adalbert Behr von der Bauakademie Berlin, Institut für Theorie und Geschichte, zum Bauhausgebäude in Dessau den Reigen der Bauhaus-Rezeption ein.[13] In diesen und den anderen Beiträgen wurde im Grunde der Stand der Forschungen seit Mitte der sechziger Jahre, auch international, referiert. Nach diesen beschreibenden, zum Teil ideologisch betonten und emphatischen Reklamationen des Erbes für die DDR und die Weimarer Hochschule setzten schon beim zweiten Kolloquium 1979 intensive Diskussionen ein.

Nun trat prononciert Bernd Grönwald auf den Plan und begann eine dezidierte Auseinandersetzung mit dem Bauhaus einzuleiten, deren Ziel darin bestand, das Erbe fruchtbar zu machen für die Ausprägung insbesondere von architektonischen und städtebaulichen Qualitäten im Kontext des Wohnungsbauprogramms. Diese Debatte leitete er mit einem bemerkenswerten Rekurs auf die offizielle Rezeption des Bauhauses durch die DDR ein. Er fragte nach den Wirkungen, die die Inwertsetzung des Bauhauses 1976 gesellschaftlich auslöste. Dieser neuen Wertschätzung, die das Bauhaus damit erfuhr, stellte er Folgendes gegenüber: „Diese Feststellung zu Beginn [siehe vorherigen Satz] ist außerordentlich wichtig, weil bekanntlich die vor 1976 liegenden 43 Jahre nach der Schließung des Bauhauses in unterschiedlicher Weise und unter unterschiedlichen Umständen, zu großen Verlusten und Rückschlägen, ja Mißverständnissen bis in unser Jahrzehnt hinein, in der Verankerung des Bauhauses und seiner Ideen im gesellschaftlichen Bewußtsein geführt hatten."[14] Dies war, verklausuliert formuliert, die einzige öffentliche Abrechnung mit der ignoranten Haltung der Staats- und Parteiführung der DDR gegenüber dem Bauhaus. Diese Replik wird dann von ihm gewendet und mit dem Ziel der Erberezeption des Bauhauses verknüpft: „Angesichts der Kenntnisse um die mit der Realisierung unseres Wohnungsbauprogramms verbundenen Probleme, wie sie zum Beispiel in der Entwicklung der ästhetischen Qualität der entstehenden Wohnumwelt bei industrieller Herstellungsweise liegen, sollten Diskussionen zur spezifisch-ästhetischen Qualität heutigen Bauens, verbunden mit der Diskussion um Schaffensmethoden und die damit verbundenen sozial-kulturellen Entwicklungsprobleme, unbedingt den historischen Rückblick, damit gemeint ist u. a. das Aufsuchen der historischen Entwicklungslinie zum Bauhaus, einbeziehen."[15]

Damit stellten die beiden ersten Bauhaus-Kolloquien die Erschließung des Bauhaus-Erbes und dessen grundsätzliches Fruchtbarmachen für die Ausprägung vor allem einer sozial-kulturellen und ästhetischen Qualität des aktuellen architektonischen Schaffens in den Mittelpunkt. Mit dem Aufbau des sogenannten „Wissenschaftlich-kulturellen Zentrums" am Bauhaus in Dessau ab 1976 sollte schrittweise die Wiedergründung einer Bildungs- und Forschungsinstitution am historischen Ort vorbereitet werden – dies war ein Hauptergebnis der Aktivitäten im Umfeld der beiden ersten Bauhaus-Kolloquien. Resümierend formulierte Grönwald am Ende seines Beitrages prophetisch und zugleich das Bauhaus kultisch überhöhend, was angesichts der erzielten Erfolge in der Aneignung des Bauhauses in der DDR durchaus verständlich ist: „Bauhaus heute – ist mit uns und in uns gewachsener Ausblick auf kommende Aufgaben."[16] Das Bauhaus wurde zu einem Autoritätsbeweis stilisiert, um die Forderung nach gestalterischer Qualität in der Öffentlichkeit mit Nachdruck platzieren zu können. Dass dabei eine nahezu unkritische Reflexion des durchaus widersprüchlichen Bauhaus-Erbes erfolgte, kann nur vor diesem Hintergrund verstanden werden. Dieses Funktionalisieren des Bauhauses war zwar zeitbedingt verständlich, erschien aber den Akteuren selbst als nicht tragfähig genug. Es bedurfte einer Ausweitung des Blickwinkels, was auf den folgenden Kolloquien schrittweise erreicht wurde.

Die allgemeine Rezeption wurde in den folgenden Kolloquien (1983, 1986 und 1989) spezifiziert. Diese Tagungen waren den Geburtstagsjubiläen der Direktoren Walter Gropius und Mies van der Rohe sowie Hannes Meyer gewidmet. Nun kamen auch die Themen Stadt bzw. Städtebau und Stadtplanung auf die Tagesordnung. Mit dem Beitrag von Joachim Bach 1983 zum Erbe von Gropius und der Relation zum Fortschritt im Städtebau wurde der Versuch unternommen, eine Brücke zu schlagen und die Verehrung des Bauhaus-Gründers mit aktuellen Herausforderungen zu verknüpfen.[17] Auch hier schien die Bezugnahme auf den Gründungsvater des Bauhauses eher deklamatorischer Art zu sein, um dann zu aktuellen Auseinandersetzungen zu kommen – verpackt in einen übergreifenden politischen Rahmen. In den Mittelpunkt der Darlegungen rückte Joachim Bach die Verantwortung und die Tätigkeit der planenden Experten, letztlich auch ein Rekurs auf die Situation an der HAB. So konstatierte er selbstkritisch: „Wir entdecken – beschämt manchmal –, wie wenig wir wußten über den Menschen und seine Bedürfnisse, als wir so gewaltige Aufgaben in Angriff nahmen, wie unvollkommen und mechanistisch unsere Leitbilder waren."[18] Um dann verallgemeinernd fortzufahren: „[...] d. h., ihre notwendigerweise bestehende Beziehung zu den Eigenschaften und Bedürfnissen des Menschen stellt sich nicht nur ‚letztlich' in Gestalt gesellschaftlicher Ziele und Resultate her, sondern *unmittelbar* [Hervorhebung im Original] [...]. Im Zusammenhang damit ist die Tendenz zur stärkeren Soziologisierung und Humanisierung der Wissenschaft ein Reflex umfassender Prozesse: der Notwendigkeit sozialethischer Regulation und Entwicklungsprogramme für die Wissenschaft zu bestimmen. In diesem Kontext allein kann und muß die Architektur ihren Universalitätsanspruch neu bestimmen – wenn sie ihn nicht verlieren will. [...] Zwischen rationaler Planung und schöpferischem Entwurf klafft nach wie vor eine Kluft von Mißverständnissen und Borniertheit. Und dabei hatten gerade die bedeutenden Städtebauer dieses Jahrhunderts begonnen, diese Kluft zu verfüllen. Heute genügt es nicht mehr, wie das Architekten und Stadtplaner tun, vordergründig aus den gegenständlich-räumlichen Bedingungen, aus Funktion, Struktur, Gestalt, die Stadt als *baulich-räumliche* Umwelt zu erklären und dementsprechend als Zielgröße planerischer Maßnahmen zu betrachten, und es genügt auch nicht mehr, die Stadt und Urbanisierung, wie das die Gesellschaftswissenschaftler tun, vordergründig aus sozialen Prozessen, Verhältnissen, Verhaltensweisen, die Stadt als *sozialen* Organismus zu erklären und die baulich-räumlichen Bedingungen nur als deren Ausdruck zu betrachten. Vielmehr ist es notwendig, die Stadt und die Gesamtheit des Systems Siedlung als sozial-räumliche Existenzform der Gesellschaft in ihrer dialektischen Widersprüchlichkeit und Einheit, Wechselwirkung und Bewegung zu begreifen und auf dieser Grundlage ein interdisziplinäres urbanistisches Konzept zu entwickeln, welches uns in die Lage versetzt, alle wesentlichen Aspekte dieser Erscheinung zu untersuchen, die Ergebnisse zahlreicher Disziplinen zu vereinen."[19]

Letztlich klingen hier bereits Themen an, die sich auf den folgenden Bauhaus-Kolloquien weiter entfalten sollten und die im Kontext der heranreifenden globalen Probleme zu betrachten sind. So sah Bach den städtebaulichen Fortschritt an die „Lösung von Problemen völlig neuer Dimension" gebunden. Dabei deutete er bezüglich des Profitstrebens zwar zum einen in Richtung des kapitalistischen Westens, doch bei den anderen globalen Problemen blieb die Adressatenzuweisung aus: „[...] von der Lösung der demographischen und ökologischen, der Energie- und Ernährungskrise, der Beendigung des barbarischen Umgangs mit den Naturschätzen und vielem anderen mehr. [...] Es ist heute nicht mehr möglich, die Grundlagen des Fortschritts im Städtebau für ein Land, eine Region oder ein gesellschaftliches System zu stellen, Wachstum, Wohlstand, Lebensweise zu bestimmen, ohne die globalen Probleme der Menschheitsentwicklung zu berücksichtigen und ohne die soziale Frage zu beantworten."[20]

Diese ausführlichen Zitate deuten auf den sich abzeichnenden Perspektivwechsel hin, der – bezogen auf die städtebaulichen Themen – zunehmend grundsätzliche Züge annahm. Damit gewann das Bauhaus-Kolloquium allmählich den Charakter einer Diskursarena, die den Zirkel der Bauhaus-Verehrung verließ und aktuelle Fragen aufnahm. Diese Entwicklung lag durchaus im Interesse der Gründer dieser Kolloquien, wie Grönwald es in seinen Ausführungen 1979 bereits skizziert hatte.[21] Doch ging die nunmehr sich nach vorn drängende globale Fragestellung deutlich über die Suche nach adäquater Qualität in Architektur und Städtebau hinaus.

Das Bauhaus-Kolloquium 1983 gab der DDR-Bauhaus-Forschung wichtige Impulse. Es begannen eine neue Hinwendung zu den Quellen und die Suche nach neuen Deutungen. Dies fand seinen konzentrierten Ausdruck in der umfänglichen Forschung zum Werk von Walter Gropius, das zwar scheinbar erschlossen war, aber mehr als eine Dekade nach dem Tod des Bauhaus-Gründers offenbarten sich neue Aspekte. Zudem wurde Gropius für das DDR-Publikum erschlossen.[22]

Somit etablierten sich in den Kolloquien offensichtlich zwei Welten: Zum einen war Weimar zu einem Ort regelmäßiger Treffen der Bauhaus-Gemeinde geworden, vornehmlich aus der DDR, den Ostblockstaaten, der internationalen Forscher zur Bauhausgeschichte und der linken Wissenschaftsszene des Westens. Damit hatte sich eine Funktion erfüllt, nämlich ein Sammelbecken zu werden für den Austausch von Forschungen und Erkenntnissen, in welchem versucht wurde, über den provinziellen Rand hinaus zu schauen. Zum anderen wurde das Kolloquium zunehmend zu einem Ort der Auseinandersetzung über die Herausforderungen der Zeit – bei aller politischer Restriktion und Selbstzensur kamen in erstaunlicher Weise Themen auf die Tagesordnung, die andernorts in der DDR so nicht hätten diskutiert werden können. Weimar hatte mehr Spielräume und nutzte diese, ganz im Sinne einer den Veränderungen gemäßen Gestaltung von Forschung, Praxis und Lehre im Sozialismus.

Das Finale

Mit dem Bauhaus-Kolloquium 1986 traten gleich mehrere neue Momente auf. Stadtplanung und Städtebau wurden zu einem eigenen Tagungsschwerpunkt erhoben. Die Fixierung auf die Bauhaus-Geschichte wurde erweitert, indem das Augenmerk im Jubiläumsjahr nicht nur auf den Bauhaus-Direktor Mies van

der Rohe gerichtet wurde, sondern mit Ernst May kam eine neue Facette in den Blickwinkel historischer Betrachtungen. Und letztlich wurde im gleichen Jahr das Bauhaus in Dessau wieder zu einer eigenen Forschungs- und Lehrstätte gekürt, womit sich die mehr als zehnjährigen Bemühungen um eine institutionelle Neugründung des Bauhauses vollendeten. In allen drei Momenten verbarg sich aber noch eine weitergehende qualitative Veränderung. So kann grundsätzlich eine wachsende Kluft zwischen den zunehmend politisch dogmatischer werdenden offiziellen Verlautbarungen auf der Tagung einerseits und einer verstärkten thematischen Ausweitung in Rich-

Impressionen vom Bauhaus-Kolloquium 1986 in Weimar: Blick in die Ernst-May-Ausstellung (S. 170); Leonid Ch. Muljar (Ukraine); Bernd Grönwald und andere im Gespräch mit Margarete Schütte-Lihotzky

tung Auseinandersetzung mit inhärenten Problemen der städtischen Entwicklung in der DDR andererseits konstatiert werden – bei aller Verhaltenheit in den konkreten Äußerungen. Hintergrund dieser Entwicklung sind sicher auch die mit dem Antritt von Gorbačev in der UdSSR eingeleiteten Öffnungen in der Debattenkultur, die zu einem schleichenden Auseinanderdriften von dogmatischer werdenden Eliten der Parteiführung und Teilen der Wissenschaft führten, ohne dass hier von einem „Schwarz-Weiß-Schema" gesprochen werden kann.[23]

In dem Teil des Kolloquiums, das der Stadtplanung gewidmet war, kam in vier Beiträgen die erweiterte Sicht auf den Gegenstand zum Ausdruck. Bach führte seine Bemerkungen zum Fortschrittsthema von 1983 weiter und lenkte die Aufmerksamkeit auf die Herausforderungen der Stadtplaner selbst. Hier mischte er einen sehr kritischen Unterton ein, der auf die globalen Risiken des Fortschritts abhob. Ohne es direkt zu nennen, spielte die nur wenige Wochen zurückliegende Atomkatastrophe von Tschernobyl eine wichtige Rolle: „Um der Aufrichtigkeit willen muß ich aber auch sagen, daß sich mir, trotz des historischen Optimismus, der unserer marxistisch-leninistischen Weltanschauung wesenseigen ist, etwas Unbehagen in die Zukunftsvorstellungen mischt. [...] sollten wir auch die Risiken nicht übersehen, die aus der unbeherrschten Ausbreitung und unbekannten Anwendung der Möglichkeiten der neuen Technik für den Menschen als eben jenes ‚biopsychosoziale' Wesen, als das es die moderne Wissenschaft erkennt, erwachsen. Vor allem [...] erhält der Marxsche Satz [...], daß die Kultur, wenn urwüchsig fortschreitend, Wüsten zurückläßt [...], einen neuen Sinn."[24]

Dies konstruktiv wendend, formulierte Bach einen sozial-kulturellen Anspruch an die Stadt der Zukunft: „In der nächsten Zeit geht es allerdings noch um recht alltägliche Fragen, wenn wir an der Stadt der Zukunft bauen, denn sie ist keine futuristische Vision, sondern aus dem Stoff der Geschichte und unserer Gegenwart gemacht. Es geht um menschenwürdige Wohnverhältnisse, [...] um Natur gegen zuviel Synthese, [...] ja selbst um Unvollkommenheit gegen die Präzision der Maschinen und die Logik der Computer. Es sollte uns darum gehen, vorhandene Schönheit nicht nur als Kulisse zu erhalten und selbst viel mehr Schönes zu schaffen und das Großartige der Stadt ebenso zu begreifen wie die ihr innewohnende Poesie, die sich kaum ‚gestalten‘ läßt, sondern nur durch Aneignung und Identifikation entsteht.“[25]

An diese Dimension reichend, beschwor Edmund Goldzamt, der Nestor des polnischen Städtebaus, der zur Zeit des Kriegsrechtes in Polen in Moskau lebte, die „Schicksale des Städtischen im Wohnungsbau“. Hier fanden zum ersten Mal eine kritische Auseinandersetzung mit dem städtebaulichen Erbe der Moderne und – im Kontext betrachtet – eine Erörterung zum aktuellen „Verfall des Städtischen“ statt. Die Auseinandersetzung über die Desurbanisierung verband Goldzamt mit der Kritik an der Art des aktuellen Städtebaus in den sozialistischen Ländern: „Die Interessen der Technologie und der engen, ressortmäßig extensiven Wirtschaft der Bauindustrie gewannen in einer Reihe von Fällen über die sozialen Kriterien des Wohnungsbaus die Oberhand [...]. Auf solche Weise sind die Elemente des Verfalls des Städtischen, die sich in den vergangenen Jahrzehnten bemerkbar machen, im hohen Maße auf die extensiven Methoden des Wohnungsbaus, auf die extensive Nutzung von Material, Energie und Raum, auf den niedrigen sozialen Nutzeffekt der anzulegenden bedeutsamen Geldmittel zurückzuführen.“[26]

Mit zwei weiteren Beiträgen wurden diese Grundsatzartikel in gewisser Weise operationalisiert. Zum einen umriss Sylvia Böhme die Relation von Stadtökologie und Stadtplanung als neue Herausforderung, die in der Forderung des „Aufbaus einer integrativen sozialökologischen Konzeption von Stadt und Urbanisation“ mündet.[27] Zum anderen referierten Sabine Kühne und Heinz Schwarzbach über praktische Ansätze der Rehabilitierung von Wohngebieten aus den sechziger Jahren. Das Ziel bestand dabei in jenem Umbau dieses desurbanen Gebietes, den Goldzamt angeprangert hatte. Dies flankierte Stefan Beil mit einem Aufsatz zur ganzheitlichen Planung von stadtregionalen Gebieten: Der Stadtumbau („Umgestaltung“) der Stadtregion sollte sich aus veränderten Rahmenbedingungen und Defiziten der neu gebauten Stadtteile ergeben.[28]

Das letzte Bauhaus-Kolloquium zu DDR-Zeiten fand im Jahr der Wende statt. Es war dem 100. Geburtstag von Hannes Meyer gewidmet, dem im Westen eher unbeachteten, in der DDR umso mehr gewürdigten „linken“ Bauhaus-Direktor.

Vorbereitend auf dieses Kolloquium erschien eine Biografie von Hannes Meyer, verfasst von Klaus-Jürgen Winkler.[29] Diese stand im Zusammenhang mit der Hannes-Meyer-Ehrung am Bauhaus in Dessau im Rahmen des großen Weimarer Kolloquiums. Die Tagungsbeiträge erschienen in einem gesonderten Band.[30] Mit der Tagung in Dessau wurde auch die Aufmerksamkeit auf die sich nun profilierende neue Institution Bauhaus Dessau gelenkt. Neben der Tagung wurden in einer Ausstellung gerade aus der Schweiz erworbene Teile des Nachlasses von Hannes Meyer präsentiert. Zudem wurde über die laufenden Vorbereitungen zum II. Internationalen Walter-Gropius-Seminar informiert, das vom 4. bis zum 10. November 1989 stattfinden sollte und mit welchem sich das neue Bauhaus deutlich als experimentale Institution für Stadtentwicklung in Zeiten des Umbruchs der industriellen Gesellschaft etablieren sollte. Damit bekam das Bauhaus in Dessau die Rolle des experimentellen „Flügels" der im Bereich der Architektur und Stadtplanung forschenden und lehrenden Institution in Weimar.[31]

Das Kolloquium insgesamt firmierte unter der weit gefassten Überschrift der Relation von „Produktivkraftentwicklung und Umweltgestaltung". Im Kern ging es um das Fortschrittsverständnis, letztlich ein Thema, das sich als roter Faden durch die Bauhaus-Kolloquien zog. Zunächst eher affirmativ, dann zunehmend

Titelseite der Veröffentlichung von Ergebnissen des 5. Internationalen Bauhaus-Kolloquiums 1989 in Weimar/Dessau

reflektierend und nun schließlich gar irritierend. Bei allen Einschränkungen, derer eine solche Zuspitzung bedarf, kann darin eine gewisse Tendenz ausgemacht werden. Letztlich sind hier Anzeichen für die Ausweglosigkeit der Situation im Sommer 1989 zu finden. Ungewollt stellt Christian Schädlich die Tagung in den epochalen Zusammenhang der großen Revolutionen von 1789, 1917 und 1989, nicht ahnend, was im gleichen Jahr noch kommen würde.[32] Geradezu prophetisch endet er in seinem Beitrag – wie einst Grönwald: „Es lohnt sich, die schöpferischen Kräfte darauf [gemeint sind Schönheit und Harmonie] zu verwenden und dabei jene Tempel menschlicher Ideale und Werte vielleicht doch nicht ganz außer acht zu lassen."[33] Die Zahl der Beiträge zum Städtebau bzw. zur Stadtplanung hatte sich wiederum erhöht. Sie reichten von planungshistorischen Vorträgen (Gerhard Fehl und Hanna John) über sozial-kulturelle Aspekte (Bernd Hunger, Herrmann Wirth und Manfred Queißer) sowie kritische Reflexionen, neue Technologien im Städtebau (Klaus Brake) und das englische Planungssystem der Thatcher-Ära bis zu planungstheoretischen Fragen der „Pattern Language" von Christopher Alexander (Susanne Siepl-Coates).[34] In den finalen Thesen zu dem als neues Element im Bauhaus-Kolloquium eingeführten Workshop „Die Ethik des Fortschritts und die Zukunft der Städte" fasst Bach als Moderator die Ergebnisse in vier Thesen zusammen. Die Kernaussage mündete in der abschließenden Feststellung: „An der Schwelle eines neuen Zeitalters haben wir die Aufgabe, die Resultate eines Jahrhunderts städtebaulicher Entwicklung kritisch zu prüfen und Ziele neu zu bestimmen."[35]

1 Peter Bürger, „Ich tanze nicht' – Annäherungen an Kierkegaard" (2011), http://www.dradio.de/dlf/sendungen/essayunddiskurs/1630182/, 18. Dezember 2011.

2 Bis 2009 fanden insgesamt elf Bauhaus-Kolloquien statt. Das nächste ist für 2013 vorgesehen. http://e-pub.uni-weimar.de/opus4/solrsearch/index/search/searchtype/collection/id/15989 (letzter Besuch am 8.5.2012).

3 Vgl. Hans M. Wingler, *Bauhaus-Archiv Berlin*, Braunschweig 1989, S. 11 – 14.

4 Vgl. Kirsten Baumann, *Bauhaus Dessau*, Berlin 2007, S. 117.

5 Vgl. ebd.

6 Vgl. Institut für Denkmalpflege Berlin, Arbeitsstelle Halle (Hg.), *Denkmale in Sachsen-Anhalt*, Weimar 1983, S. 35 sowie 486.

7 Vgl. ebd., S. 35.

8 Vgl. Kirsten Baumann, *Bauhaus Dessau*, Berlin 2007, S. 117; Hans Berger, „Bauhausbauten als Gegenstand der Denkmalpflege", in: *Wissenschaftliche Zeitschrift der Hochschule für Architektur und Bauwesen Weimar* (HAB), 22 (1976), H. 23, S. 556 – 559, sowie Martin Mutschter, „Das Bauhaus – Idee und Wirklichkeit, Gedanken zum Anliegen des Bauhauses und zur Pflege seines Erbes", in: *Architektur der DDR*, 32 (1983), H. 4, S. 222 – 225.

9 Vgl. Regina Bittner, „Bauhaus – Symbolträger im Zwiespalt der Moderne", in: Stiftung Bauhaus Dessau (Hg.), *Industrielles Gartenreich*, Dessau 1996, S. 138 – 149, insbes. S. 149.

10 Vgl. Karl-Heinz Hüter, *Das Bauhaus in Weimar*, Berlin 1976, S. 9.

11 Vgl. Heinz Hirdina, *Gestalten für die Serie. Design in der DDR 1949 – 1985*, Dresden 1988, S. 155. Hier werden die Monografien von Leonid Pazitnov, *Das schöpferische Erbe des Bauhauses 1919 – 1933*, Berlin 1963; Lothar Lang, *Das Bauhaus 1919 – 1933. Idee und Wirklichkeit*, Berlin 1965, sowie Diether Schmidt, *Bauhaus Weimar 1919 bis 1925, Dessau 1925 bis 1932, Berlin 1932 bis 1933*, Dresden 1966, als die maßgeblichen Impulsgeber für die Bauhaus-Rezeption in der DDR aufgeführt. Die Quellenarbeit von Hüter steht in diesem Kontext; sie erschloss erstmals die Dokumente in Weimarer Archiven und gab damit dem Bauhaus den belegbaren gesellschaftlichen Rahmen.

12 Vgl. Hartmut Probst, Christian Schädlich, *Walter Gropius*, Bd. 1, Berlin 1985, S. 7. In Dessau wurde zeitgleich auch an der Rezeption des Bauhauses gearbeitet. Siehe dazu Ulla Machlitt, Hans Harksen, „Vor 50 Jahren kam das Bauhaus nach Dessau", in: *Dessauer Kalender 1975*, S. 19 – 28. Darüber hinaus gab es einen regen Sammler in Leipzig, der in der Galerie am Sachsenplatz ab 1976 regelmäßig Ausstellungen mit Originalwerken des Bauhauses veranstaltete und damit einen wichtigen Baustein für die spätere Sammlung am Bauhaus Dessau legte. Siehe dazu Hans-Peter Schulz, *Bauhaus 3*, Katalog 9, Leipzig 1978, S. 4 f.

13 Die Beiträge sind zu einem großen Teil digitalisiert nachlesbar. Siehe dazu http://e-pub.uni-weimar.de/portal/Bauhaus-Kolloquium-1976/index.php (letzter Besuch am 18.12.2011).

14 Bernd Grönwald, „Kulturpolitische Bedeutung und gesellschaftliche Wirkung der Pflege und Aneignung des Bauhauses in der DDR", in: *Wissenschaftliche Zeitschrift der HAB*, 25 (1979), H. 4/5, S. 309.

15 Ebd., S. 311.

16 Ebd., S. 312.

17 Joachim Bach, „Gropius' Erbe und das Problem des Fortschritts im heutigen Städtebau", in: *Wissenschaftliche Zeitschrift der HAB*, 29 (1983), H. 4/5, S. 429 – 431.

18 Ebd., S. 430.

19 Ebd.

20 Ebd., S. 429.

21 Vgl. Grönwald, „Kulturpolitische Bedeutung", S. 312.

22 Vgl. Probst/Schädlich, *Walter Gropius*, Bd. 1, S. 7. Hier wird ausdrücklich auf die impulsgebende Rolle des 3. Internationalen Bauhaus-Kolloquiums 1983 für die Forschung und Publikation hingewiesen.

23 Vgl. Ewald Henn, „Grußansprache des Präsidenten des Bundes der Architekten der DDR an das 4. Internationale Bauhauskolloquium", in: *Wissenschaftliche Zeitschrift der HAB*, 33 (1987), H. 4/5/6, S. 192 – 193. Dieser Beitrag gehört zu den typisch hölzernen Grußworten, in denen Stereotype deklariert wurden, ohne einen Hauch von Bezugnahme auf die sich abzeichnenden Veränderungen in der Welt.

24 Joachim Bach, „Wissenschaftlich-technischer Fortschritt und Aufgaben der Stadtplanung", in: *Wissenschaftliche Zeitschrift der HAB*, 33 (1987), H. 4/5/6, S. 225. Zur Einleitung seines Beitrags sagte er, dass er beabsichtige, mehr Fragen zu stellen als Antworten zu geben (S. 224).

25 Ebd., S. 225.

26 Edmund Goldzamt, „Schicksale des Städtischen im Wohnungsbau", in: *Wissenschaftliche Zeitschrift der HAB*, 33 (1987), H. 4/5/6, S. 227.

27 Sylvia Böhme, „Stadtökologie und Stadtplanung", in: *Wissenschaftliche Zeitschrift der HAB*, 33 (1987), H. 4/5/6, S. 233 f., insbes. S. 234.

28 Vgl. Stefan Beil, „Zu einigen Problemen der Planung und Entwicklung ganzheitlicher städtischer Gebiete", in: *Wissenschaftliche Zeitschrift der HAB*, 33 (1987), H. 4/5/6, S. 231 – 233.

29 Klaus-Jürgen Winkler, *Der Architekt Hannes Meyer – Anschauungen und Werk*, Berlin 1989.

30 Hochschule für Architektur und Bauwesen Weimar (Hg.), *Hannes Meyer – Beiträge zum 100. Geburtstag 1989*, Weimar 1989.

31 Vgl. Rolf Kuhn, „Hannes Meyer und wir", in: HAB (Hg.): *Hannes Meyer*, S. 223 – 230, insbes. S. 228.

32 Vgl. Christian Schädlich, „Architektur und Epoche 1789 – 1917 – 1989", in: *Wissenschaftliche Zeitschrift der HAB*, 36 (1990), H. 1/2/3, S. 7 – 11.

33 Ebd., S. 11.

34 Vgl. die abgedruckten Beiträge des Bauhaus-Kolloquiums in: *Wissenschaftliche Zeitschrift der HAB*, 36 (1990), H. 1/2/3, S. 165.

35 Joachim Bach, „Thesen zum Workshop: ‚Die Ethik des Fortschritts und die Zukunft der Städte'", in: *Wissenschaftliche Zeitschrift der HAB*, 36 (1990), H. 1 – 3, S. 147 f., insbes. S. 148.

Bruno Flierl

Hoffnung bis zuletzt

Ein Nachruf auf Bernd Grönwald (2009)[1]

Um das wissenschaftliche Werk und das Leben von Bernd Grönwald, auf den sich so viele Hoffnungen gerichtet hatten und der selbst seine dann verlor, angemessen würdigen zu können, bedarf es eines historisch reflektierten Standpunkts zur Beurteilung der Entwicklung von Städtebau und Architektur in der DDR und deren Transformation im Prozess der deutsch-deutschen Vereinigung. Und es bedarf der Erschließung aller Quellen seiner Tätigkeit. Insofern hat die Auseinandersetzung mit seinem Erbe, wie so oft in der Geschichte, erst jetzt, viele Jahre nach seinem Tod, begonnen.

Solidarische Würdigungen 1991 – 1996

Nach dem Freitod von Bernd Grönwald am 28. Januar 1991 gab es, abgesehen von wenigen unqualifizierten Äußerungen, eine Reihe von Stellungnahmen, in denen solidarische Würdigungen seines Lebens und seines Einsatzes für Städtebau und Architektur in einer auf die Interessen und Bedürfnisse der Menschen orientierten Gesellschaft der DDR zu lesen waren.[2]

In allen diesen Texten wurde Grönwald charakterisiert als einer, der die DDR auf sozialistische Weise erneuern wollte, an dieser Aufgabe jedoch historisch scheiterte. Das geschah mit Achtung gegenüber seiner Persönlichkeit wie auch der von ihm individuell vorgeschlagenen Lösung der anstehenden gesellschaftlichen Probleme.

Sozialistische Konzeptionen für Städtebau und Architektur 1985 – 1990

Bernd Grönwald wollte in der zweiten Hälfte der achtziger Jahre – gewiss ermutigt durch das Neue Denken von Michail Gorbačev, erst noch vorsichtig, dann immer klarer artikuliert – eine sozialistische Erneuerung der DDR-Gesellschaft und ihrer Städtebauforschung. Immer weniger war er bereit, die in der DDR grassierende Stagnation und Regression der gesellschaftlichen Entwicklung zum Sozialismus kritiklos hinzunehmen. Anstatt die Städtebauforschung weiterhin

Bernd Grönwald (1942–1991), Aufnahme von Anfang der 1980er Jahre

allein auf die Erfüllung des Wohnungsbauprogramms beschränkt zu dulden, wollte er sie auf die langfristige und komplexe Entwicklung und Reproduktion der Stadt in ihrer sozialen und räumlichen Dimension orientieren.

Noch an der Hochschule für Architektur und Bauwesen (HAB) in Weimar tat er dazu einen ersten Schritt. Zusammen mit Gerd Zimmermann veröffentlichte er 1985 – noch zurückhaltend formuliert und nur zum Dienstgebrauch, versteht sich – eine prognostisch orientierte Studie zum Thema „Die DDR-Architektur nach 1986".[3]

Als er dann ab 1986 fest an der Bauakademie der DDR in Berlin tätig war, leitete er – in Vorbereitung auf die anlässlich des 40. Jahrestages der DDR geplante Plenartagung der Akademie zum Thema „Städtebau und Architektur" am 27. Oktober 1989 – eine breit gefächerte Forschungsaufgabe, deren Konzept unter dem Titel „Städtebau und Architektur in der DDR. Bilanz 40jähriger erfolgreicher Entwicklung und die Anforderungen an die Bauwissenschaftler und Architekten in den 90er Jahren" am 28. März 1989 vorlag.[4]

Ein Zwischenergebnis dieser Forschungsarbeit trug Bernd Grönwald im Juni 1989 auf dem 5. Bauhaus-Kolloquium in Weimar unter dem Titel „40 Jahre Städtebau- und Architekturentwicklung in der DDR" vor, das dann später auch veröffentlicht wurde, allerdings erst in Heft 3/1990 der HAB-Hochschulzeitschrift.[5] Das hat damit zu tun, dass er mit seinem Referat für die geplante Plenartagung der Bauakademie auf der Grundlage seines Forschungsberichts zum Thema „Städtebauliche Grundlagen für die langfristige Entwicklung und Reproduktion der Städte – Städtebauprognose" am 5. Oktober 1989 auf massiven politischen Widerstand der DDR-Partei- und Staatsführung im Bauwesen gestoßen war, was zur Absetzung der Plenartagung überhaupt führte.

Bernd Grönwald gab dennoch nicht auf. Vielmehr schöpfte er nach den turbulenten politischen Ereignissen und der Ablösung Erich Honeckers als Partei- und Staatschef Mitte Oktober neuen Mut und hoffte auf die neu gebildete DDR-Regierung unter Hans Modrow, der am 17. November 1989 in seiner Regierungserklärung die Bildung einer Arbeitsgruppe „Gesellschaftskonzeption und Stadtentwicklung" auf Regierungsebene verkündete. Auf diese Arbeitsgruppe, die Grönwald dem neuen Ministerpräsidenten vorgeschlagen hatte, berief er sich, als er die abgesetzte Plenartagung der Bauakademie am 17. Januar 1990 nun als offenes Symposium unter dem Titel „Gesellschaftskonzeption und Stadtentwicklung in der DDR"[6] durchführte. Nun sagte er in aller Offenheit, was ihn schon lange bewegte, dass nämlich die Erneuerung der Stadt- und Architekturentwicklung auf einer Erneuerung der Gesellschaftsentwicklung beruhen müsse, nur mit ihr zusammen Erfolg haben könne. Deshalb forderte er, Praxis und Forschung in Städtebau und Architektur aus dem bisherigen einseitigen Diktat durch das Bauwesen zu befreien und auf die konkreten gesellschaftlichen Prozesse der Menschen in den Gemeinden, Städten und Regionen zu orientieren. Daraus folgte für ihn die Notwendigkeit, ein Ministerium für Raumordnung und Regional- und Stadtentwicklung zu gründen.

So groß der Erfolg dieses Symposiums auch war, vor allem bei den Teilnehmerinnen und Teilnehmern aus beiden deutschen Staaten und dem Ausland, es konnte keine Wirkung mehr für die Entwicklung der DDR entfalten. Denn nach der Neuwahl der Volkskammer im März 1990 und der Neubildung der DDR-Regierung unter Lothar de Maizière war das schnelle Ende der DDR als Voraussetzung für die deutsche Einheit unter Dominanz der Bundesrepublik bereits fest eingeplant. Als Grönwalds Referat vom 17. Januar 1990 dann erst nach seinem Tod 1991 in dem von Hans G. Helms edierten Buch „Die Stadt als Gabentisch" veröffentlicht wurde,[7] war der Versuch der politischen Erneuerung der DDR von Ende 1989, Anfang 1990 schon gescheitert und in kürzester Frist bereits selbst Geschichte geworden.

Auch die von Grönwald am Institut für Städtebau und Architektur der Bauakademie (ISA) geleitete Forschungsarbeit zur „Städtebauprognose DDR", die Ende 1990 von Bernd Hunger und anderen ehemaligen Mitarbeitern des ISA in einer Publikation der Technischen Universität Berlin (West) veröffentlicht wurde,[8] hatte für die DDR nach dem 3. Oktober 1990 keine Bedeutung mehr. Dass in dieser Publikation der am 30. Juni 1990 – symbolträchtig am Vortag der Währungsreform – als Institutsdirektor und Vizepräsident der einstigen Bauakademie entlassene Bernd Grönwald nicht einmal namentlich genannt wird, mag daran gelegen haben, dass dem West-Berliner Herausgeber, Bernd Konter, dies schon nicht mehr opportun zu sein schien. Bernd Grönwald und seine Ideen wurden einfach nicht mehr gebraucht.

Für das 2. Bauforum Ost/West am 14. November 1990 in Leipzig schrieb Grönwald den Beitrag „Anforderungen an den Wohnungsbau aus der Sicht von Städtebau und Architektur". Mit ihm wollte er die Erfahrungen und Ergebnisse des Städtebaus und der Architektur in der DDR ins vereinte Deutschland einbringen. Von neuer „Gesellschaftskonzeption und Stadtentwicklung" war da nicht mehr die Rede. Obwohl in Heft 3/1991 der Hochschulzeitschrift der HAB Weimar posthum veröffentlicht,[9] fand auch dieser Text keine erkennbare Resonanz.

Interesse an wissenschaftlichen Kontakten mit dem Ausland 1985 – 1990

Bernd Grönwald wollte die DDR aus der im Kalten Krieg entstandenen und von ihr selbst ängstlich betriebenen Isolation – abgeschottet von Kontakten mit der Städtebauforschung in den westlichen Ländern – herausführen und auf das Niveau internationaler Kommunikation bringen. Wie notwendig das war, hatte er während seiner Studienaufenthalte im Ausland mit Vortrags- und Vorlesungstätigkeit seit Beginn der siebziger Jahre, in den achtziger Jahren dann auch in der Bundesrepublik immer wieder selbst erfahren. Ende der achtziger, Anfang der neunziger Jahre gelang es ihm sogar, einzelne Aufgaben der wissenschaftlichen Forschung der DDR und der BRD miteinander zu verknüpfen.[10]

Ein besonderer Kontakt entstand mit der linksorientierten Londoner Bartlett International Summer School (BISS), die unter der Leitung von Jörn Janssen und Linda Clark stand und Kontakte in viele Länder West- und Osteuropas hatte. Um auch die DDR in ihre Arbeit zu integrieren, wurde an mich bei einem Aufenthalt in London 1984 die Bitte herangetragen, dieses Ansinnen in der DDR bekannt zu machen. So wandte ich mich an Bernd Grönwald, von dem ich wusste, dass er internationale wissenschaftliche Ambitionen hatte wie niemand sonst in Städtebau und Architektur der DDR. Der griff das Angebot auf und organisierte zusammen mit Jörn Janssen eine außerordentlich wirksame Tagung der BISS im September 1986 am Bauhaus in Dessau: mit achtzig Wissenschaftlern und Praktikern aus zwölf Ländern aller Kontinente. Auf spezielle Anweisung des Ministers für Bauwesen der DDR durfte ich an dieser Tagung nicht teilnehmen, weil ich schon zuvor aus politischen Gründen für unwürdig erklärt worden war, die DDR offiziell zu vertreten, und inzwischen aus gesundheitlichen Gründen Rentner geworden war. Dagegen konnte auch Grönwald nichts machen. Seine Kontakte mit der BISS hielten bis 1990.

Der letzte große Versuch, die in der DDR entstandene Städtebauforschung sowohl international als auch vor allem national – nämlich deutsch-deutsch – zu festigen und zugleich zu verteidigen, war die Gründung des Internationalen Hannes-Meyer-Colloquiums (IHMC) 1990. Nachdem Bernd Grönwald und Klaus Brake (Oldenburg) schon im Februar 1990 vorgeschlagen hatten, einen unabhängigen Verein für Umwelt und Gesellschaft (UVG) oder auch eine internationale Gesellschaft für Theorie des Bauens zu gründen, kam es am 24. März 1990 in der Wohnung von Jonas Geist in West-Berlin – zusammen mit Marlis und Bernd Grönwald, Jörn Janssen, Joachim Krausse, Johanna Krumteich und mir – zur Gründung des nach Hannes Meyer benannten Kolloquiums. Die ordentliche Gründungsversammlung fand am 16. und 17. Juni 1990 in Bernau statt, in der einst von Hannes Meyer entworfenen Bundesschule des Allgemeinen Deutschen Gewerkschaftsbunds (ADGB). Eingeladen waren 50 Personen, 35 aus dem Westen, 15 aus dem Osten.[11]

Trotz aller inspirierenden Ansätze zerbrach diese Diskussionsgesellschaft an unüberwindbaren Schwierigkeiten – von innen her an der Uneinigkeit über die angesichts der entstandenen gesellschaftlichen Lage notwendigen Diskussionsgegenstände, von außen her am realen gesellschaftlichen Vereinigungsprozess der beiden deutschen Staaten, der praktisch immer mehr als Vereinnahmung der DDR durch die BRD verlief. Nach mehreren durchaus interessanten Tagungen konnte sich die IHMC Ende 1991 im Gegenwind der aktuellen Geschichte nicht mehr halten.

Was blieb, sind die Erinnerungen an einen kreativen deutsch-deutschen und auch internationalen Versuch, Orientierungen für Städtebau und Architektur nach dem Kalten Krieg zu finden. Und geblieben sind Erinnerungen an Freunde, gerade auch weil sie inzwischen nicht mehr leben: Bernd Grönwald und Jonas Geist.

Zerbrochene Hoffnung 1990 – 1991

Bernd Grönwald hatte trotz aller Gegenwehr mindestens seit Mitte 1990 – nachdem er mit der institutionellen *Abwicklung* der Bauakademie persönlich selbst *abgewickelt* worden war – begriffen, dass er keine Chance hatte, seine in der DDR erworbenen Kenntnisse, Erfahrungen und Ansprüche auf dem Gebiet des Städtebaus und der Architektur – ohne Identitätsverlust – in den real verlaufenden Vereinigungsprozess mit der Bundesrepublik einzubringen, dass er dazu aber auch aus Gründen einer zutiefst angeschlagenen Gesundheit weder physisch noch psychisch in der Lage war. Er erlebte sich ausweglos am Ende. So aber wollte er nicht leben. Eine Kur in Bad Elster Ende 1990 machte ihm das bewusst. Auskunft über seinen seelischen Zustand geben seine letzten Texte, sein Tagebuch vom 5. bis zum 22. November 1990 („Die Bad Elster Kur") und der Brief an seine Frau vom 21. November 1990 („Zum Abschluß. Bitte durch Marlis öffnen und abschreiben").[12] Erschütternd zu lesen. Als sein politisches Vermächtnis notierte er in diesem Brief:

„Lebend oder tot, neu kann ich nichts bewegen. Das, was hinter uns liegt, war das ehrliche Bemühen, soziale Gerechtigkeit und friedliches, freundliches Leben der Menschen untereinander gesellschaftlich zu strukturieren, dabei mitzuhelfen, ein akzeptables Sozialismusbild zu entwerfen. Man sagt heute, es war eine Utopie! [...] Mein politischer Wunsch für die, die so oder so ähnlich dachten und handelten wie ich, ist: Sich zurechtfinden in den nächsten Jahren, Mensch und Mahner bleiben für den vernünftigen Umgang mit dem Leben allerorts, aber nicht scheitern an sich selbst! Die Zeit zum Nachdenken kommt vielleicht, dann muß der Lauf der Welt neu bewertet werden. Wenn Demokratie nicht käuflich und nicht zu mißbrauchen ist, kann sie erst wirklich Demokratie sein."[13]

1 Überarbeitete Fassung eines Beitrages zum Kolloquium „Wissenschafts- und Personalgeschichte Bernd Grönwalds" am 28. Januar 2009 an der Bauhaus-Universität Weimar.

2 In der Reihenfolge ihres Erscheinens: Jonas Geist: *Rundbrief an die Teilnehmer der beiden bisherigen Hannes-Meyer-Kolloquien*, 7. Februar 1991, Archiv der Moderne Weimar/Universitätsarchiv (AdM/UA); Bruno Flierl, „Nachruf für Bernd Grönwald. Geboren am 25.2.1942 – aus dem Leben gegangen am 28.1.1991", in: *Bauwelt*, 82 (1991), H. 9; N. N.: Notiz in ArchSpiegel, *Baumeister*, 88 (1991), H. 4; Simone Hain, „Ein deutsches Schicksal. In memoriam Bernd Grönwald", in: *ARCH +*, 24 (1991), H. 3; Jörn Janssen (London), *Auszüge aus Gesprächen mit Bernd Grönwald über die Erneuerung sozialistischen Bauens*, April 1991, AdM/UA; Jürgen Rostock, „Zum Wohnungs- und Städtebau in den ostdeutschen Ländern", in: *Aus Politik und Zeitgeschichte (APuZ), Beilage zur Wochenzeitung Das Parlament*, B29, Juli 1991; vgl. Marco De Michelis (Venedig), *Heinrich Tessenow. Das architektonische Gesamtwerk*, Stuttgart 1991, S. 10 f.; Peter Marcuse, „Missing Marx. A personal and Political Journal of a Year in East Germany 1989 – 1990", in: *Monthly Review Press*, New York 1991, besonders S. 4 und 286 ff.; Bruno Schrep, „Wir sind die Sündenböcke", in: *SPIEGEL* 21/1994; Elmer Lopez, Chup Friemert, *Bernd Grönwald in Memoriam*, La Habana, April 1995, AdM/UA. Vgl. auch das von Max Welch Guerra mit Bruno Flierl geführte Interview 2006, Archiv Welch Guerra.

3 Bernd Grönwald, Gerd Zimmermann, *Die DDR-Architektur nach 1986. Entwicklungszusammenhang und Ausblick auf eine qualitativ neue Etappe in der Durchsetzung der Grundsätze für die sozialistische Entwicklung von Städtebau und Architektur in der DDR*, Weimar 1985.

4 Bernd Grönwald, *Städtebau und Architektur in der DDR. Bilanz 40jähriger erfolgreicher Entwicklung und die Anforderungen an die Bauwissenschaftler und Architekten in den 90er Jahren*, Manuskript vom 28. März 1989, Archiv des Leibniz-Instituts für Regionalplanung und Strukturplanung Erkner.

5 Bernd Grönwald, „40 Jahre Städtebau- und Architekturentwicklung in der DDR", in: *Wissenschaftliche Zeitschrift der Hochschule für Architektur und Bauwesen Weimar*, 36 (1990), H. 1 – 3, S. 17 – 20. In diesem Band S. 184 – 193.

6 Bernd Grönwald, „Gesellschaftskonzeption und Stadtentwicklung in der DDR", Beitrag für das Symposium der Bauakademie der DDR am 17. Januar 1990, AdM/UA.

7 Bernd Grönwald, „Gesellschaftskonzeption und Stadtentwicklung sind nur über praktisches Bauen realisierbar", in: Hans G. Helms (Hg.), *Die Stadt als Gabentisch. Beobachtungen zwischen Manhattan und Berlin-Marzahn*, Leipzig 1991, S. 309 – 324.

8 Bernd Hunger u. a., *Städtebauprognose DDR*, Arbeitshefte des Instituts für Stadt- und Regionalplanung, Technische Universität Berlin, 1990.

9 Bernd Grönwald, „Anforderungen an den Wohnungsbau aus der Sicht von Städtebau und Architektur. Beitrag zum 2. Bauforum Ost/West am 14. November 1990 in Leipzig", in: *Wissenschaftliche Zeitschrift der Hochschule für Architektur und Bauwesen Weimar*, 37 (1991), H. 3, S. 137 ff.

10 Vgl. Bernd Grönwald: *Darstellung meiner beruflichen Entwicklung*, AdM/UA Weimar.

11 Materialien zum Internationalen Hannes-Meyer-Colloquium im AdM/UA Weimar.

12 Beide Dokumente befinden sich im AdM/UA Weimar.

13 Ebd.

Bernd Grönwald

40 Jahre Städtebau- und Architekturentwicklung in der DDR[1]

Ein Vortrag aus dem Jahre 1989

Mein Thema erfordert zunächst eine Umkehrung der Gedankengänge in die Zukunft, die meine Vorredner vollzogen haben.

Ich möchte mit meinem Vortrag aus der Sicht von Ergebnissen und Erfahrungen 40jähriger sozialistischer Entwicklung von Städtebau und Architektur den Versuch unternehmen, die spezifische historische Dimension für unser Land in bezug zum Thema des Kolloquiums zu skizzieren. Damit meine ich den Versuch des ersten sozialistischen deutschen Staates in 40 Jahren seines Aufbaus, eine dem Primat konkreter sozialer Zielsetzungen zur Verbesserung der Arbeits- und Lebensbedingungen der Menschen verpflichtete Städtebau- und Architekturentwicklung im Leben zu verwirklichen. Diesen vierzig Jahren, einem Fünftel in der Laufzeit der Geschichte seit der Großen Französischen Revolution von 1789, so vermute ich, werden Historiker „nach uns" nur den Rang eines historischen Experiments einräumen können. Diese Vermutung bestätigt sich bereits im gegenwärtigen Streit der Ideologien und um Gesellschaftskonzeptionen der Gegenwart und Zukunft. Zahlreiche Forschungsprojekte zur Architekturgeschichte der DDR außerhalb unseres Landes belegen das große Interesse an unserer Städtebau- und Architekturgeschichte, und wir sind natürlich auch selbst dabei, unsere eigene Geschichte zu erforschen und aufzuarbeiten.

Die Frage des Experiments sehe ich nicht nur im sozialen Inhalt, der z. B. im Wohnungsbau in diesen 40 Jahren kontinuierlich verfolgt wurde, denn hierbei galt es, alte revolutionäre Ziele der Arbeiterklasse und ein politisches Programm zu realisieren. Der Anspruch des Experiments lag vielmehr im Umgang mit den vorhandenen und sich entwickelnden Produktivkräften und der Art und Weise der Anwendung des wissenschaftlich-technischen Fortschritts im Prozeß des Bauens für neue gesellschaftliche Ziele. Hier möchte ich den Bezug zum Generalthema des Kolloquiums anlagern, d. h. die Triebkraftfunktion des Widerspruchs zwischen sozialem und wissenschaftlich-technischem Fortschritt untersuchen sowie einen Blick auf die Jahre vor uns werfen. Gestatten Sie mir aber, zunächst eine *Verbindung zum Werk Hannes Meyers* herzustellen. Dieser Versuch liegt wenige Monate vor seinem 100. Geburtstag nahe, weil zum einen der Zugriff auf die Quellen, durch die Freigabe wichtiger Teile seines Nachlasses in der Schweiz, nun möglich ist, und zum anderen, weil die solide wissenschaftliche Aufarbeitung seines Gesamtwerkes durch *Klaus-Jürgen Winkler*[2] die Aufschlüsse zu Hannes Meyers Werk erleichtert.

Erinnerungen, Hypothesen und Deutungen sind nunmehr auf ihren Wahrheitsgehalt hin prüfbar geworden. Ich glaube, wir werden am Ende dieses Kolloquiums feststellen können, daß nicht nur das Hannes-Meyer-Bild im Sinne der Einordnung seiner Persönlichkeit als Architekt, Städteplaner und Hochschullehrer in die Reihe der bedeutenden Architekten unserer Zeit korrigiert wurde oder mancherorts noch korrigiert werden muß. Wir werden hingegen auch begreifen, daß Meyers Sicht zum Wechselspiel zwischen gesellschaftlichen Erfordernissen und der Architekturentwicklung in unserer Zeit eine äußerst wertvolle Quelle ist, um historisch die Bezüge von Theorien und politischen Positionen zur Architektur in unserer Epoche in ihrem tatsächlichen gesellschaftlichen Bedingungsgefüge zu erkennen.[3] Hannes Meyer fand m. E. als erster marxistischer Architekturanalytiker und Planungspraktiker eine brauchbare wissenschaftliche Methode, um zeitbezogene Ausdrucksformen in der Architektur in der Tiefe ihrer sozialen Bedingtheit abzuklären und formale Probleme aus ihrem Bezug zur Ideologie zu deuten und historisch einzuordnen. Meyer stieß letztlich als Theoretiker auf das soziale Wesen des Gestaltwandels in der Architekturentwicklung unserer Zeit vor und untersuchte dieses in Verbindung zum Entwicklungsstand der Produktivkräfte. Mit dem Generalthema *Produktivkraftentwicklung und Umweltgestaltung* sind wir deshalb bestens auf diesem Kolloquium mit Hannes Meyers Grundauffassung zur Architekturentwicklung in unserer Zeit verbunden. Er schrieb z. B. aus seinen persönlichen Erfahrungen, die er in der Sowjetunion Mitte der 30er Jahre in der Auseinandersetzung mit dem Historismus in der Architektur gewonnen hatte, 1937 in einem Brief an Kolli: „Es war meine tiefste Überzeugung, daß sich auch nach der entsetzlichen Verirrung in irgendeinen römischen und amerikanischen Modestil die ökonomisch-regulierend einwirkenden Kräfte der heutigen Bautechnik, der heutigen Wissenschaften mit einer neuen künstlerischen Kraft als schließlicher Endsieger erweisen werden."[4] Wie gegenwärtig und wichtig Meyers Position im heutigen Theoriengewirr zur Postmoderne und ihren Nachläufern oder gar zur Neuerfindung einer sogenannten „posttotalitären Phase der sozialistischen Architekturentwicklung" sind, verdeutlicht die Auffassung, die ich in einem kürzlich veröffentlichten Aufsatz zu einer sowjetischen Architekturausstellung in der BRD las, wo nach Meinung des Autors die der gegenwärtigen Entwicklungsphase vorgelagerte „totalitäre Phase der Architekturentwicklung" letztlich die Moderne in ihrer Gesamtheit war, von deren „totalitären" Forderungen sich die Postmoderne distanzieren mußte.[5] Der Blick auf Hannes Meyers Gesamtwerk läßt m. E. die Feststellung zu, daß sein Sinn für die Praxis in ihrer sozialen Realität und Klassenbedingtheit und sein historisch-materialistisch scharfes Theorieverständnis ihn praktisch vor der Einordenbarkeit in die „Ismen", die in seiner Zeit die Gemüter bewegten, bewahrt haben, obwohl er sie in ihrer historischen Bedingtheit begriff und auch theoretisch vermittelte. Bezogen auf die Architekturentwicklung in unserem Land sind Einflüsse von Zeitströmungen und politischen Umständen zweifellos vorhanden gewesen, und sie sind es auch heute. Aber auch für die Geschichte unserer Architektur läßt sich m. E. kein „Ismus" schreiben, sondern ein sehr dynamischer und mit vielen Widersprüchen angereicherter Prozeß des Gestaltwandels, der Veränderung der ästhetischen Werte und architektonischen Ausdrucksformen sowie der räumlichen Beziehungen steht in Verbindung mit dem Reifen und dem eigenen Wandel gesellschaftlicher Verhältnisse für die Geschichtsforschung zur Disposition. Meyer stand in seinen letzten Lebensjahren dem Anfang der sozialistischen Entwicklung in der DDR mit dem historischen Abstand der Erfahrungen des Bauhauses und seiner Arbeit in der Sowjetunion und in Mexiko solidarisch zur Seite. Er war, wenn man heute die Quellen analysiert, für uns ein Ratgeber, der auch heute noch Aktualität in seinem Werk besitzt und entsprechende Aufmerksamkeit und Ehrung verdient.

An dieser Stelle sei mir eine Anmerkung gestattet: Hier im Saale sitzen Menschen, deren Verdienst um die Erschließung des Werkes von Hannes Meyer nicht in den Büchern steht, aber ohne deren Engagement wir unser Verständnis zu Hannes Meyer und den Zugriff zu den Quellen in seinen Werken nicht hätten erreichen können. Hier im Saal befindet sich die Tochter von Hannes und Lena Meyer, Frau Liselotte Aniceto-Meyer, die gemeinsam mit ihrem Bruder Mario, dem Vermächtnis ihrer 1981 verstorbenen Mutter Lena Meyer-Bergner folgend (mit der wir eng an der Aufarbeitung des Nachlasses Hannes Meyers zusammenwirkten),[6] ihr Erbteil am Planarchiv Hannes Meyers den Bauhaus-Sammlungen in der DDR übereignet hat. Im Saal sitzt gleichfalls Claude Schnaidt, der schon in den 60er Jahren mit einem aufsehenerregenden Buch[7] und in einem jahrzehntelangen Kampf für Meyers wahrheitsgemäße Einordnung in die Geschichte und gegen Ignoranz und Verleumdung seiner Person und Leistungen eingetreten ist.

In den Thesen zum Workshop „Geschichte der DDR-Architektur" habe ich die Wirkungen von sozialem und wissenschaftlich-technischem Fortschritt auf die Architekturentwicklung in unserem Land als einen in bezug auf die sozialistische Entwicklung spezifischen Widerspruchsmechanismus mit einer ganz bestimmten Triebkraftfunktion bezeichnet. Ich füge hinzu, daß aus der historischen

Analyse dieses Widerspruchsmechanismus wichtige Schlüsse gezogen werden können zu *notwendigen Veränderungen für das Bauen* im gesellschaftlichen Entwicklungsprozeß generell und für den architektonischen Schaffensprozeß im besonderen. Gleichfalls sehe ich hier den wesentlichen Ansatz, wenn wir die Periodisierung der Architekturgeschichte in der DDR im Sinne einer Prozeßgeschichte vornehmen wollen.

Die Erfahrungen unserer gesamten 40jährigen Architekturgeschichte zeigen, daß eine historisch veränderte, neue soziale Zielstellung für das Bauen (und das war von Anfang an der Anspruch an Volksbedarf in der Architekturproduktion für die ganze Breite der gesellschaftlichen Entwicklung gegenüber bürgerlichem Luxusbedarf) immer eine gleichzeitige, sich ständig neu profilierende Herausforderung an die Aktivierung der Produktivkräfte und der Wissenschaft ist.

Gerade diese Herausforderung erwies sich als ein kompliziertes gesellschaftliches Aktionsfeld, das der Dynamik des gesellschaftlichen Entwicklungsprozesses nicht im notwendigen Tempo oder in der optimalen Orientierungsrichtung aus heutiger Sicht folgen konnte. Das zeitbezogene Erkennen der realen gesellschaftlichen Umstände ist m. E. auch der tatsächliche Dreh- und Angelpunkt für eine architekturkritische Sicht gegenüber den formalen Erscheinungen in den einzelnen Entwicklungsetappen unserer Architekturgeschichte. Dabei wird deutlich, daß der revolutionäre Gehalt des sozial determinierten Entwicklungskonzepts für Städtebau und Architektur seit Beginn der DDR-Entwicklung nicht immer in gleicher Weise als revolutionäre Herausforderung an die materiell-technische Seite der Produktivkräfte zu jedem Zeitpunkt in unserer Geschichte verstanden wurde. Der Blick auf die Jahre 1951–1953 zeigt, daß die damals in den 16 Grundsätzen des Städtebaus[8] historisch weitsichtig verankerten sozialen und kulturellen Ziele für die Architektur- und Städtebauentwicklung mit dem Vorkriegsproduktivkraftstand in der Bauproduktion schon auf kurze Dauer nicht zu bewältigen waren. Die programmatische Ausarbeitung der 16 Grundsätze führt den Historiker auf die Spur des interessanten Versuchs, eine Synthese in der Aufarbeitung von Planungsintentionen der Moderne, konkret der CIAM-Bewegung, von Erfahrungen der in den 50er Jahren tragenden Auffassungen in der sowjetischen Städtebau- und Architekturentwicklung sowie traditioneller nationaler Kulturwerte der deutschen Baugeschichte zu finden und in einem neuen Architekturkonzept zu verarbeiten. Der relativ kurze Zeitraum, in dem in der Anfangsphase des Bauens in unserem Land eine historische Linie in der architektonischen Formensprache vertreten und praktiziert wurde, wurde keinesfalls von allen damals Beteiligten und auch nicht von Kritikern und Sympathisanten von „außen", wie es z. B. Hannes Meyer in bezug auf die DDR-Architekturentwicklung war, als Ausdruck der Umsetzung bestimmter Indoktrinationen auf die Kulturpolitik in der DDR empfunden. Diese Etappe wurde – ich formuliere in Anlehnung an Hannes Meyer – als eine notwendige Aneignungs- und Auseinandersetzungsphase mit den historisch gewachsenen Kulturwerten durch das Proletariat und ihre tragenden politischen Kräfte im Übergang zum sozialistischen Entwicklungsprozeß aufgefaßt. Wie zahlreiche Quellen belegen, gab es in dieser Zeit drei Gruppierungen von Architekten, ihr Verhältnis zu dieser Schaffensperiode betreffend: Die einen versuchten den eingeschlagenen Weg aus eigener innerer Überzeugung zu gehen. Andere blieben bei ihrer früher angeeigneten Grundhaltung und gingen diesen Weg nicht. Die dritte Gruppe wechselte den Gebrauch stilistischer Ausdrucksmittel in der Architektur in der Bewegung der damaligen Zeitereignisse. Es ist erstaunlich, wenn man in bezug auf die bürgerliche Architekturkritik heute feststellt, wie die DDR-Architektur der frühen 50er Jahre einen Bedeutungswandel von einstiger Verdammnis als Kopie von Architekturdoktrinen im damaligen Verständnis des sozialistischen Realismus zum heute fast bejubelten Vorreiter einer historistischen Linie der Postmoderne erfuhr. Natürlich verdient diese Phase eine ganz andere Fixierung und Einordnung. Sie hat bleibende Kulturwerte im Ensemble unserer Städte in ihrem spezifischen Zeitbezug geschaffen. Aber gleichzeitig bleibt die Aufgabe einer versachlichten Feststellung ihrer Probleme in der Geschichtsbetrachtung. Und dabei ist zweifellos eine verengte Sicht im ästhetischen Konzept und das nicht gelöste Problem festzuhalten, den gesetzten sozial-kulturellen Ansprüchen in der architektonischen Gestaltung mit adäquaten technisch-technologischen Lösungen unter den konkreten ökonomischen Bedingungen – heute würden wir sagen – mit dem notwendigen Innovationsschub in der Herausforderung der Produktivkräfte zu entsprechen.

In der DDR-Architekturentwicklung war der Bruch dann auch Mitte der 50er Jahre radikal, er war erwiesenermaßen primär politisch gegeben. Der Kampf um sozialen Fortschritt, insbesondere durch eine rasche Erhöhung des Wohnungsbaus zur Lösung sozialer Grundprobleme, und der notwendige Wiederaufbau forderten die Produktivkraftentwicklung in Richtung Industrialisierung der Bauproduktion mit aller Macht heraus. Natürlich stellt sich ein solcher Wandel nicht über Nacht durch eine Explosion von Erfindungen und die Bereitstellung von neuen Bautechnologien ein. Es mußten zunächst unter den gegebenen ökonomischen Rahmenbedingungen Anknüpfungspunkte in der geschichtlichen Erfahrung und bei den greifbaren Verfahren, die Wissenschaft und Technik sowie das Vorschriftenwerk zum gegebenen Zeitpunkt zu bieten hatten, gesucht werden. Die DDR-Architekturgeschichte hat Mitte der 50er Jahre m. E. historisch objektiv bedingt ihren Wendepunkt, wo sie einen Weg einschlägt, der an praktische Bauleistungen des „Neuen Bauens" zu Beginn der 30er Jahre anknüpft. Damit in Verbindung stehen frühe Konzeptionen für einen sozialorientierten Städtebau in Deutschland. Insbesondere sei hier auf Planungen von Bruno Taut, Otto Haesler und Ernst May in den 20er Jahren verwiesen und auf spätere Arbeiten in der Sowjetunion, wo besonders die Leistungen der Gruppe Ernst May und Planungen Hannes Meyers hervorgehoben werden müssen. Die folgenden Phasen der Zerstörungen und des Wiederaufbaus in Europa sind aus meiner Sicht historisch hinreichend fixiert, wenngleich in den Quellen noch nicht völlig erschlossen. Der Weg zwischen Mitte der 50er und Mitte der 60er Jahre ist, aus dem historischen Abstand von heute betrachtet, ein mühevoller Weg des Aufbaus einer neuen produktiven Basis der Bauindustrie in der DDR gewesen. Die Architekturformen (mithin der architektonische Ausdruck der damaligen Zeit) wirken eher bescheiden und beschränken sich im künstlerischen Anspruch deutlich.

Interessant ist der Übergang in die Periode der zweiten Hälfte der 60er Jahre, die oft eilfertig in die damals tragende futuristisch-technizistische Tendenz als Architektursymbolismus eingeordnet wird. Meines Erachtens war es der nunmehr erkennbare und bewältigbare Produktivkraftschub in der Bautechnik, der es ermöglichte, neue gesellschaftliche Inhalte in der Architektur symbolhaft zu manifestieren.[9]

Der Widerspruch zum damals aktuellen sozialen Grundanliegen des Bauens, vor allen Dingen in der Sphäre des Wohnungsbaus und der Arbeitsumwelt, wurde jedoch evident, weil der technische Innovationsschub nicht primär in dieser Richtung erfolgte. Er realisierte sich hingegen an Verfahren, die auf Bauaufgaben mit Überbaufunktionen (Hochschul- und Verwaltungsgebäude, Hotels) gerichtet waren, die ohnehin schon formale Vorbilder in Ländern mit höherem Stand der Bautechnik hatten. Der technische Fortschritt im Sinne der Weiterentwicklung der industriellen Produktionsbasis fand damals zu den Baukategorien, die der Befriedigung unmittelbarer Grundbedürfnisse dienten, wenig Zugang. Die technische Seite der Produktivkraftentwicklung war zu diesem Zeitpunkt durch die erstgenannten Baukategorien enorm herausgefordert und manifestierte sich ästhetisch so, wie die architektonische Idee durch die Bautechnik bewältigt wurde. Die Wissenschaft hatte in dieser Zeit gesellschaftlich zwar ein großes Gewicht, nur wurde ganz offensichtlich das dialektische Beziehungsgefüge zwischen sozialem und wissenschaftlich-technischem Fortschritt in diesem Prozeß ungenügend erfaßt. Es lohnt sich, aus den heute möglichen historischen Einsichten Lehren im Sinne unseres Themas auch für die Zukunft zu ziehen.

Die danach folgende Periode unseres Architekturschaffens, d. h. die des Bauens in der DDR seit Anfang der 70er Jahre, reagierte dann auf diese Widerspruchskonstellation entsprechend. Die Beschlußfassung zum Wohnungsbauprogramm bis 1990 als Lösungsweg für die Wohnungsfrage als soziales Problem unter den Bedingungen der DDR war im Jahre 1971 eine Konsequenz in dieser Richtung. Die Entscheidungen wurden wohlwissend getroffen, daß das hochgesetzte soziale Ziel nicht ohne durchgreifende Veränderungen der technisch-technologischen Basis und enorme Investitionen einhergehen konnte. Der Aufbau von weiteren 19 Plattenwerken einschließlich Import finnischer und sowjetischer Technologien sowie die Entwicklung der Wohnungsbauserie 70 stehen für die Entscheidungen in dieser Phase. Die historische Sicht markiert heute einen wichtigen Punkt in der Architektur der beginnenden 70er Jahre. Ich möchte den damals ausgelösten Prozeß als ein weitgreifendes Experiment zur Lösung eines sozialen Grundproblems innerhalb einer sozialistischen Gesellschaftskonzeption bezeichnen, das natürlich zu einer Herausforderung für die weitere Produktivkraftentwicklung wurde. Es ist m. E. recht und billig, dieses Experiment, das die DDR praktisch allein eingegangen ist, in seinen Konsequenzen zu durchdenken. Die Zeit gebietet dies insbesondere, weil das gesellschaftliche Hauptziel, die Wohnungsfrage als soziales Problem zu lösen, greifbar nahegerückt ist. Die DDR wird im Jahre 1990, die Wohnungsfrage betreffend, etwa 7,07 Millionen real verfügbare Wohnungen bei den bekanntlich sozial günstigen Nutzungsbedingungen (Mieten) gegenüber 6,65 Millionen Haushalten zur Wohnraumverteilung zur Verfügung haben. Die durchschnittliche Wohnraumnutzfläche liegt dann bei etwa 27 Quadratmetern pro Einwohner. Freilich ist heute in der Rückschau festzustellen: Es war abzusehen, daß ein solcher Weg neue Anforderungen an wissenschaftlich-technische Vorausschau, an die Dynamik der Entwicklung der Produktivkräfte und die Art und Weise der Reproduktion der baulichen Grundfonds in sich trug. Die Konsequenzen liegen auch heute vor allem in der Notwendigkeit kontinuierlicher und entschiedener Innovationsbildungen in der Bautechnik und -technologie in Verbindung mit den architektonischen Ausdrucksformen. Man kann davon ausgehen, daß dieser Umstand auf die Architekturprogrammatik und die Struktur der Bauaufgaben in den 90er Jahren wesentlichen Einfluß ausüben wird, zumal die 1982 beschlossenen Grundsätze für die sozialistische Entwicklung von Städtebau und Architektur in der DDR[10] bereits in diese Richtung orientierten.

Wenn auch ein ausreichender zeitlicher Abstand zur kulturhistorischen Wertbestimmung der Ergebnisse dieser Entwicklungsetappe noch nicht gegeben ist, möchte ich aber zur Kritik an zunehmender Unverhältnismäßigkeit des Abgangs alter Bausubstanz gegenüber dem Neubauzuwachs in der DDR-Architektur Ende der 80er Jahre im Sinne historischer Verhältnismäßigkeit folgendes sagen: Freilich wäre eine andere Proportionalität in der Struktur der Bauaufgaben denkbar gewesen. Dann stünden heute schlechter gelöste Grundprobleme einer besseren Situation des Bauzustandes gegenüber. Hier liegt das uns wohl bewußte Grundproblem und die Besonderheit für die Architekturentwicklung in der DDR in ihrem Widerspruchsgefüge zwischen sozialem und wissenschaftlich-technischem Fortschritt sowie den konkreten ökonomischen Bedingungen in den 80er Jahren.

Die Problematik liegt einerseits in der Priorität des sozialen Inhalts der Architektur und andererseits im Konzept, wie wir weiter vorankommen werden und wie wir uns einrichten können, den wissenschaftlich-technischen Fortschritt und die Ökonomie unserer Gesellschaft in den 90er Jahren so zu gestalten, daß soziale Errungenschaften gesichert und qualitativ ausgebaut werden können. Der Fortschritt in der Produktivkraftentwicklung muß dabei auf einen zeitlich faßbaren Prozeß komplexer Maßnahmen der Erhaltung und Erneuerung in den baulichen Strukturen orientiert werden. Diesen Prozeß sehe ich als eine große, neue Herausforderung, besonders im Zusammenwirken von Architekten und Designern und natürlich zwischen Wissenschaft, Praxis und Politik.

Leider ist die wissenschaftliche Vorausschau der Bauforschungseinrichtungen in unserem Land heute noch nicht in den Plänen und Entwicklungsprogrammen für die 90er Jahre verankert. Aber aus der Sicht der Städtebauforschung zeichnet sich für die 90er Jahre folgender Entwicklungstrend als gesellschaftlich tragend ab: Wir erreichen mit Beginn der 90er Jahre eine Situation, die quantitatives Wachstum der baulichen Fonds im wesentlichen nicht mehr nötig macht. Dieser Umstand wird durch eine als stabil und funktionsfähig zu bezeichnende Siedlungsnetzstruktur begünstigt. Die komplexe Lösung der Aufgaben von Erhaltung und Erneuerung des Bestehenden in Verbindung mit technologischen Innovationen in der Industrie sowie ein beträchtlicher Bedeutungsgewinn ökologischer Anforderungen an die Bauaufgaben stehen zur Bewältigung an. *Die strukturelle Umstellung des Bauaufkommens, notwendigerweise verbunden mit bedeutenden Innovationsschüben, ist also unumgänglich* und keinesfalls Illusion. Dieser Prozeß wird sich zweifellos nur schrittweise vollziehen, aber ein sich deutlich verringernder Neubaubedarf, der nicht plötzlich, sondern als notwendige Konsequenz aus dem entstandenen Grundfondsvolumen entsteht, wird im nächsten Jahrzehnt diesen Wandel ermöglichen. Wir rechnen auch die Wirkungen demographischer Wellen in dieses Konzept ein und kommen zu Berechnungsansätzen für den Wohnungsbau, die sich vor allem auf den Ersatz verschlissener Bausubstanz konzentrieren. Dieser in Verbindung mit einem komplexen Herangehen an die Erneuerung der technischen Infrastruktur und der Arbeitsstätten sowie der gesellschaftlichen Einrichtungen stehende Prozeß wird es erlauben, schrittweise die Bausubstanz in der Normalität des Reproduktionsprozesses der baulichen Grundfonds in einen guten Zustand zu versetzen. Das trägt vor allem die Konsequenz der Steigerung der Instandhaltungs- und Instandsetzungskapazitäten in sich. Die Spezifik im Widerspruchsgefüge zwischen sozialem und wissenschaftlich-technischem Fortschritt in bezug auf das Bauen in den 90er Jahren wird also in der Sicherung des sozial Erreichten bei Erhöhung seines kulturell-ästhetischen Niveaus und bei gleichzeitiger Umstellung der vorhandenen Grundmittel auf geeignete Bauweisenstrukturen für diese Aufgaben liegen. Dazu kommt das gesellschaftliche Erfordernis qualitativ neuer Anforderungen an die Stadtplanung. Hierbei ist Komplexität in der Einheit von Erhaltung und Erneuerung gefragt, und eine inhaltliche Weiterentwicklung der Funktionsgefüge in der Stadt wird notwendig sein. Des weiteren sind alle Reserven zur Erhöhung der städtischen Dichte und zur Verbesserung der naturräumlichen Beziehungen der Stadt zu erschließen. Letztlich heißt das, das gesamte planerische Konzept in den Städten auf Kontinuität in der Erneuerung der baulichen Grundfonds im Sinne der Intensivierung der Stadtreproduktion zu richten.

Von großer Bedeutung ist m. E. in diesem Zusammenhang die bauliche Erneuerung bzw. Instandsetzung der Arbeitsstätten in Verbindung mit der technologischen Erneuerung der Produktion auf den eingelagerten Standorten in den Städten und Industriegebieten. Von ähnlichem Gewicht wird auch der Prozeß von Erhaltung und Erneuerung der Bausubstanz auf dem Lande im Kontext mit der Dorfgestaltung sein.

Ein weiteres Spezifikum unseres Landes liegt im nächsten Jahrzehnt in der Erhaltung und Erneuerung vieler unserer Stadtzentren. Dieser Prozeß ist unumgänglich und hat im Grunde genommen bereits begonnen. Weimar selbst bietet dazu derzeit viel Anschauungsunterricht für seine Besucher. In anderen Städten, z. B. in Gera und Rostock sowie in Berlin, ist dieser Prozeß bereits weiter fortgeschritten. Er ist in seiner Herausforderung an das gestalterische Potential unseres Landes eine einmalige historische Chance bezüglich der Bewältigung von Architekturaufgaben, die historisch gewachsene, bewahrenswerte Bausubstanz mit neuen architektonischen Ausdruckswerten verbinden müssen.

Hier schärft sich praktisch in einem gesellschaftlichen Gestaltungsbereich die Frage, *was und wie* im Verständnis von Kontinuität und Erneuerung in den 90er Jahren zu gestalten ist. Diese Chance birgt aber gleichzeitig die große Verantwortung in sich, historisch gewachsene, unterschiedliche Gestaltwerte und räumliche Bezüge zu vermitteln und für heute erkennbaren gesellschaftlichen Bedarf neu zu formieren. Erneut stellt sich dabei die Frage, aus welchen Traditionen wir bei der Lösung dieser Aufgaben schöpfen können, wenn wir dem in vergangenen Jahrzehnten selbst Geschaffenen Neues hinzufügen und uns der Herausforderung bewahrter Bausubstanz aus früheren Stilepochen stellen wollen. Nach meiner Überzeugung stehen wir dann in der Pflicht des eingeschlagenen Weges der Weiterführung der besten Traditionen der Bewegung des „Neuen Bauens", denen auch unsere Bauhauskolloquien verpflichtet sind. Das ist ein Weg, der sich weiter für neue Aufgaben in der Architektur- und Produktgestaltung öffnen wird.

1 Bernd Grönwald hielt diesen Vortrag auf dem 5. Bauhaus-Kolloquium im Juni 1989, er wurde erst im Frühjahr 1990 in der *Wissenschaftlichen Zeitschrift der Hochschule für Architektur und Bauwesen Weimar*, 36 (1990), H. 3, S. 17 – 20, veröffentlicht [hier als Dokument in der zeitgenössischen Rechtschreibung belassen; offensichtliche Schreibfehler wurden korrigiert].

2 Vgl. Klaus-Jürgen Winkler, *Der Architekt Hannes Meyer. Anschauungen und Werk*, Berlin 1989; Hannes Meyer, *Bauen und Gesellschaft*, Dresden 1980; sowie die Ausstellungen „Hannes Meyer – Architekt und Stadtplaner" (Weimar 1969), „Hannes Meyer – Plannachlaß Dessauer Teil" (Dessau 1989).

3 Vgl. Klaus-Jürgen Winkler, „Über die Beziehungen des Schweizer Architekten Hannes Meyer zur jungen DDR", in: *Architektur der DDR*, 31 (1982), H. 2, S. 110 ff.

4 Brief Hannes Meyers an N. J. Kolli vom 29. Juli 1937, in: Hannes Meyer, *Bauen und Gesellschaft*, Dresden 1980, S. 198.

5 Vgl. Alexander G. Rappaport, „Sprache der Architektur des Posttotalitarismus", in: Heinrich Klotz (Hg.), *Papierarchitektur. Neue Projekte aus der Sowjetunion*, Stuttgart/München 1989.

6 Vgl. Bernd Grönwald, „Zum Tode Lena Meyer-Bergners", in: *Wissenschaftliche Zeitschrift der Hochschule für Architektur und Bauwesen Weimar*, 28 (1982), H. 1., S. 19 ff.

7 Claude Schnaidt, *Hannes Meyer*, Teufen 1965.

8 „16 Grundsätze des Städtebaus", in: *Ministerialblatt der DDR*, Nr. 25 vom 16. September 1950.

9 Als herausragende Leistung in diesem Sinne ist der Berliner Fernsehturm zu würdigen. Problematischer vollzog sich die Realisierung der Projekte für die Universitätshochhäuser Leipzig und Jena, wobei die ursprünglichen Formideen und Funktionsbestimmungen durch die Grenzen der technisch-ökonomischen Realisierbarkeit deutliche Veränderungen erfuhren.

10 „Grundsätze für die sozialistische Entwicklung von Städtebau und Architektur in der DDR", in: *Neues Deutschland* vom 29./30. Mai 1982.

Harald Bodenschatz

„Wende"-Woche am Bauhaus in Dessau

Das II. Internationale Walter-Gropius-Seminar vom 4. bis zum 10. November 1989

Die Sicht eines West-Berliners

Termin: II. Internationales Walter-Gropius-Seminar vom 4. bis zum 10. November 1989, Ort: Bauhaus Dessau, Thema: Zentren der Region – Innenstadterneuerung und Stadt(zentrums)entwicklung – Modellplanung für Dessau. So stand es im Sommer 1989 in meinem Notizkalender. Wer hätte damals gedacht, dass die Zeitplanung des Bauhauses so präzise mit der revolutionären Umgestaltung in der DDR abgestimmt war! Schon auf der Fahrt nach Dessau wurde man angemessen eingestimmt – durch die Live-Übertragung der gewaltigen Kundgebung auf dem Berliner Alexanderplatz am 4. November. Am 9. November, dem fünften Tag des Seminars, wurde die Berliner Mauer geöffnet. Diese Entwicklung ließ das Walter-Gropius-Seminar natürlich nicht unbeeindruckt. Von Tag zu Tag änderte sich das Aufgabenfeld des Seminars, von Tag zu Tag erweiterte sich das Spektrum dessen, was unter dem Stichwort „Stadtentwicklung" zu diskutieren war: Gesprochen wurde nicht mehr nur über einzelne städtebauliche Projekte, sondern auch über die regionale Dimension der Stadtentwicklung, über eine Reform der Verwaltung, des Bauwesens, der industriellen Produktion, über die Veränderung und die Dezentralisierung des politischen und ökonomischen Systems.

Das Bauhaus in Dessau

Meine erste Begegnung mit dem Bauhaus geht auf den Sommer des Jahres 1989 zurück. Sie erfolgte per Post. Der Inhalt eines von Rolf Kuhn und Harald Kegler unterschriebenen Briefes vom 24. August 1989 betraf den damals üblichen und regen Schriftenaustausch. Es hieß darin: „Herzlichen Dank für Ihren netten Brief und die anregenden Publikationen. Den Schriftenaustausch wollen wir mit einer Publikation zu weiterführenden wissenschaftshistorischen Fragen fortsetzen." Das Bauhaus war für mich daher zuallererst eine naturalwirtschaftliche Börse von Schriftgut. Was es sonst noch war, blieb für mich erst einmal unklar – bis zum November 1989.

Titelseite der Textsammlung der Arbeitsgruppe Synthese des II. Internationalen Walter-Gropius-Seminars	Titelseite des Informationsmaterials für Teilnehmer des II. Internationalen Walter-Gropius-Seminars vom 4. bis zum 10. November 1989

Anlässlich des Seminars trafen sich am Bauhaus Dessau Fachleute aus der DDR mit Vertretern aus dem westlichen Ausland, unter denen sogar ein Kollege aus Israel war. Für uns „Ausländer" war das eine spannende Begegnung. Wir erlebten, dass das Bauhaus ein Treffpunkt kritischer, den internationalen Dialog suchender und reformorientierter Architekten, Planer und Soziologen aus der gesamten DDR[1] war – Ausdruck eines zentralistischen Staates, aber auch Zeichen des Umschwungs. Ganz offensichtlich war es am Bauhaus möglich, die Verhältnisse in der DDR kritisch zu reflektieren. Das gesamte Seminar war ein kollektiver Suchprozess nach geeigneten Reformen, der von oben in keiner Weise kontrolliert, sondern – in der Person Bernd Grönwalds – ausdrücklich ermuntert wurde.

Strategische Perspektiven

Den Teilnehmern des Seminars wurde „Informationsmaterial" überreicht, das Martin Stein zusammengestellt hatte. Darin äußerte Bauhausdirektor Rolf Kuhn die Erwartung, dass im Laufe des Seminars Beiträge zur Lösung von „drei Aufgaben für die Innenstadtentwicklung Dessau" erarbeitet werden, nämlich für die „Strategiebildung zur Innenstadtentwicklung", für die „Strukturplanung" und für die „Leitbildvorstellung". Zugleich unterstrich der stellvertretende Bauhausdirektor Harald Kegler die Notwendigkeit einer Neuorientierung angesichts des stadtentwicklungspolitischen Umbruchs in Richtung behutsamer Bestandsentwicklung: „In der zuendegehenden 100-jährigen Phase moderner Planung für die extensive Entwicklung und dem nunmehr beginnenden Übergang zur Intensivierung steht eine grundsätzliche Neubewertung und Orientierung der Planung für die Gesamtstadt und ihr Zentrum bevor."[2]

Zur Strukturierung wurden dem Seminar drei Arbeitsgruppen vorgegeben, deren letzte als „Synthese-Gruppe" bezeichnet wurde. An dieser war auch ich beteiligt. In dieser Gruppe wurden vor allem zwei Dokumente erarbeitet, ein „Negativ-Szenario" mit dem Titel: „Dessau bis zum Jahr 2010" sowie ein strategisches Entwicklungsprogramm, das „Industrielle Gartenreich".

Das Fazit des Negativszenarios aus der Sicht des Jahres 2010 lautete: „Die industrielle Entwicklung stagniert zunächst, nimmt dann nach dem Jahr 2000 ab. Die Industrielandschaft Dessau ist ökologisch zerstört, an das Gartenreich erinnern nur noch einige unvollständige Architekturelemente in der Steppe. Die Bewohnerzahl ist auf 46 000 zurückgegangen, alte Menschen und solche mit geringer Qualifikation sind überrepräsentiert. [...] 1989 war die Situation folgende: ‚Man kommt sich vor wie in der Wüste.' Die Situation hat sich inzwischen grundlegend geändert: Dessau ist eine Stadt-Wüste geworden."[3]

Doch das war nur das Negativszenario. Gleichzeitig wurde auch eine strategische Perspektive entwickelt, die im Jahre 2013, dem 800. Geburtstag von Dessau, kulminieren sollte. Ich schlug damals vor, die Möglichkeit eines strategischen Projekts „sozialorientiertes industrielles Gartenreich" zu prüfen.[4] Der Vorschlag war in der Überlegung begründet, dass vor allem zwei soziokulturelle Schichten die Region in der Vergangenheit wesentlich geprägt haben und bis heute prägen: das reformabsolutistische Gartenreich des späten 18. Jahrhunderts, das im Garten Wörlitz, dem ersten Landschaftsgarten Deutschlands, seinen symbolischen Ort gefunden hat, und die Welle der zweiten Industrialisierung, die während der ersten Jahrzehnte des 20. Jahrhunderts das Gartenreich überrollte und zum Teil zerstörte, eine Entwicklung, die früher in der Junkers- und Bauhausstadt Dessau und heute in Bitterfeld ihren symbolischen Ort gefunden hat.

Beide Entwicklungen waren nicht nur von regionaler Bedeutung: Das Projekt des Gartenreiches war vielleicht das umfassendste gesellschaftliche Experiment einer Reform von oben um 1800, ein Projekt der Aufklärung unter Fürst Leopold III. Friedrich Franz von Anhalt-Dessau, der von 1758 bis 1817 residierte; und die Industrialisierung der Region war auf das Engste verknüpft mit einer technisch vermittelten gesellschaftlichen Modernisierung: Verwiesen sei nur auf einige Protagonisten dieser Modernisierung wie Walther Rathenau, der im Auftrag der AEG in Bitterfeld die petrochemische Industrie aufbaute und Konzepte zum Braunkohleabbau entwarf, Hugo Junkers, den Flugzeugbauer, schließlich Walter Gropius, der sich gern als Wohnford sah, als Strategen der fordistischen Produktion und des entsprechenden Gebrauchs von Wohnraum.

Für all diese Protagonisten der modernen Industriegesellschaft war das historische Erbe der Region, in der sie wirkten, das Erbe des Gartenreiches, kein wichtiges Thema. 1989, angesichts der Folgen der Industriegesellschaft, die nicht einzig und allein auf die spezifische Ökonomie der ehemaligen DDR zurückgeführt werden konnten und durften, stellte sich in der Region wie in allen Industrieregionen der neuen Bundesländer und in Osteuropa die Frage nach einer neuen, verträglichen Vermittlung von Ökologie und Industrie, von Geschichte und Fortschritt. Diese Vermittlung war in der Region um Dessau alles andere als eine abstrakte Aufgabe, sie konnte in der Auseinandersetzung mit der eigenen widersprüchlichen Geschichte entfaltet werden.

Rückblick

Das strategische Projekt „Industrielles Gartenreich" prägte die Arbeit des Bauhauses Dessau in den folgenden zehn Jahren. Was wir allerdings im November 1989 nicht übersehen konnten, war die Wucht der veränderten gesellschaftlichen Verhältnisse, die einem solchen Projekt deutliche Grenzen setzte.

Das Projekt „Industrielles Gartenreich" wurde manchmal mit der IBA Emscher Park verglichen. In der Tat reihte es sich in die internationale Debatte um Strategien für ehemalige Industrieregionen ein, und es wurde durch den langjährigen Austausch mit der IBA im Ruhrgebiet beflügelt. Allerdings unterschied sich die Krise der Industrieregion Bitterfeld – Wittenberg – Dessau von der Krise westlicher Industrieregionen schon dadurch, dass nicht nur der vorherrschende Sektor der industriellen Produktion keine Zukunft mehr hatte. In den neuen Bundesländern brachen darüber hinaus alle Elemente eines gesellschaftlichen Modells zusammen: Der Arbeitsplatz ging verloren, die Wohnung war gefährdet, und sämtliche Institutionen, die in diesem Lebensstil eine Rolle gespielt hatten, verschwanden von der gesellschaftlichen Bühne: die Gewerkschaften, die Parteien, die Einrichtungen der sozialen und kulturellen Infrastruktur. Damit fehlten – anders als in den alten Bundesländern – Institutionen, die den Übergang vermittelten, die die Trauerarbeit des Abschieds übernahmen und den Übergang verträglicher gestalteten, die die alten Verhältnisse kannten, deren Vor- und Nachteile, und die in der Transformation der Verhältnisse das Rettbare zu retten versuchten.

Solche Institutionen gab es in den neuen Bundesländern nicht. Die damalige Partei des Demokratischen Sozialismus (PDS) konnte diese Rolle nicht übernehmen. Auch das Bauhaus war keine solche Institution, es spielte in der Vergangenheit keine sichtbare, erfahrbare Rolle vor Ort. Aber das Bauhaus war zumindest ein Ort, in dem das Wissen über vergangene Verhältnisse vorhanden war, ein Ort, in dessen Schubladen eine Vielzahl von Ideen und Projekten schlummerte, die in der Vergangenheit in der Versenkung verschwinden mussten.

Auf der anderen Seite gab es neue, harte Abhängigkeiten. Die Region Dessau – Bitterfeld – Wittenberg war ausgelaugt und hatte für Berlin ihre Bedeutung verloren; ihre menschlichen und natürlichen Ressourcen waren nicht mehr gefragt. Gleichzeitig kamen neue Akteure von außen, die gerade an einer verbrauchten Region Interesse hatten. Zum Beispiel Betreiber von Sondermülldeponien, Müllverbrennungsanlagen und Kraftwerken, Befürworter gewaltiger Straßenneubauten und des Elbausbaus. Diesen Akteuren waren die überkommenen Zeugnisse der historischen Reformkulturen nur lästig. Sie stießen vor Ort oft auf lokale politische Institutionen, die schwach und ohne Tradition waren, auch ohne notwendige Kenntnisse. Wichtige Entscheidungen wurden sowieso außerhalb der Region gefällt, durch die Treuhand in Berlin oder durch westdeutsche Großkonzerne bzw. Großbetriebe der raumtechnischen Infrastruktur.

Das Projekt eines „Industriellen Gartenreiches" bedeutete in dieser Übergangsphase ganz lapidar und schlicht: die Diskussion um ein regionalpolitisches Regelwerk zur Beurteilung privater und öffentlicher Entwicklungsprojekte, ein Regelwerk, das zumindest die ökologischen und soziokulturellen Möglichkeiten der Region zugunsten oft nur scheinbar kurzfristiger Vorteile nicht langfristig verspielt. Voraussetzung für die Arbeit an diesem Projekt war die Fortexistenz des reformorientierten Bauhauses, dessen Leiter Rolf Kuhn und Harald Kegler zumindest in den neunziger Jahren nicht – wie andernorts in Ostdeutschland üblich – durch westlichen Import ersetzt wurden. Ich selbst konnte ein wenig an diesem Projekt weiter mitarbeiten – zunächst als Gastdozent am Bauhaus Dessau in Nebentätigkeit, im Wintersemester 1990/91 gefördert vom Deutschen Akademischen Austauschdienst (DAAD). Inhaltlich hatte meine Gastdozentur das Thema „Soziokulturelle Perspektiven der Regional- und Stadterneuerung". Doch dies ist eine andere Geschichte ...[5]

1　Die solidarische, vertrauensvolle und zugleich äußerst intensive Arbeitsatmosphäre am Bauhaus Dessau führte dazu, dass in dieser Woche fachliche und persönliche Kontakte geknüpft wurden, die unter anderen Verhältnissen nur über Jahre hätten entstehen können und die bis heute nachwirken. Viele der jungen Fachleute aus der DDR waren später aktiv an der schwierigen Gestaltung des vereinten Deutschlands beteiligt und sind es auch heute noch. Dazu gehörten – neben Marta Doehler, Holger Schmidt, Sylvia Böhme, Iris Reuther und vielen anderen – auch einige Mitautoren dieses Buches: Rolf Kuhn und Harald Kegler.

2　Informationsmaterial für Teilnehmer des II. Internationalen Walter-Gropius-Seminars am Bauhaus Dessau, Dessau 1989, ohne Seitenzahl. Das Informationsmaterial ist dokumentiert in: Harald Bodenschatz, Harald Kegler, Max Welch Guerra (Hg.), *Perspektiven der Stadterneuerung in Dessau* (= ISR Diskussionsbeitrag Nr. 34), Berlin 1990.

3　AG Synthese, „II. Internationales Gropiusseminar am Bauhaus Dessau. 4. bis 10. November 1989". Vorläufige, noch unkorrigierte Fassung. Auf dem insgesamt elf Seiten umfassenden Papier sind folgende Verfasser vermerkt: Harald Bodenschatz, Marta Doehler und Holger Schmidt.

4　In meinen handschriftlichen Aufzeichnungen der strategischen Perspektive der „AG Synthese" heißt es: „Zeithorizont ‚800 Jahr Feier' 2013: neue Form der Feierlichkeit, Höhepunkt und Selbstdarstellung der aktiven Strategie ‚industrielles Gartenreich'". Bei der Erstnennung des Konzepts hieß es: „industrielles Gartenreich", nachträglich ergänzt um das Wort „sozialorientiertes".

5　Zur weiteren Entwicklung des Projekts „Industrielles Gartenreich" vgl. u. a. Bodenschatz/Kegler/ Welch Guerra (Hg.), *Perspektiven der Stadterneuerung in Dessau*; Stiftung Bauhaus Dessau (Hg.), *Bauhaus Dessau. Industrielles Gartenreich Dessau – Bitterfeld – Wittenberg*, Berlin 1996; Stiftung Bauhaus Dessau (Hg.), *Bauhaus Dessau. Industrielles Gartenreich 2*, Berlin 1999.

Dorothee Dubrau

Bürgerbewegungen und Stadterneuerung

Industrialisierter Massenwohnungsbau von oben – Bürgeremanzipation von unten

In der Geschichte der Stadtentwicklung der DDR findet man ganz unterschiedliche, zeitweise sich widersprechende Strömungen. In den fünfziger Jahren gab es tatsächlich auch hier einige Kollegen, die daran dachten, zentrale Bereiche, wie die historische Mitte Berlins und die Fischerinsel, nach den gewaltigen Kriegszerstörungen wieder aufzubauen. Wir wissen, dass die Realität anders geworden ist. Der Kollektivplan Hans Scharouns, abgestimmt mit dem sowjetischen Stadtkommandanten Aleksandr G. Kotikov, sah eine neue Strategie vor, eher das, was sich aus dem Bauhaus und der Moderne entwickelte: „Licht, Luft, Sonne", Funktionstrennung und verkehrsgerechte Stadt standen im Mittelpunkt. Erste Realisierungen gab es in Teilen dieser zerstörten Stadt, im Bereich der Frankfurter Allee. Hier wurde tatsächlich ein Komplex – die Wohnzelle Friedrichshain – zunächst im Stil des Bauhauses geplant, jedoch mit nur zwölf Wohnblöcken realisiert. Fünf Jahre später baute man auf der West-Berliner Seite im Hansaviertel – im Rahmen der Internationalen Bauausstellung Interbau – genau nach dieser Vision der modernen, offenen Stadt.

Die DDR ging bald nach dem modernen Beginn einen anderen Weg. Aus Anlass von Stalins 70. Geburtstag am 21. Dezember 1949 waren alle Repräsentanten der sozialistischen Länder in Moskau, auch Walter Ulbricht. Stalin hatte schon Mitte der 1930er Jahre mit dem Neuen Bauen gebrochen. Nun sollte Moskau das Bild der neuen sozialistischen Stadt prägen: „Von der Sowjetunion lernen, heißt siegen lernen". Statt dem Wiederanknüpfen an die Moderne wurde die Architektur der „nationalen Traditionen" das neue Leitbild. Die Bürger wurden an dieser Stelle nicht gefragt. Die Architekten hatten sich anzupassen, so wie es Hermann Henselmann tat, der ja eigentlich den Bauhausideen verpflichtet war. Er durfte in Ost-Berlin das erste Haus des neuen Architekturstils verwirklichen, das Hochhaus an der Weberwiese (1951/52). Kurz nach der Entscheidung für Henselmanns Entwurf gab es den großen Wettbewerb für die Neugestaltung der Frankfurter-/Karl-Marx-Allee, damals noch Stalinallee. Sieger wurde Egon Hartmann. An der Überarbeitung war wieder Henselmann beteiligt. Sein Schmuckstück wurde der Strausberger Platz. Jedoch erst nachdem der Plan und die Modelle fertig waren, wurden sie den Bürgern vorgestellt.

Ausweiskarte eines freiwilligen Aufbauhelfers, 1952

Nach den Entscheidungen war das Volk dann schon gefragt – wenn die „Subbot-niks" auf der Tagesordnung standen, die in den 1920er Jahren in der Sowjetunion entstandenen, „freiwilligen" Arbeitseinsätze am Sonnabend (russ. subbota). Das Nationale Aufbauwerk (NAW) war der große Aufruf an alle Bürger, mitzuhelfen, diese „erste sozialistische Straße Deutschlands" als ein politisches Zeichen des „demokratischen Deutschlands" und des Sieges des Sozialismus auch tatsächlich zu realisieren. Und das Volk kam, und zwar in Massen. Vier Millionen Arbeitsstunden wurden innerhalb eines Jahres geleistet. Man wurde dafür belobigt, man bekam eine kleine Karte, auf der die Arbeitsstunden mit Stempeln festgehalten waren. Wer genügend zusammenhatte, hatte die Chance, eine Wohnung in dieser Straße zu erhalten. Es gab tatsächlich einen großen Aufbruch – diese Straße sollte das Denkmal der „schöpferischen Kraft der Werktätigen" werden. Und sie ist es vielleicht auch im bestimmten Maße geworden. Und anderem auch dadurch, dass die Arbeiter am 17. Juni 1953 gegen die Erhöhung der Normen gerade auch in dieser Straße demonstrierten. Nach jahrzehntelanger baulicher Vernachlässigung ist diese Prachtstraße heute nach ihrer Sanierung wieder eine der beliebtesten Straßen in Berlin, mit ihren wunderbaren Wohnungen, Restaurants und Geschäften. Es war für mich nach der „Wende" ein wenig seltsam, dass plötzlich ausgerechnet diese Straße zum wichtigsten Zeugnis der DDR-Architektur erklärt wurde – als hätte es kein Davor und kein Danach in Architektur und Städtebau der DDR gegeben.

In den fünfziger Jahren kamen Fachleute und Politiker schnell zu dem Ergebnis, dass dieser Stil aus Kostengründen nicht weitergeführt werden konnte. Der Stil der Moderne war sehr schnell wieder in den Köpfen und wurde auch zwischen den Stalinbauten – man sieht es am Kino Kosmos – realisiert. Auch im Städtebau wurde die neue Phase eingeleitet: Der industrielle Wohnungsbau hielt Einzug; das erste große Gebiet war die Karl-Marx-Allee, zweiter Bauabschnitt. Während die letzten Bauten der Stalinallee fertiggestellt wurden, wurden längst die ersten „Platten" geplant.

Die DDR kaufte in der westlichen Welt, insbesondere in Schweden, Plattenwerke und baute in großem Umfang Wohnungen. Auch diese „Wende" in Städtebau und Architektur wurde ohne jede vorherige Beteiligung der Bürger vollzogen. Das Volk wurde nur am Samstag gebraucht, wenn es hieß: „Heraus zum Subbotnik!" Erst wurde gearbeitet und anschließend gefeiert.

Diese Subbotniks bezogen sich nicht nur auf Kleingärten, Spielplätze und Vorgärten. Auch größere Parks, wie zum Beispiel der Monbijoupark gegenüber der Museumsinsel in Berlin, wurden im Rahmen des Nationalen Aufbauwerkes gestaltet. Ursprünglich stand hier das Schloss Monbijou, das im Zweiten Weltkrieg total zerstört wurde. Durch die Bürger wurden die Reste abgetragen und eine grüne Oase mitten in der dicht bebauten Innenstadt errichtet. Der Zwirngraben im Bereich des Hackeschen Marktes hat eine ähnliche Geschichte. Hier gab es ebenfalls im Zweiten Weltkrieg starke Zerstörungen. Auch hier fanden die Bürger sich zusammen und bauten diesen Platz für die Allgemeinheit. Nach der „Wende" 1989/90 wurde intensiv diskutiert, ob man ihn bestehen lassen oder die ursprüngliche Bebauung wieder errichten sollte. Gott sei Dank konnten wir ihn erhalten – mit der Hilfe vieler Bürger. Heute ist er das Entree in einen der schönsten und belebtesten Teile Berlins, die Spandauer Vorstadt.

Die siebziger Jahre begannen. Ich war noch jung, hatte zu diesem Zeitpunkt die Schule und das Studium absolviert und wollte die Welt verändern. Das ist jetzt vielleicht ein bisschen lästerlich, aber ich empfand die Politik wie den allabendlichen Sandmann: „Liebe Kinder, gebt fein Acht, ich hab euch etwas mitgebracht." (Der Text ist der Westtext, der Osttext passte nicht so gut.)

Und so hörte man es jeden Tag in Radio und Fernsehen, las es in der Zeitung: „Liebe Werktätige, wir haben etwas ganz Schönes für euch mitgebracht – ein wunderbares Wohnungsprogramm, schöne neue Wohnungen kommen auf die grüne Wiese, überall wird gebaut, die Wohngebiete erhalten attraktive Zentren und alles, was dazugehört ..." Ein Mitspracherecht gab es auch zu dieser Zeit noch nicht.

Und nicht nur im Osten, auch im Westen wurden im großen Maßstab Wohnsiedlungen gebaut. Der Unterschied war, dass es im Westen mehr Einkaufsmöglichkeiten und im Osten mehr Kindergärten gab, aber ansonsten war es vom Grundsatz her doch ziemlich ähnlich, und es wurde vor allem an den Stadträndern gebaut, bis an die Landschaft heran. Für einen großen Teil der Bewohner und insbesondere für Familien mit Kindern erfüllte sich ein lang gehegter Traum – Neubauwohnung, Zentralheizung, Balkon, Badezimmer – und nur ein paar Schritte, und man war im Grünen.

Alle Geschäfte für den „täglichen Bedarf" und die „kommunalen Einrichtungen" waren in kurzer Entfernung angeordnet. Man kann wohl sagen, dieses Programm und diese Wohngebiete waren von vielen Bürgern – zumindest in den Siebzigern – akzeptiert. Ich muss auch für mich persönlich sagen, dass ich nach fünf Jahren mit einem Zimmer, Küche und Außenklo mit einem Kind und dann weiteren vier Jahren mit zwei Kindern und Ratten als Untermieter glücklich war über eine Neubauwohnung in Hohenschönhausen. Aber das Glück hielt nicht lange. Es kam das dritte Kind. Zweieinhalb Zimmer, zwei Stunden Fahrzeit am Tag. So wie meine Familie suchten viele lange, bis sie wieder eine Innenstadtwohnung, wenn auch mit Ofenheizung und vier Treppen, fanden.

In der Zwischenzeit wurde die Maschinerie der Plattenproduktion ausgebaut. Überall in der DDR gab es die Plattenwerke, und die funktionierten, lieferten Block für Block. Es war Massenproduktion, immer die gleichen Platten und immer die gleichen Häuser, bei uns wurden sie auch „Arbeiterschließfächer" genannt. Für die Arbeiter war es okay, die Intellektuellen sind wieder ausgezogen.

1978 schloss ich mein Studium ab. Die Kunsthochschule Berlin-Weißensee fühlte sich als Nachfolger des Bauhauses, die künstlerische Ausbildung stand im Vordergrund. Und dann die erste Arbeitsstelle – die „Aufbauleitung Berlin-Marzahn". Das war ein großer Bruch. Heinz Graffunder war mein Chef. Da er den Tierpark Friedrichsfelde, die Rathauspassagen und den Palast der Republik gebaut hatte, glaubte er, er hätte so viel Kraft, einen Strategiewechsel in der Baupolitik durchzusetzen. In Marzahn sollten seiner Vorstellung nach nicht hauptsächlich elfgeschossige Zeilen und Hochhäuser gebaut werden, man war in der Vorstadt, und eigentlich sollte vorstädtischer gebaut werden. Er scheiterte an dieser Stelle.

Alle Versuche, die wir starteten, um eine andere Baustruktur zu erreichen, wurden abgewehrt. Ab 2004 wurden die ersten Elfgeschosser zurückgebaut, jetzt sind sie drei- bis fünfgeschossig und haben etwa die Höhe, die wir uns damals erträumt hatten.

Das nächste Gebiet meiner planerischen Tätigkeit war Hellersdorf. Hier sollte jetzt endlich vorstädtisch gebaut werden, dreigeschossig, so wie Bruno Taut oder

Heinz Graffunder, Aufbauleitung Berlin-Marzahn, 1979

Ernst May geplant und gebaut hatten. Also genau in der Tradition der zwanziger Jahre. Wir versuchten, mithilfe der Platte alle möglichen Konzepte zu erarbeiten und zu beweisen, dass es mit diesem Instrument möglich ist, auch anders zu bauen. Aber auch das führte nicht in dem Maße zum Umdenken wie von uns erhofft. Aber zumindest gab es erste Ansätze. Es gab Fünf- und Sechsgeschosser, eine Eckbebauung, Straßen und Höfe.

Diese einseitige Orientierung der Baupolitik, ausschließlich auf die industrielle Bauweise, ausschließlich auf den Plattenbau mit seinen wenigen, immer gleichen Elementen, führte dazu, dass die gesamte Wirtschaft, die sich eigentlich auf die Altbausanierung hätte stürzen müssen, kaputtging. Es gab keine Ausbildung in den Handwerksberufen mehr, es gab keine Maurer, Zimmerleute und Dachdecker mehr. Und wenn man als Privatperson versuchte, einen zu beauftragen, musste man möglichst „blaue Scheine" haben oder „blaue Fliesen", wie das Westgeld im Volksmund hieß. Diese Fehlentwicklung hat uns jahrelang verfolgt.

Dank des (zunächst zarten) Widerstands der Bürger und des Kampfes vieler Fachleute gab es erste Versuche der Altbausanierung. Die Planung und Realisierung der Altstadt Greifswald ist für mich ein Beispiel dafür, wie seit Ende der siebziger Jahre versucht wurde, die Altbausubstanz wenigstens teilweise zu sanieren

Renate Strand und Andreas Sommerer, Entwurf für Marzahn Nord, 1979. Dieses Foto zeigt die Vorgabe der elfgeschossigen Blöcke in Marzahn Nord und Ahrensfelde – direkt an der Stadtgrenze – und den Versuch einer städtebaulichen Gestaltung dieses Gebietes.

und mit einer „angepassten Platte" in die Innenstadt zu gehen. Die historische Altstadt von Greifswald, nicht zerstört im Zweiten Weltkrieg, verfiel Stück für Stück. Um sie zu sanieren, fehlten die Kapazitäten, Materialien und Handwerker. Der Unterschied zu früheren Erneuerungsprogrammen, die vom Komplettabriss und dem Neubau über alle Grundstücksgrenzen hinweg ausgingen, war, dass hier der historische Stadtgrundriss erhalten und mit Neubauten ergänzt wurde.

Einerseits waren die Fachleute und die Bewohner natürlich glücklich, überhaupt mal ein anderes Gebäude zu bekommen als nur die übliche Platte. Andererseits fiel an jeder neu bebauten Stelle ein altes Haus dem Abriss zum Opfer, das heißt, ein großer Teil der historischen Substanz wurde abgerissen. In Greifswald schaffte man es immerhin, die zentralen Bereiche um den Markt historisch zu sanieren. Aber an den Rändern des Viertels gibt es nur noch die in Höhe und Dachgestaltung an die vorherigen historischen Gebäude angepasste Platte. Das Greifswalder Projekt war schon etwas Besonderes und als zentrales Sonderbauvorhaben ein Musterbeispiel.

In den achtziger Jahren ging es mit dem Berliner Nikolaiviertel aus Anlass der 750-Jahr-Feier Berlins weiter. Das war ein in der breiten Öffentlichkeit akzeptierter Vorgang. Nur noch drei Häuser und die zerbombte Nikolaikirche standen auf

Frank Iden bei der Entwicklung alternativer Konzepte für Hellersdorf, 1980

dem Areal. Der historische Stadtgrundriss wurde „modernisiert" und heutigen Bedürfnissen angepasst. Der Bereich um die Kirche wurde mit historisch rekonstruierten Gebäuden ergänzt. In den anderen Teilen des Gebietes wurde wie in Greifswald mit einer angepassten Platte, die unter anderem die ehemaligen giebelständigen Fischerhäuser symbolisieren sollten, gearbeitet. Die Bürger begrüßten das sehr, und wer eine Chance hatte, dort eine Wohnung zu bekommen, nutzte sie gern. Noch kurze Zeit zuvor waren in diesem Bereich Großbauten geplant worden. Die 750-Jahr-Feier bot den Fachleuten Gelegenheit, in die Geschichte zu schauen, auch in die Planungsgeschichte. Bereits in den 1930er Jahren hatte man den Abbruch des Viertels und den Wiederaufbau als Museumsstadt geplant. Im Westen hätte man das als „kritische Rekonstruktion" bezeichnet, im Osten gab es diesen Begriff nicht. Im Nikolaiviertel wurde der Stadtgrundriss durchaus verändert, die Plattenbauten verlangten andere Formate, es entstanden neue Straßen und eine räumlich erweiterte Uferzone. Nach außen erschien es als der mehr oder weniger historisierende Wiederaufbau des mittelalterlichen Stadtviertels.

Aber was passierte parallel? Was geschah in Prenzlauer Berg? Zum „Absetzen" der „Erzeugnisse" der Plattenbauindustrie brauchte man immer neue Standorte. Marzahn, Hohenschönhausen und Hellersdorf waren (fast) fertiggestellt, und so folgte die Planung dem breiten Wunsch nach dem Wohnen in der Innenstadt. Nur mangelte es dort an Standorten. So wurde nach aufgegebenen Industriearealen ge-

Mathias Winkler prüft Grundrisslösungen aus Plattenelementen, 1980.

sucht. Der wohl bekannteste frühere Industriestandort ist der Thälmannpark, entstanden nach dem Abbruch des alten Gaswerkes. Großen Protest gab es von Fachleuten und Künstlern gegen den Abriss der denkmalgeschützten Gasometer. Aber die zukünftigen Bewohner des Wohngebiets waren selig. Neue Wohnungen, mitten in der Innenstadt, in ihrem geliebten Stadtbezirk Prenzlauer Berg. Und wenn es auch Hochhäuser waren, es gab große Grünflächen und Spielplätze rings herum, die kurzen Wege in den „Kiez" blieben erhalten.

Der größte Teil der Bewohner aber blieb in den Gründerzeitquartieren – grau, schmutzig, eng, dunkel, mit Außenklo und Ofenheizung. Punktuell fanden einige wenige Sanierungen, wie am Arnimplatz, statt. „Dächer dicht" war das wichtigste Programm, „sicher, trocken und warm" sollten die Menschen wohnen. Mal wurde eine Fassade repariert, ein paar Kneipen wiedereröffnet oder Musterstraßen, wie die Husemannstraße, (teil)saniert. Viele Proteste gab es anfänglich nicht, weil die Bewohnerschaft großteils aus Studenten und Rentnern bestand. Die Jungen waren nur auf Zeit hier, ältere Leute meckerten nicht so viel. Die Familien waren in die Neubaugebiete gezogen. Oder die, die kritisierten und bleiben wollten, bekamen einen „Ausbauvertrag". In meinen alten Unterlagen habe ich noch solch einen Vertrag gefunden. In der Anlage zur Hofsanierung steht, dass allein für die Betonkübel 1600 Mark bezahlt wurden. Handwerker bekam man kaum, aber mit Geld wurde durchaus nachgeholfen.

207

Parallel dazu kamen die Hausbesetzer – auch ich hatte übrigens meine erste Wohnung 1974 besetzt – und natürlich die oppositionelle Szene: Damit wurden die Diskussionen politischer, jetzt ging es nicht mehr um eine Wohnung oder ein Haus, sondern um die Gesellschaft. Und in der weiteren Entwicklung der achtziger Jahre – das wissen alle – wurde dies zum eigentlichen Hauptthema.

Mit den dann entwickelten Planungen für einen verstärkten Umbau in Prenzlauer Berg wuchs der Widerstand. Das Projekt des Umbaus der Oderberger Straße[1] wurde von der dortigen Bürgerinitiative erfolgreich verhindert. Das nächste große Sanierungsvorhaben sollte die Rykestraße werden. Gemeinsam mit dem Bauhaus Dessau wurden Vorschläge zur Neugestaltung erarbeitet: Komplettabriss des inneren Blockbereichs und Neubau von Plattenbauten mit einem öffentlichen Platz im Zentrum. Man kann sich denken, dass sich die Bürgerinitiative, die sich sofort nach Bekanntwerden der Planungen gründete und sogleich mit der Bürgerinitiative Oderberger Straße zusammentat, ganz andere Vorstellungen entwickelte. Sie wären zwar mit einigen wenigen Abrissen einverstanden gewesen, aber die Gründerzeitstruktur sollte komplett erhalten bleiben. Sie schrieben einen Brief an Günter Schabowski (Erster Sekretär der SED-Bezirksleitung Berlin). Dieser antwortete: „Überwiegend handelt es sich um Mietskasernen, die, wenn sie überhaupt einen kulturhistorischen Wert haben, dann nur den des Beleges für eine Zeit und einen Geist, in denen sich der Klassencharakter der alten Gesellschaft, der Abgrund zwischen Arm und Reich besonders kraß offenbart. Wir haben kein Recht dazu, jede verrottete Bausubstanz

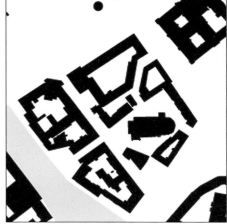

Berlin-Mitte, Nikolaiviertel: Schwarzplan 1940 und 1987 (Darstellung: Dorothee Dubrau)

Berlin-Mitte, Nikolaiviertel: Luftbild 2006

in ein Objekt der Denkmalpflege umzuwandeln. Schwerlich können wir uns einen solchen Luxus leisten."[2] Trotzdem, die Bürgerinitiative setzte ihren Willen durch, ihr Konzept wurde angenommen: Am Ende stand auf ihrem Plan ganz oben das Signet der Bürgerinitiative und darunter die Stempel der offiziellen Stellen, des „Büros für Städtebau" und des „Bezirksbauamtes Berlin". Er wurde die Grundlage für die weitere Bearbeitung.

Die Spandauer Vorstadt kennen wir heute alle als einen der wertvollsten noch erhaltenen historischen Stadtbereiche vom Beginn des 18. Jahrhunderts. Der Stadtteil war Ende der 1980er Jahre in einem katastrophalen Zustand, viel schlimmer noch als die Gründerzeitbebauung in der Rykestraße. Alle Instandsetzungsbemühungen der Bewohner blieben „Bastelei", hatten nicht geholfen, den Stadtteil zu erhalten oder gar „in Ordnung" zu bringen. Auch die wenigen Vorzeigeprojekte in der Sophienstraße, die zur 750-Jahr-Feier Berlins saniert worden waren, konnten das Bild kaum aufhellen. Ruinen entstanden durch fehlende Instandsetzung und abgebrochene Sanierung.

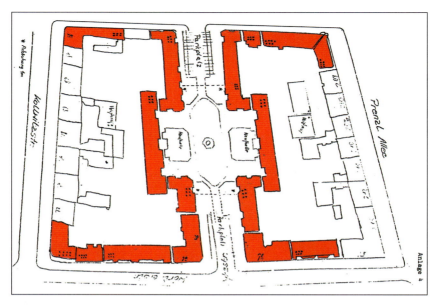

Berlin-Prenzlauer Berg, Rykestraße: ursprüngliche Planung des Bezirksbauamtes von 1988

Berlin-Prenzlauer Berg, Rykestraße: abgestimmter Konsensplan vom 29. Juni 1989

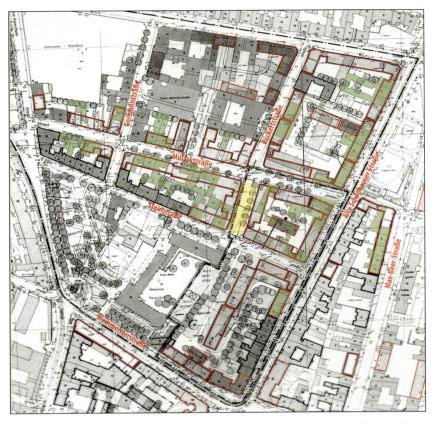

Berlin-Mitte, Spandauer Vorstadt, Büro für Städtebau 1988: Planung zum Abbruch/Neubau der Mulack- und Steinstraße

Berlin-Mitte, Spandauer Vorstadt: Abbruch an der Mulack-/Steinstraße, 1989

Die im Stadtteil gegründete Bürgerinitiative Spandauer Vorstadt versuchte mit
ganzer Kraft, weiteren Verfall und Abrisse zu verhindern, denn auch hier gab es
den Plan, 566 Altbauwohnungen zugunsten von 1050 Neubauwohnungen abzu-
brechen. Nur 240 Wohnungen sollten saniert bzw. instandgesetzt werden. Auch
diese Initiative schaffte es, das Verhältnis der „Parteiführung" zum Thema Sanierung zu verändern. Tatsächlich entstand ein neues offenes Diskussionsforum,
in dem neue Überlegungen zum Erhalt der bestehenden Stadt erstmals öffentlich
besprochen wurden. Letztendlich erhielt auch hier die Bürgerinitiative den Auftrag, eine neue Planung vorzulegen, die die alte Stadt mit ihren individuellen,
charakteristischen Häusern erhält. Der geplante Flächenabriss wurde komplett
gestoppt. Längst verloren geglaubte Häuser wurden gerettet.

Der damalige Sprecher der Bürgerinitiative Reinhard Miottke ging davon aus,
dass das Mitspracherecht der Bürger eines der wichtigsten Kriterien für den
Erhalt der Stadt, aber auch für den Erhalt der Gesellschaft sei. Die Bürger versuchten, jedes der gefährdeten Häuser zu kennzeichnen, sie verfassten Flug-
schriften, ketteten sich an, sicherten ihre Arbeitsräume und besetzten leere
Wohnungen.

Aber – und das sollte man nicht vergessen – es gab immer zwei verschiedene
Strömungen, die der zumeist von Intellektuellen und Künstler getragenen, die

Berlin-Mitte, Spandauer Vorstadt: Bürgermeinungen gegen und für den Abbruch der Gebäude, November 1989

sich für den Erhalt einsetzten und den Wert dieser alten Stadtteile betonten, und die der „einfachen Leute", die für sofortigen Abriss und Neubau waren. Die Bürgerinitiative versuchte, einen Kompromiss zu finden zwischen diesen beiden Gruppen, also zwischen denen, die sofort eine Neubauwohnung haben wollten, und jenen, die die alten Häuser erhalten wollten.

Wie Bürgerinitiativen in der DDR aussahen, lag an den Menschen. Sie waren, genauso wie die Bürger, ganz unterschiedlich. Manche bildeten sich aus Wohnbezirksausschüssen (WBA) heraus, andere wurden in Hinterzimmern von Kneipen oder in Kirchen gegründet. Alle, die es schafften, mit den anderen, mit den Parteikadern und Politikern und mit den Menschen vor Ort, zu sprechen, hatten die größten Chancen, ihre Interessen durchzusetzen. Ich füge diesem Text eine Liste aller Bürgerinitiativen an, die ich gefunden habe. Es sind zwei Seiten geworden. Ich weiß nicht, ob die Liste vollständig ist, aber es sind viele, und sie lassen ein Stück DDR-Geschichte erahnen.

Der Protest lief weiter: Diskussionen, Flugblätter, immer größere Demonstrationen, nicht nur für die „Freiheit", sondern auch für den Erhalt der alten Städte. Der Gipfel war die Kundgebung am 4. November 1989 auf dem Alexanderplatz. Dann kam der 9. November 1989 und die Pressekonferenz von Schabowski, die letztendlich die Mauer geöffnet hat – und damit begann eine neue Zeit.

Berlin-Mitte, Sophienstraße 28–29, ca. 1988
Berlin-Mitte, Sophienstraße 28–29, 2010

links: Berlin-Mitte, Brunnenstraße: Protest gegen Mietervertreibung 1999

Bürgerinitiativen 1989 in der DDR

(AG – Arbeitsgemeinschaft; AK – Arbeitskreis; BI – Bürgerinitiative; BK – Bürgerkomitee; BR – Bürgerrat; IG – Interessengemeinschaft; NF – Neues Forum; SaVe – Sanierungsverein)

Greifswald IG Altstadt · Greifswald IG Fleischer Vorstadt · Hagenow IG Denkmalpflege · Rostock SaVe Kröpeliner-Tor-Vorstadt · Rostock Schelfstadt · Rostock Kommunikationszentrum · Stralsund BK Rettet die Altstadt · Förderverein Stralsunder Altstadt · Wismar Altstadt · Schwerin BI Schelfstadt · Brandenburg BI Grüne Dominsel · Brandenburg AG Stadtgestaltung des NF · Potsdam AG Stadtgestaltung bei ARGUS · Frankfurt (Oder) AG Bauwesen des NF · Bautzen IG Altstadt · Dresden Äußere Neustadt · Dresden Klotzsche · Dresden IG Löbau · Dresden Grüne Liga · Görlitz Rettet die Altstadt · IG Architekten · Leipzig Bachstraßenviertel · Leipzig Connewitzer Alternative · Leipzig Messemagistrale · Leipzig Musikviertel · Leipzig Neustädter Markt · Leipzig Pro Plagwitz · Leipzig Pro Leipzig · Leipzig Waldstraßenviertel · Leipziger Baukonferenz · Leipzig AG Bauwesen des NF · Meißen AG Bauwesen des NF · Kuratorium zur Rettung der Stadt Pirna · Plauen BI Plauen · Zittau IG Stadterhaltung · Aschersleben Förderkreis · Calbe AG Bauen des NF · Dessau Kietz · Dessau BK Gegen Huthochhaus · Dessau Nord · Halberstadt Rekonstruktion statt Abriß · Halberstadt Kuratorium · Halle AK Denkmalpflege · Halle AK Innenstadt · Halle Giebichenstein · Halle Wörmlitz · Halle Marthapark · Halle Paulusviertel · Magdeburg BI Herrenkrug · Magdeburg BI Hasselbachplatz · Magdeburg BI Heumarkt · Magdeburg AG Denkmalpflege · Merseburger Altstadt-Verein · Stendal Freie Bürgergruppe Altstadt Stendal · Wittenberg Stiftung Cranachhöfe · Zeitz Geschichts- und Altertumsverein · Chemnitz AG Stadtplanung des NF · Chemnitz BI Kaßberg · Altenburg BR zur Rettung der Altstadt · Eisenach Förderkreis · Eisenacher Fachgruppe Stadtsanierung · Erfurt BI Innenstadt Andreasviertel · Gotha Stadtgeschichte und Altstadterhaltung · Gotha IG Denkmalpflege · Bad Langensalza · Weimar Kunst und Kulturprojekte · Weimar IG Landesmuseum Weimar · Suhl AG Stadterneuerung · Berlin BI Spandauer Vorstadt · Berlin BI Rykestraße · Berlin BI Helenenhof · Berlin BI Luisenstadt

1   Siehe den Beitrag von Matthias Bernt in diesem Band, S. 217–231.
2   Brief an die Bürgerinitiative Rykestraße, in: Jürgen Rostock, „Die betonierte Zukunft. Zum Wohnungsbauprogramm der DDR", in: *Arch+*, (1990), H. 102, S. 10.

Matthias Bernt

„Rübergeklappt und ausgeknipst"

Bürgerbewegungen und Stadterneuerung in Ost-Berlin vor und nach
der Wiedervereinigung

In vielen wissenschaftlichen und publizistischen Beiträgen existiert in Bezug auf
die Rolle von Bürgerbewegungen in der Stadterneuerung ein interessantes Spannungsfeld: Auf der einen Seite wird häufig betont, dass die „Wende" 1989 ihren
Ausgangspunkt auch in der selbstbestimmten Einmischung mündiger Bürger in
Angelegenheiten der Stadterneuerung gehabt habe – Bürgerbewegungen in der
Stadterneuerung wird also eine erhebliche Gestaltungsmacht zugesprochen. Auf
der anderen Seite findet sich nur wenig Material über das Ankommen dieser Initiativen im wiedervereinigten Deutschland, über die Rolle, die sie für den Verlauf
der Stadterneuerung nach dem Fall der Berliner Mauer spielten. Die Bedeutung
dieser Initiativen scheint sich gewissermaßen über Nacht in Luft aufgelöst zu
haben. Geht man nicht einfach davon aus, dass sich alle Wünsche der Bürgerbewegungen mit der Wiedervereinigung schlagartig gelöst haben, steht man damit
vor einem Rätsel: Wie kommt es, dass bürgerschaftliche Initiativen, die während
des Untergangs einer Diktatur enormen Einfluss gewonnen haben, in einer Demokratie kaum noch sichtbar sind?

Ich denke, dass eine Beleuchtung dieser Frage nicht nur eine Lücke in der
Zeitgeschichtsschreibung füllt, sondern auch für das Verständnis des Wandels,
den Ostdeutschland insgesamt in den letzten zwanzig Jahren erlebt hat, hilfreich
sein kann. Denn es handelt sich hierbei nicht nur um ein abgeschlossenes Kapitel der Zeitgeschichte, sondern auch um eine Voraussetzung für das, was wir
heute als Stadtentwicklungspolitik erleben.

In meinem Beitrag beleuchte ich aus diesem Grund den Stellenwert von Bürgerbewegungen in der Stadterneuerung über die „Wende" hinweg und frage, welchen Einfluss basisdemokratische Initiativen, die Ende der achtziger Jahre sozusagen in ihrem Zenit standen, auf die Gestaltung der Stadterneuerung im neuen,
wiedervereinigten Deutschland nahmen. Ich tue dies am Beispiel von Berlin, das
sicherlich eine Art „paradigmatischer Sonderfall" ist. Der Sonderstatus von Berlin, sowohl als „Schaufenster des Westens" als auch als Hauptstadt der DDR, bedingte schließlich schon vor dem Fall der Mauer eine Reihe von Differenzen zu
Entwicklungen in anderen Städten. Nach dem Fall der Mauer übernahm der

West-Berliner Senat bruchlos die Verantwortung für Ost-Berlin, und auch aufgrund der räumlichen Nähe wurden viele Ost-West-Auseinandersetzungen in Berlin früher und schärfer als andernorts geführt.

Zunächst beschreibe ich, am Beispiel von Prenzlauer Berg, die Entstehung und Ausbreitung basisdemokratischer Initiativen in der Stadterneuerung der Spät-DDR. Ich nehme dann einen Perspektivenwechsel vor und thematisiere die zeitgleich erfolgenden Entwicklungen in West-Berlin, vor allem in Kreuzberg. In einem dritten Schritt wechsele ich in die Zeit nach der Wiedervereinigung und frage, in welchem Zusammenhang beide Entwicklungen standen und welchen Einfluss sie auf die Festlegung von Stadterneuerungspolitik in Berlin in den neunziger Jahren nehmen konnten.

Bürgerbewegungen in der Stadterneuerung in Prenzlauer Berg vor 1989

Wer versucht, die Spezifik des Ost-Berliner Bezirks Prenzlauer Berg Ende der achtziger Jahre zu beschreiben, muss vor allem auf die Mischung von Verfall und Eigeninitiative eingehen. Auf der einen Seite litt die Bausubstanz des Gebietes, wie auch sonst überall in DDR-Altbauvierteln, unter jahrzehntelanger Vernachlässigung. Der Instandhaltungszustand vieler Gebäude war außerordentlich prekär, eine wachsende Anzahl an Wohnungen stand leer. Auf der anderen Seite hatte genau dieser Zustand eine wachsende Bedeutung von Bewohnerinitiativen für das Leben im Bezirk zur Folge. Das betrifft zum einen die Vielzahl von „Schwarzwohnern"[1] und Wohnungsbesetzern, die gegen Ende der achtziger Jahre zur Normalität im Kiez geworden waren. Es gilt aber auch für die Vielzahl von teils staatlich geförderten, teils hingenommenen Eigenarbeiten, mit denen Bewohner Verantwortung für die Gestaltung ihrer Wohnung und ihres Umfeldes übernahmen. Das „Downfiltering" des Stadtteils eröffnete auf diese Weise auch Möglichkeiten und führte schließlich zu einer „illustre[n] Mischung aus Rentnern, Niedrigverdienern sowie einem überdurchschnittlichen Anteil an Leuten mit sehr hoher Qualifikation, eigensinnigem Lebensanspruch und ausgeprägtem Selbstbewußtsein".[2] Infolge der (im Verhältnis zum Westen) langen Wohndauer, der geringen Mieten und der oft über lange Zeit und in hohem Umfang erbrachten Eigenleistungen entwickelten diese Bewohner zunehmend ein eigentümerähnliches Verhältnis zu ihrer Wohnung. Das machte die Masse der Bewohner zu Betroffenen der DDR-Baupolitik.

Die politischen Folgen dieser Entwicklung wurden vor allem im Konflikt um den geplanten Abriss der Oderberger Straße deutlich. Dort hatten es Bewohner, die aus dem Milieu der Prenzlauer-Berg-Szene, aus Subkultur, Opposition und Bürgerbewegung kamen, schon 1985 geschafft, den lokalen Wohnbezirksausschuss (WBA) zu unterwandern und teilweise zu „übernehmen". Im Mittelpunkt standen dabei lange Zeit kulturelle und subkulturelle Aktivitäten im in Eigenarbeit umgebauten „Hirschhof", Lesungen, Punkkonzerte und Performances. Da es den Aktivisten über die Mitarbeit in der Wohnungskommission des WBA außerdem gelang, Einfluss auf die Wohnungsvergabe zu nehmen, konnten weitere Gleichgesinnte in die Straße geholt werden. Auf diese Weise war die Oderberger Straße Ende der achtziger Jahre bereits zu einem subkulturellen und oppositionellen Zentrum geworden.

Als 1987/88 Pläne an die Öffentlichkeit kamen, die Bebauung an der Oderberger Straße abzureißen und durch Neubauten in industrieller Großbauweise zu ersetzen, rief dies sofort geharnischte – und im Ergebnis außerordentlich erfolgreiche – Bewohnerproteste hervor.[3] In der Art und Weise, wie diese Proteste organisiert wurden, werden einige wichtige Punkte deutlich: Zum einen hatte die Besetzung des Wohnbezirksausschusses durch Oppositionelle einen politischen Raum eröffnet, der bis dahin nur unter dem Dach der Kirche möglich gewesen war, und auf diese Weise ein breites Spektrum von Bewohnern angesprochen. Durch die Kontrolle des WBA verfügten basisdemokratische Initiativen nunmehr über eine legitimierte öffentliche Institution und konnten unter diesem Mantel Aktivitäten organisieren, die andernorts problematisch gewesen wären. Ein Ergebnis war eine große Einwohnerversammlung im benachbarten Kreiskulturhaus Prater – heute nutzt die Volksbühne den Prater als Zweitspielstätte –, zu der auch der Chef der SED-Bezirksleitung Berlin Günter Schabowski eingeladen wurde und auf der die Abrisspläne einer öffentlichen Kritik unterzogen wurden. Die Versammlung war unglaublich voll, die Werbung für die Veranstaltung wurde von Anwohnern und Gewerbetreibenden aktiv unterstützt, und der Protest hatte Erfolg: „Die Bezirksparteileitung kriegte kalte Füße, Schabowski zog die Bremse, und der Abriss war vorbei."[4] Zum anderen kam es im Kampf gegen die Abrisspläne zu einer sehr engen, wenn auch öffentlich kaum bekannt gewordenen Kollaboration der Initiativen mit Fachexperten. Mehrere Beteiligte berichteten mir, dass sie Informationen über die offiziellen Planungen noch vor deren Veröffentlichung aus den Institutionen erhalten hatten und in der Auseinandersetzung auf Beratungen durch Fachexperten unter anderem aus der Bauakademie zurückgreifen konnten. Diese informelle Unterstützung ermöglichte es den Initiativen, Alternativplanungen zu erarbeiten, mit denen sie nachweisen konnten, dass der geplante Abriss volkswirtschaftlich sinnlos und eine Erhaltung und Sanierung der Häuser kostengünstiger und sozialverträglicher sei. Auf diese Weise gelang es, einen solchen Druck zu entfalten, dass schließlich der Abriss verhindert werden konnte.

Die Auseinandersetzungen um den Erhalt der Oderberger Straße sind aus verschiedenen Gründen ein bemerkenswerter Vorgang, der ein deutliches Licht auf die Rolle von Bürgerbewegungen in der Stadterneuerung der untergehenden DDR wirft: Zum Ersten zeigt die beschriebene Entwicklung, dass in diesem konkreten Stadtviertel mit seiner speziellen Bewohnerschaft zentrale Steuerungskapazitäten der DDR-Baupolitik erschöpft waren. Weder konnte der Abriss dieser Viertel durchgesetzt werden, noch konnte die Bausubstanz in einer angemessenen Weise saniert werden. Die offizielle Baupolitik war festgefahren und hatte ihre Legitimation bei der Bewohnerschaft vollständig eingebüßt. Zum Zweiten hatten sich im Kampf gegen den Abriss neue Koalitionen gefunden, die Bewohner, Oppositionelle, Subkultur und Fachintelligenz zusammenbrachten und dadurch Ressourcen erschlossen, die eine alternative Planung und Praxis der Stadterneuerung ermöglicht hätten. Zum Dritten wurden in der Auseinandersetzung nicht nur Umrisse einer alternativen Stadterneuerung entwickelt, sondern es bildete sich vor allem ein gut vernetzter und selbstbewusster „Block" hervorragend qualifizierter und engagierter Leute heraus, die koordiniert vorgingen, strategisch arbeiteten und sozusagen in den Startblöcken für eine andere Stadterneuerungspolitik standen. Ich habe das in meiner Dissertation, die ich vor zehn Jahren verfasste,[5] „Eliten im Wartestand" genannt. Bei einem anderen Gang der Dinge hätten diese Leute die Federführung bei der Entwicklung und Durchsetzung einer alternativen Stadterneuerungs- und Baupolitik gehabt, eine Position, die sie angesichts der politischen Lage in der DDR bis dahin nicht einnehmen konnten.

Bürgerbewegungen in der Stadterneuerung in West-Berlin vor 1989

Wie ging es mit diesen „Eliten im Wartestand" weiter? Welchen Einfluss konnten sie nach dem Zusammenbruch der DDR auf die Stadterneuerung nehmen? Zur Beantwortung dieser Frage ist es notwendig, über die frühere Grenze zu schauen und nochmals zehn Jahre weiter zurückzugehen. Denn für die Weiterentwicklung der Stadterneuerung in den neunziger Jahren in Ost-Berlin war entscheidend, was in den achtziger Jahren in West-Berlin passiert war. Dabei ist vor allem über den Umbruch von der „Kahlschlagsanierung" zur „behutsamen Stadterneuerung" bereits viel publiziert worden,[6] so dass es hier genügt, ein paar Entwicklungslinien zu skizzieren:

Berlin-Prenzlauer Berg, Rykestraße, 1979

Ähnlich wie in der DDR (und zum Teil sogar in noch stärkerem Maße) bestand Stadterneuerung in West-Berlin lange Zeit vor allem aus staatlich organisiertem und finanziertem Abriss der Gründerzeitbestände, Neuordnung der Grundstücksverhältnisse und anschließendem Neubau. Seit Beginn der sechziger Jahre wurden flächenweise Altbauten abgerissen und durch modernistische Wohnformen mit „Licht, Luft, Sonne" ersetzt. Die Resultate dieser Politik kann man noch heute im Brunnenviertel, am Halleschen Tor, im Schöneberger „Sozialpalast" oder im Neuen Kreuzberger Zentrum (NKZ) besichtigen. Diese Politik mündete schließlich in eine breite Mieter-, Stadtteil- und Besetzerbewegung, die um 1981 die Weiterführung der bisherigen „Flächensanierung" unmöglich machte. In Zusammenarbeit mit der seit 1979 (vor allem) in Kreuzberg durchgeführten Internationalen Bauausstellung führte diese Entwicklung schließlich zu einem kompletten Umschwung in der Baupolitik, der unter dem Label „behutsame Stadterneuerung" in die deutsche Planungsgeschichte eingegangen ist. Paradigmatisch wurde dieser in den „12 Grundsätzen der behutsamen Stadterneuerung" formuliert, die am 24. Februar 1982 von einer Versammlung von Experten, Verwaltungsmitarbeitern und Bewohnern in der Amerika-Gedenkbibliothek verabschiedet wurden.

Der erste Satz der „Grundsätze", der gleichzeitig so etwas wie den sich durch das gesamte Papier ziehenden roten Faden bildet, lautet: „Die Erneuerung muß an den Bedürfnissen der jetzigen Bewohner orientiert und mit ihnen geplant werden. Die Bausubstanz soll im Grundsatz erhalten bleiben." In dieser Formulierung stecken zwei historische Richtungsentscheidungen: zum einen der Erhalt der Bausubstanz. Vorhandene Bausubstanz wurde nicht länger abgerissen, sondern erhalten und umgebaut – und das mit international beachteten Resultaten. Zum anderen, und das wird in den meisten Beiträgen viel weniger beachtet, steckt in diesem Versprechen auch das Projekt einer Demokratisierung der Stadterneuerung. Dass die Erneuerung „an den Bedürfnissen der jetzigen Bewohner orientiert und mit ihnen geplant werden" muss, ist in einem auf Privateigentum fußenden Wohnungswesen alles andere als selbstverständlich, und so entziffert sich auch der Umschwung der West-Berliner Stadterneuerung als Ansatz auf mehr Mitbestimmung, durch die den Nutzern der Wohnungen ein höheres Gewicht gegenüber Eigentümern und Staat eingeräumt werden sollte.

Dass das überhaupt möglich war, basierte allerdings auf dem Umstand, dass Stadterneuerung in West-Berlin weitestgehend eine staatliche Veranstaltung war. Die Sanierung in Kreuzberg wurde in den Sanierungsgebieten zu über 95 Prozent tatsächlich mit öffentlichen Fördermitteln bezahlt, und selbst außerhalb der Sanierungsgebiete finanzierten öffentliche Gelder noch mehr als drei Viertel des

gesamten Baugeschehens.[7] Hinzu kommt, dass gemeinnützige Wohnungsbauge-
sellschaften und Sanierungsträger, die sich mehr oder weniger in Landesbesitz
befanden, Eigentümer der meisten Grundstücke waren. Und last but not least
wurde die Altbau-IBA von einem Heer öffentlich Beauftragter, die zum Teil aus
der Protestbewegung selbst stammten, getragen. Der Verein SO 36, der nur für
einen Teil Kreuzbergs zuständig war und dort Mieterberatungen anbot, hatte
fünfzehn Festangestellte; die Altbau-IBA, später S.T.E.R.N., die als Sanierungsbe-
auftragter für den Bereich um das Kottbusser Tor zuständig war, hatte fünfzig
Mitarbeiter. Damit hatte die IBA für ihr Planungsgebiet den Stellenwert einer
„Nebenregierung".[8]

Dieses Heer von Planern und Beauftragten machte zusammen mit der öffentlichen Trägerschaft und der öffentlichen Finanzierung der Baumaßnahmen die
Durchsetzung sozialer und demokratischer Ziele in der Stadterneuerung in
Kreuzberg überhaupt erst möglich und realisierte in den achtziger Jahren in
West-Berlin die (zeitlich begrenzte) Umsetzung von demokratischen Experimenten, die ohne diese Unterstützung wohl kaum mehr als eine ehrenwerte Idee geblieben wären.

Stadterneuerung und Bürgerbewegung während der deutsch-deutschen Vereinigung

1990 änderte sich die Situation für beide Teile Berlins unerwartet und radikal.
Der West-Berliner Senat übernahm die Verantwortung für den Ostteil der Stadt,
die sozialistische Planwirtschaft wurde durch die kapitalistische Marktwirtschaft
abgelöst, und Berlin fand sich in einem dramatischen spekulativen Bauboom wieder. Vor diesem Hintergrund gingen viele Beobachter davon aus, dass Berlin an
der Schwelle zu einer neuen „Gründerzeit mit Markanz und Brutalität" (wie es
der 1991 durch eine Briefbombe getötete Staatssekretär Hanno Klein ausdrückte)
stünde, in der die in Kreuzberg konfliktvoll ausgehandelte „behutsame Stadterneuerung" schnell über Bord gespült würde. Interessanterweise passierte jedoch
genau das Gegenteil: Alle Versuche, die in Kreuzberg erprobten Grundsätze auf
der Zielebene zu ändern, wurden von einer breiten Koalition an Mieterberatern,
Sanierungsgesellschaften, Verwaltungsmitarbeitern und Bewohnerinitiativen abgewehrt. In der Folge bekannte sich auch der Senat mit der ersten Festlegung von
Sanierungsgebieten im Ostteil der Stadt zu den sozialen Zielen der Erneuerung.
Weniger apodiktisch als ihr Vorgänger, aber immer noch deutlich, formulierten
so die neuen „Leitsätze zur Stadterneuerung in Berlin" 1993 in Punkt 3: „Die Erneuerung ist an den Bedürfnissen der Betroffenen zu orientieren. Die Erneue-

Berlin-Prenzlauer Berg, Rykestraße, Innenhof, 1970er Jahre

Berlin-Prenzlauer Berg, Ryke-, Ecke Sredzkistraße, Innenhof, 1970er Jahre

rungsmaßnahmen und -verfahren werden sozialverträglich gestaltet." Im Kern wurde damit die West-Berliner Zielmarke der Stadterneuerung auch für die Ost-Berliner Sanierung beibehalten.

Entgegen allen Erwartungen wurden die Ziele der behutsamen Stadterneuerung offensichtlich im Laufe der achtziger Jahre fast unangreifbar, und zumindest die bauliche Seite der „behutsamen Stadterneuerung" konnte nicht mehr infrage gestellt werden. Dass Häuser nicht abgerissen, sondern erneuert werden sollten, dass die Bewohner auf irgendeine Weise mitbestimmen sollten und dass Bewohnerverdrängung und „Verbesserung der Sozialstruktur" keine anerkannten Sanierungsziele sein konnten, war allgemein anerkannt und wurde zumindest nicht direkt und offen angefochten. Angesichts des unvergleichlich größeren Erneuerungsbedarfs im Osten der Stadt und des sukzessiven Rückgangs an Bundesunterstützung für den Berliner Haushalt drängte die zuständige Senatsverwaltung zwar immer mal wieder auf eine „Plafondierung" der Mittel, also auf eine stärkere Kostenorientierung in der Stadterneuerung – das damit verbundene Austeritätsprinzip zum Ausgangspunkt politischer Zielstellungen zu machen, war jedoch Anfang der neunziger Jahren noch nicht konsensfähig.

Die ökonomische Grundlage, auf der diese Politik umgesetzt werden sollte, unterschied sich jedoch radikal von derjenigen, die die Umsetzung „behutsamer" Ansätze in West-Berlin in den achtziger Jahren möglich gemacht hatte: Berlin erhielt immer weniger Bundessubventionen, gleichzeitig wurden die Erneuerungsgebiete immer größer – einem höheren Finanzbedarf stand also weniger Geld gegenüber. Hinzu kam, dass die Immobilienprojekte in Ost-Berlin zunehmend auf der steuerlichen Absetzung von Sanierungsaufwendungen basierten, also auf Steuerabschreibungen, die kaum noch über die Kommune zu steuern waren. Und schließlich hatte die Grundstücksrestitution fast flächendeckend Verkäufe an verwertungsorientierte Eigentümer zur Folge.[9] Anstelle gemeinnütziger Sanierungsträger und öffentlicher Fördermittel musste man nun mit echten Privatunternehmern arbeiten, die auf Fördermittel nicht angewiesen waren und ihre Sanierungskonzepte vor allem unter dem Gesichtspunkt der kurzfristigen Renditemaximierung umsetzten.

En passant hatten diese Umstände natürlich auch erhebliche Auswirkungen für die Szene aus Sanierungsbeauftragten, Mieterberatern und Planungsbüros, die mit der Kreuzberger Sanierung groß geworden waren und sich mit ihrem Arbeitsfeld steuernd und moderierend zwischen Markt, Staat und Bewohner geschoben hatten. In Kreuzberg gingen „nun die Lichter aus" (wie es ein S.T.E.R.N.-Mitarbeiter formulierte), und viele Experten mussten sich auf die Suche nach neuen Beschäftigungsfeldern machen.

Berlin-Prenzlauer Berg, Rykestraße, 1989

In dieser Situation traf der Berliner Senat nach einigen Debatten eine aus heutiger Sicht interessante Richtungsentscheidung, deren Zustandekommen ein ehemaliger Staatssekretär der Senatsbauverwaltung auf einer Konferenz sehr bildhaft beschrieb. Demnach habe er die zentralen Weichenstellungen der neuen Stadterneuerungsstrategie mit seinem Bausenator quasi zwischen Frühstück und Mittagspause in der Teeküche erörtert. Beiden sei dabei sofort klar gewesen, dass die Stadterneuerung auch in Ost-Berlin dem Modell Kreuzberg folgen müsse, „weil das da so gut funktioniert hat". Aus diesem Grunde habe man das funktionierende Modell „rübergeklappt". Interessant an dieser Formulierung ist, dass – obwohl die Grundlagen der Stadterneuerung (wie oben beschrieben) in Prenzlauer Berg in den neunziger Jahren völlig andere waren als diejenigen der achtziger Jahre in Kreuzberg – nicht nur die Ziele aus Kreuzberg „rübergeklappt" wurden, sondern auch die Verfahrensweisen und ein Großteil der Akteurslandschaft. In der Folge teilten die West-Berliner Sanierungsbeauftragten und Mieterberatungsgesellschaften die Ost-Berliner Gebiete mehr oder weniger offen in Claims auf: Die Kreuzberger S.T.E.R.N. bekam so zusammen mit dem Verein SO 36 e. V. den Prenzlauer Berg, Stattbau und ASUM kamen nach Friedrichshain und so weiter.

Welche Folgen hatte dies nun für die Ost-Berliner „Eliten im Wartestand", für die Bürgerbewegung in der Stadterneuerung, die sich in der Wende herausgebil-

Berlin-Prenzlauer Berg, Sredzkistraße, 1989

det hatte? Man muss wohl insgesamt resümieren, dass deren Bedeutung immer geringer wurde. Während diese Bürgerbewegungen in der Übergangs-DDR sehr im Aufwind waren und zum Teil sogar direkt an ministeriellen Entscheidungsprozessen beteiligt wurden, ging ihre Bedeutung seit 1989 immer mehr zurück, um schließlich komplett zu verschwinden. Wenn man den Prozess anhand der Protokolle von Ausschusssitzungen, Beiräten und Konferenzen verfolgt, wird deutlich, dass die Bürgerbewegung mit dem Ankommen der West-Berliner Akteure in Ost-Berlin zusehends ausgebootet wurde und bald nur noch eine Statistenrolle spielte.

Diese Entwicklung hat zum einen „interne" Gründe, die aus der Veränderung des Handlungsrahmens der ostdeutschen Initiativen durch den Zusammenbruch der DDR resultierten: Durch die Auflösung der ostdeutschen Institute, Betriebe und Verwaltungen und die Übernahme des westdeutschen Institutionen- und Rechtssystems wurden die Kontakte, das Wissen und die Legitimität, die sich die Initiativen erarbeitet hatten, nahezu restlos entwertet. Gerade die Fachintelligenz, die noch ein Jahr zuvor im Kampf gegen den Abriss entscheidende Ressourcen zur Verfügung gestellt hatte, wurde durch die Abwicklung ihrer Arbeitsstellen und die Übernahme der Administration durch westdeutsche Experten fast

Berlin-Prenzlauer Berg, Ryke-, Ecke Wörther Straße, 1970er Jahre

aller wichtigen Informationszugänge beraubt. Für viele Aktivisten ergab sich darüber hinaus – aufgrund des Zusammenbrechens der DDR-Wirtschaft – die Notwendigkeit, neue Beschäftigungsfelder zu suchen, was im Allgemeinen mit erheblichem Arbeits- und Qualifizierungsaufwand verbunden war, der zulasten der
Initiativarbeit ging. Gegenüber der West-Berliner Stadtregierung und der West-
Berliner Sanierungsszene befanden sich die Ost-Berliner Aktivisten auf diese
Weise in einem hoffnungslosen Know-how-Gefälle.

Diese Lücke wurde durch die West-Berliner Stadterneuerungsszene aufgefüllt,
die ja die Funktion der Bürgerbewegung in der Stadterneuerung übernommen
hatte. Ein etwas bitteres Zitat von einem Aktivisten aus der Oderberger Straße,
den ich damals interviewte, beschreibt diesen Prozess wie folgt: „Ab 1990 wurden die Gelder ja fast nur noch in den Osten gelenkt. Damit wurde der Geldhahn
in Kreuzberg und Schöneberg zugedreht, und da haben die natürlich sehr schnell
gemerkt, dass sie sich umorientieren müssen, so schnell, wie die waren und cle-
ver. Während wir hier nur in Kursen gesessen haben und uns mit dem Baurecht
auseinandergesetzt haben, sind die schon tätig geworden, haben Vereine gegründet, Gesellschaften gegründet und Aufträge an Land gezogen. Die Woh-
nungsbaugesellschaften haben sie ja auch übernommen. Das ist einfach ein ein-

gespieltes Team gewesen, die kannten sich ja alle. Die Aufträge liefen halt aus und sie sahen überhaupt nicht ein, dass sie dies hier den Eingeborenen überlassen sollen, die von Tuten und Blasen keine Ahnung haben."

Die basisdemokratischen Initiativen der „Wendezeit" sind also nicht einfach verschwunden, sondern sie wurden von den Experten aus dem Westen verdrängt, die sich durch das „Rüberklappen" von institutionellem Rahmen und Verfahrensweisen auch in Ost-Berlin sehr schnell in ihrem eigenen Milieu wiederfanden.

Noch deutlich zentraler als diese quasi „ökologische" Verdrängung war jedoch die Verschiebung der wirtschaftlichen Basis der Stadterneuerung, die fortlaufend die Einflussmöglichkeiten der Bewohner auf die Sanierung ihrer Wohnungen reduzierte. Restitution und Verkauf an renditeorientierte Immobiliengesellschaften, Finanzierung durch Steuerabschreibung anstelle öffentlicher Zuschüsse sowie eine fortgesetzte Deregulierung von Planungsinstrumenten machten Renditekalkulation und Bauplanung der neuen Eigentümer zusehends unabhängig von Bewohnervoten, und damit wurde die wesentliche Forderung der Bürgerbewegung von 1989, eine „nutzerorientierte und von den Bewohnern getragene Stadtentwicklung",[10] zunehmend obsolet. Das mögliche Feld von Einmischung hatte keine politische Basis mehr, auf deren Grundlage Ansprüche auf Mitbestimmung sinnvoll formuliert werden konnten.

Insgesamt kann man also feststellen, dass die formale Erweiterung von Einflussmöglichkeiten durch den Systemwechsel zu einem realen Verlust an Einfluss aufseiten der ostdeutschen Bewohner, Nutzer und Initiativen führte. Auch wenn die hier erörterten Vorgänge sehr stark auf Berliner Erfahrungen beruhen, enthalten sie doch zwei zentrale Punkte, die mit Sicherheit auch für andere Städte gelten: den Verlust der politökonomischen Basis von Bürgerbeteiligung durch eine Neoliberalisierung der Stadtentwicklung und die faktische Ausschaltung von Alternativlösungen durch Elitenimport. Beide Themen gehen weit über das Thema der Stadterneuerung hinaus.

1   Udo Grashoff, *Schwarzwohnen. Die Unterwanderung der staatlichen Wohnraumlenkung in der DDR*, Göttingen 2011.

2   Wolfgang Kil, „Transitstation Hoffnung. Ein Stadtteil für Einsteiger, Aufsteiger, Aussteiger", in: *Prenzlauer Berg. Ein Bezirk zwischen Legende und Alltag*, Berlin 1996, S. 23.
    Wohnbezirksausschüsse waren in der DDR als „Organe der Nationalen Front" tätige Wahlgremien, die sich um Wohngebietsfragen kümmern sollten. Im Allgemeinen recht machtlos, wurden sie von der Bevölkerung eher wenig wahrgenommen und von einer typischen Mischung von Abschnittsbevollmächtigten (ABV, entspricht den westdeutschen Kontaktbereichsbeamten), lokalen Parteikadern und Bezirksabgeordneten getragen. Innerhalb der WBA gab es verschiedene Fachkommissionen, z. B. Wohnungskommission, Jugendhilfekommission, Kommission Ordnung und Sicherheit. Zur Geschichte der Unterwanderung des WBA Oderberger Straße und des Kampfes gegen den Abriss vgl. Interview mit Bernd Holtfreter, in: Barbara Felsmann, Annett Gröschner (Hg.), *Durchgangszimmer Prenzlauer Berg. Eine Berliner Künstlersozialgeschichte in Selbstauskünften*, Berlin 1999, S. 163–180.
    Ironischerweise erlebt genau dieser „Hirschhof" zurzeit [Oktober 2011] eine Privatisierung: Die neuen Eigentümer wollen die bis dato öffentlich genutzte Grünfläche reparzellieren und einzäunen. Vgl. http://www.berliner-zeitung.de/bezirke/prenzlauer-berg-das-volk-bleibt-draussen, 10809310,10961370.html (12.2.2012).

3   Ausführlicher in: Felsmann/Gröschner, *Durchgangszimmer*, und Matthias Bernt, *Rübergeklappt. Die „behutsame Stadterneuerung" im Berlin der 90er Jahre*, Berlin 2003.

4   Interview mit Bernd Holtfreter, zit. nach Bernt, *Rübergeklappt*, S. 96.

5   Vgl. Bernt, *Rübergeklappt*.

6   Vgl. Harald Bodenschatz, *Platz frei für das neue Berlin! Geschichte der Stadterneuerung in der „größten Mietskasernenstadt der Welt" seit 1871*, Berlin 1987, sowie Verein SO 36 (Hg.), *... außer man tut es. Kreuzberg – Abgeschrieben – Aufgestanden*, Berlin 1989.

7   Vgl. S.T.E.R.N. Gesellschaft der behutsamen Stadterneuerung mbH, *Abschluß der Sanierung. Sicherungsempfehlungen Sanierungsgebiet Kottbusser Tor*, Berlin 1993, S. 8 und 10.

8   Vgl. Dieter Hoffmann-Axthelm, „Broschürenrealität ohne Frischluft", in: *Die Tageszeitung* vom 10. Januar 1997.

9   Vgl. Hartwig Dieser, „Restitution – was ist sie und was bewirkt sie?", in: Hartmut Häußermann, Rainer Neef (Hg.), *Stadtentwicklung in Ostdeutschland – soziale und räumliche Tendenzen*, Berlin 1996, sowie Andrej Holm, *Die Restrukturierung des Raumes. Machtverhältnisse in der Stadterneuerung der 90er Jahre in Ostberlin*, Bielefeld 2006.
    Diese Entwicklung wurde von einer Handvoll Aktiver durchbrochen, die es schafften, in den Sanierungsapparat der neuen Gesellschaft aufzusteigen. Beispielhaft ist in diesem Zusammenhang Matthias Klipp, der aus der Initiative in der Oderberger Straße kam, für das Neue Forum Baustadtrat in Prenzlauer Berg war, über den Sanierungsbeauftragten S.T.E.R.N. in die Immobilienwirtschaft ging und heute Baudezernent in Potsdam ist.

10 Ulf Heitmann, „Der Traum von einer neuen Wohnungspolitik und die bittersüße Realität", in: Johannes Große Boymann, Michael Kny, Monika Schröder (Hg.), *Das Selbstbau-Modell. Eine Mietergenossenschaft in Prenzlauer Berg*, Berlin 1998, S. 41.

Michael Bräuer

Planungskultur und deutsch-deutscher Einigungsprozess

Ein Rückblick und ein Kommentar

„Aufbruch oder Ausverkauf". Ein Statement aus dem Jahre 1991[1]

„Aufbruch oder Ausverkauf" steht im Untertitel unserer Veranstaltung, und damit ist die Frage nach Ziel und Inhalt unseres Tuns aufgeworfen, vielleicht auch unseres gedanklichen Pendelns zwischen Wunsch und Wirklichkeit als Moment der neuen deutschen Einheit. Für ihren befriedigenden Vollzug ist fast noch alles zu tun, und es muss mit Kompetenz und Engagement gemeinsam nach Wegen gesucht werden, die weder durch handlungsblockierenden Pessimismus noch durch unverantwortlichen Macheroptimismus bestimmt sind.

Vierzig Jahre getrennt verlaufende Planungen komplexer menschlicher Lebensumstände mit durchaus ähnlichen Planungsabläufen und Plandokumenten, aber sehr differierenden Planungsinhalten und Planungsformen sind im Ergebnis der Einigung nicht automatisch einheitlich geworden – auch wenn uns das einige Politiker glauben machen wollen.

Zwei Szenarien sind denkbar im Ergebnis des Vollzugs der deutschen Einheit:

Erstes Szenario

- Die Planer und Architekten in den neuen deutschen Ländern genießen das Gefühl der Befreiung von unerträglichen Zwängen, auch hinsichtlich der freien Persönlichkeitsentfaltung und einer von jeglicher Bevormundung befreiten Berufsausübung – endlich hat es wieder einen Sinn, über die in der Vergangenheit ständig geforderte und durch das Handeln des dirigistischen Apparates verhinderte höhere Qualität von Städtebau und Architektur nachzudenken.

- Die Hinwendung zur Marktwirtschaft wird begleitet von wohlmeinender kollegialer Hilfestellung von Kolleg(inn)en aus den alten Bundesländern; der vielfach geäußerte Wunsch, in den alten Bundesländern gemachte Fehler nicht zu wiederholen, findet seine Entsprechung in konkreter, die Politik beeinflussender Unterstützung; Weiterbildung, Symposien, Kolloquien und Verbandsgründungen befördern Gemeinsamkeiten in der Verantwortung, und eine objektive Medienberichterstattung mit Differenzierungsfähigkeit und Abkehr von Pauschalisierungen begleitet die Entwicklung.

- Das Grundgesetz und alle darauf aufbauenden Rahmengesetze mit ihren kommerzzügelnden und auf das Gemeinwohl orientierten Mechanismen werden genutzt als Instrumente auf dem Weg zu „demokratischer Baukultur".

- Länder und Kommunen machen es zur Maxime ihres Handelns, „Planen" nicht im Sinne von dirigistischer Planwirtschaft, sondern als unverzichtbares Element sozial, ökologisch und wirtschaftlich effektiven Handelns als ihre vornehmste Aufgabe zu definieren.

- Eingeschlagene Wege gemeinsamer Grundlagenarbeit, wie sie sich zwischen Mai und August 1990 zu entwickeln begannen, werden konsequent weiter gegangen, Raumordnungsberichte werden zur Kenntnis genommen, die Richtlinie zum Raumordnungsverfahren wird angewendet, die Entwürfe der Landesplanungsgesetze werden verabschiedet, Bauleitplanung wird gefordert und gefördert, Flächennutzungsplanungen werden bestätigt, und mit Eigeninitiative der Mitarbeiter in der jüngsten Vergangenheit umgebildete Büros und Ämter arbeiten weiter, weil keine Zeit zu verlieren ist.

- Die proportional unvertretbar wenigen ortsansässigen und ortskundigen Planer und Architekten bringen sich mit all ihrem Wissen und Können ein, um die allenthalben schwierige Lage meistern zu helfen; Senioren und weitere Kundige aus den alten Bundesländern helfen beratend.

- Fachlich unkundige Kommunal- und Landespolitiker lassen sich kompetent beraten und versuchen, Parteipolitik dem Ziel der gemeinsamen Verantwortung für Land und Leute, der Wirtschaftsentwicklung und der Entscheidungsfähigkeit auch im Interesse ihrer Glaubwürdigkeit unterzuordnen; sie setzen sich ein für das schnelle Wirksamwerden der Organe der Landesplanung, für eine sinnvolle Raumordnungspolitik, für die Ausarbeitung von Wirtschaftskonzepten auf regionalwissenschaftlicher Grundlage; sie tun alles, um „Wildwuchs" zu verhindern und eine geordnete räumliche Entwicklung unter Anwendung rechtsstaatlicher Mittel zu sichern.

Zweites Szenario

- Planer und Architekten in den neuen Bundesländern sind wie viele andere Menschen dort verunsichert und bewältigen die Konfrontation mit den vielen „Neuerungen", der gesteigerten Bürokratie, dem Eigentum als wesentliche Kategorie in allen Schattierungen, der Arbeitslosigkeit trotz ersichtlicher Aufgaben und so weiter nur unter großen Schwierigkeiten.

- Die Marktwirtschaft überfällt die Kommunen mit hemmungslosem Kommerz, den „Windhunden" sind alle Mittel recht, die Bürger und Verwaltungen in den neuen Bundesländern sind ohne entwickeltes Immunsystem und völlig überfordert.

- Das ab 3. Oktober 1990 geltende Rechtsinstrumentarium wird, von „Ossis" aus Unkenntnis, von „Wessis" bewusst, negiert – jetzt, in einer Zeit ohne ausgeprägte Rechtskontrolle, werden Fixpunkte gesetzt und auch Fachkollegen aus den alten Bundesländern trotz vielfach „hehrer Ziele" ihrer Berufs- und Fachverbände beteiligen sich am spekulativen Immobiliengeschäft und beweisen ihre „Schnäppchen"-Mentalität.

- Planung wird als Relikt des SED-Staates von den Verantwortlichen auf Kommunal- und Landesebene apostrophiert und dementsprechend negiert, frei nach dem Motto: „Jetzt haben wir das Sagen und entscheiden, wie wir es für richtig halten!" – und das weitgehend in Anlehnung an den Stil der alten Herrscher und geprägt durch undemokratisches Handeln.

- Vermeintlich „alte Apparate", längst umgebildet und auf neues Denken und Handeln orientiert, werden zerschlagen, inzwischen handlungsfähige Ämter werden aufgelöst und ihre Arbeitsergebnisse negiert.

- Planer und Architekten aus der früheren DDR werden undifferenziert und pauschal als unfähig, vom alten Staat geprägt und nicht weiter einsetzbar verurteilt und von den Medien diffamiert; demgegenüber werden auf der Basis einer entwickelten „Wessigläubigkeit" mit erheblichem Aufwand Kräfte aus den alten Bundesländern eingesetzt, deren dort geschulter Arbeitsstil in den neuen Bundesländern weitgehend unwirksam ist, da der entsprechende Verwaltungsapparat fehlt.

- Fachlich inkompetente Politiker, die ihre Profession in der Regel nicht gelernt haben, werden beraten durch delegierte und nicht durch Ausschreibung als kompetent nachgewiesene Leitungskräfte im Verwaltungs- und Regierungsapparat, die Inakzeptanz der tatsächlichen Verhältnisse führt zu weiteren, die Länder und Kommunen zurückwerfenden Verlusten.

Zugegeben, das sind zwei extreme Darstellungen, aber zwischen beiden spielt er sich ab – der Vollzug der Einheit Deutschlands auf unserem Fachgebiet. Ich gebe zu, in meinem Denken und Handeln immer der Vision des ersten Szenarios vertraut zu haben, aber aus meiner Sicht ist die Realität viel stärker vom zweiten geprägt.

Mehr und mehr steht die Frage auch für uns Planer und Architekten, die wir wie alle Bürger in den neuen Bundesländern vierzig Jahre im Ergebnis des von Großdeutschland verlorenen Krieges in das östliche Machtbündnis integriert und

28 Jahre durch eine Mauer abgeschirmt und damit vor verschiedenen Gefährdungen, wie wir immer deutlicher spüren, auch geschützt, lebten, was wir nun empfinden, was uns der Weg in die Einheit gebracht hat und was von der Euphorie am Beginn dieses Weges geblieben ist.

Dabei ist für mich unstrittig, dass die allenthalben um sich greifende Ausgrenzung der Ortsansässigen, wirksam werdend durch die Handlungsweisen der Treuhandanstalt zur Neuregelung des Eigentums und die Nichteinbeziehung der lokal und regional mit Leistungen und Erfahrungen ausgewiesenen Planer und Architekten in die Entscheidungsprozesse, das schlimmste Übel ist und zum ernst zu nehmenden Hemmnis für den Einigungsprozess wird. Auf keinen Fall kann es als ein Aspekt ernst zu nehmender Politik akzeptiert werden, ersetzt es doch altes Unrecht nur durch ein neues.

Und als Fachleute müssen wir weiter fragen, nachdem wir insoweit in den vergangenen Monaten schon versagt haben, dass unsere Stimmen – ich erinnere nur an die von der Ständigen Konferenz der Professoren für Städtebau an den deutschsprachigen Hochschulen hier in den Räumen dieser Akademie erarbeiteten und weithin verbreiteten Auffassungen – kaum Widerhall fanden und sich nicht als konstruktive Politikberatung Zugang zu den Entscheidungsträgern verschaffen konnten, was wir nun noch tun können für die Einheit in neuer Qualität, für ein wahrhaft einheitliches Deutschland und nicht nur für eine erweiterte alte Bundesrepublik.

Sind schon alle Messen gesungen oder ist die engagierte und demokratische Auseinandersetzung um die Stellung und Verantwortung unseres Berufsstandes nicht gerade jetzt außerordentlich aktiv zu führen?

Heißt Herstellung der Einheit nicht vor allem auch Voneinander-Lernen, Aufeinander-Zugehen, Austausch von Erfahrungen unter einem objektiven und nicht von Voreingenommenheit oder auch Klischees verstellten Blickwinkel, und bedeutet es nicht auch die gemeinsame Suche nach optimalen Strukturen?

Können aus dem sehr bewussten und gezielten Herangehen an den weiteren Prozess der Einigung Grundlagen für eine neue, die Dinge wesentlich komplexer sehende Planungsphilosophie entstehen – ja, muss es nicht zwangsläufig so sein, wenn die Entwicklung ein Fortschritt sein soll?

Kann auf diesem Wege auch Vorlauf für den europäischen Einigungsprozess und die bevorstehende Integration weiterer osteuropäischer Länder geschaffen werden?

Welche Forschungseinrichtungen, wissenschaftliche Hilfsmittel und neu zu schaffende unabhängige „Denkfabriken" können hilfreich sein und den Erkenntnisweg wirksam unterstützen?

Was haben Regierungen in dieser Zeit und in ihrem dienenden Verhältnis zu den Menschen zu verantworten?

Alle diese Fragen und viele, viele weitere bedürfen der Beantwortung. Hierfür ist das Wissen und Handeln von uns Fachleuten ebenso unverzichtbar wie das der von unserer Arbeit betroffenen Menschen. Mehr denn je sind wir gefordert, uns dafür in den neuen Bundesländern einzubringen, dass die Menschen würdige Bedingungen finden, dass sie sich mit den Lebensbedingungen im umfassenden Sinne identifizieren können. In diesem Sinne bin ich für Analyse, gemeinsames tiefgründiges Nachdenken und gezieltes Handeln, weil ich mich der Versuchung verweigere, meine Stadt oder die Landschaft, in der ich lebe, verlassen zu sollen oder gar zu wollen. Und ich möchte auch nicht für den Rest meines Lebens den Zustand als unabänderlich hinnehmen müssen, den Volker Braun vor wenigen Wochen von dieser Bühne hinsichtlich des Gegenwärtigen meisterhaft mit folgendem Text ausdrückte [„Das Eigentum", 1990]:

„Da bin ich noch: mein Land geht in den Westen.
KRIEG DEN HÜTTEN FRIEDE DEN PALÄSTEN.
Ich selber habe ihm den Tritt versetzt.
Es wirft sich weg und seine magre Zierde.
Dem Winter folgt der Sommer der Begierde.
Und ich kann *bleiben wo der Pfeffer wächst.*
Und unverständlich wird mein ganzer Text.
Was ich niemals besaß wird mir entrissen.
Was ich nicht lebte, werd ich ewig missen.
Die Hoffnung lag im Weg wie eine Falle.
Mein Eigentum, jetzt habt ihrs auf der Kralle.
Wann sag ich wieder *mein* und meine alle."

Zwanzig Jahre später. Ein Kommentar 2011[2]

Diese Momentaufnahme kennzeichnet eine mit dem Zeitpunkt ihrer Formulierung korrespondierende Phase im Prozess der deutschen Vereinigung, der, wie wir heute wissen, die Gesellschaft der Bundesrepublik noch lange beschäftigen wird. Es ist und bleibt die Aufgabe der ernsthaft wollenden Partner, sich gegenseitig anzuhören, unterschiedliche Sichten zuzulassen und gegen Vorurteile vorgehend zu Gemeinsamkeiten zu finden. Dazu soll auch hiermit ein Beitrag geleistet werden. Es sind eher Gedankensplitter, die die vielschichtige Problematik illustrieren.

Bis heute findet sich auch bei Wikipedia keine Definition zur „Planungskultur". Als Macher versuchen wir, uns mit der „Prozesskultur" aus der Affäre zu ziehen. Die Architekten und Stadtplaner, die aus der DDR kommend den Vereinigungsprozess miterleben und mitgestalten konnten, wissen um die Einschränkungen und diktatorischen Eingriffe in ihr Verantwortungsgefüge, aber auch um die Freiheiten und Möglichkeiten, die mit Verantwortung und Engagement Beispielhaftes und Bewahrenswertes entstehen ließen. Beide Seiten dieser Erfahrungen sollten Inhalt und Qualität unseres ehrlichen Dialogs ergebnisreich werden lassen.

Kommentierend seien im Weiteren einige Akzente auf dem Weg zur deutschen Gemeinsamkeit benannt.

Neue Baupolitik des Ministeriums

Deutlich kontrastierend zur Zeit davor, stand die Regierungsarbeit des neuen Bauministeriums nach der Wende in der Regierung Modrow und unter dem Minister Gerhard Baumgärtel unter dem Motto „Von zentralistischer Bauwirtschaft zu demokratischer Baukultur". Nach zwölf Wochen Regierungsarbeit wurden erste Ergebnisse benannt, die im Folgenden auszugsweise wiedergegeben werden:

- Aus einem administrativ-bürokratischen Leitungsinstrument, das mit zentralen Weisungen arbeitete, die Kommunen entmündigte und die Bauwirtschaft dirigierte, wurde ein Regierungsorgan, das rechtliche Voraussetzungen schafft und Impulse gibt für ein Bauen nach menschlichen Maßstäben, das öffentlich ist und dessen Ziele von den Kommunen und den Bürgern demokratisch bestimmt werden.

- Abgeschafft wurden alle zentralistischen Eingriffe in die Verantwortung wie die „Abrissordnung", die Begutachtung von Plänen und Projekten, die Festlegung verbindlicher Kennziffern und Proportionen für Neubau, Werterhaltung oder Modernisierung von Wohnungen.

- Geschaffen wurden Voraussetzungen für eine neue Baupolitik nach marktwirtschaftlichen Grundsätzen im Rahmen der Wirtschaftsreform der DDR, unter anderem durch rechtliche Voraussetzungen für die Zulassung privater Architekten und Ingenieure, die Schaffung selbständiger Projektierungsunternehmen.

- Erste Ansätze für eine neue Architekturpolitik: Im Bauministerium entstand ein eigenständiger Staatssekretär-Bereich mit dem Ziel, progressive staatliche und gesellschaftliche Rahmenbedingungen für die Arbeit der Stadtplaner, Architekten und Fachwissenschaftler zu schaffen.

Besonders herausgehoben ist aus diesem Zeitdokument unter „Künftige Aufgaben" zu nennen:

- Schaffung von Rechtsgrundlagen für den Städtebau und die Raumordnung, Erarbeitung von kommunalen Verfassungen, Erweiterung des Boden- und Preisrechts unter Einbeziehung der Veränderung der Eigentumsformen bei Grund und Boden (ohne Bodenspekulation zuzulassen).

Einer der wichtigsten baukulturellen und planungspolitischen Akzente des neuen Staatssekretariats für Städtebau, Architektur und Raumordnung war die Einrichtung eines „Runden Tisches der Bürgerinitiativen". Dieser tagte in kurzen Abständen immer Dienstagnachmittag im Gebäude des Bauministeriums in Berlin und war bestrebt, im Dialog den deutlich dissonanten Diskurs der versammelten Bürgerinitiativen aus allen Bereichen der DDR zu einem konstruktiven Miteinander zu verändern. Aus der Rückschau war es eine der interessantesten und nachhaltigsten Phasen der praktizierten neuen Planungspolitik, die leider mit dem Ende der DDR und des Ministeriums schnell verebbte, da die geforderte Beteiligung der Bürger und der Öffentlichkeit Gegenstand der Instrumente des neuen Planungsrechtes wurde. Beteiligte geraten aber heute noch ins Schwärmen, wenn an diese Phase erinnert wird.

Unterstützung der Fachwissenschaft

Vielfältig war in der frühen Phase der Annäherung zwischen den beiden deutschen Staaten die Bereitschaft, zu beraten und Wissenstransfer zu leisten. Fachverbände der Planer und Architekten, Akademien und Institutionen der Bundesrepublik unterbreiteten interessante Angebote, und es kam zu vielen Kontakten. Eines der wichtigsten und aus der Rückschau ertragreichsten Angebote war das der Ständigen Konferenz der Professoren für Städtebau an den deutschsprachigen Hochschulen. Diese lud vom 9. bis zum 11. Februar 1990 zu einer Außerordentlichen Zusammenkunft mit Planern, Architekten und weiteren an der Planung Beteiligten aus der DDR in Übereinstimmung mit der Abteilung Baukunst in die Akademie der Künste in Berlin ein. Der mehrtägige fachliche Diskurs der fast vierzig Teilnehmer war außerordentlich ergiebig und für die 19 Teilnehmer aus der DDR eine Offenbarung hinsichtlich der Dimension und der Gewichtigkeit der Aufgaben, die im Weiteren zu lösen sind. Die Ergebnisse der Problemerfassung, des Gedanken- und Erfahrungsaustauschs und der Entwicklung von Strategien, insbesondere zu Rechtsfragen, zur Stadterneuerung und zur Organisation, wurden in einem umfassenden Protokoll niedergelegt. Ausgangspunkt der Empfehlungen zu neuen Strategien waren die Stärkung der Kommunen und die

Entwicklung einer Initiativkultur von unten. Daraus folgerte unter anderem die Forderung nach einer neuen Organisation der Planungsprozesse und der Qualifizierung aller Beteiligten. Einen besonderen Raum nahmen die Rechtsfragen ein.

Die in der ersten Außerordentlichen Zusammenkunft aufgerufenen Themen wurden in einer zweiten vom 24. bis zum 26. Mai 1990 hinsichtlich ihrer Bedeutung für die Kommunen nach der Wahl vom 7. Mai 1990 spezifiziert und in Form von Empfehlungen für die Kommunen in 10 000 Exemplaren gedruckt und verbreitet. Ein drittes Treffen fand vom 30. November bis zum 1. Dezember 1990 statt und beschäftigte sich nach den Wahlen in den östlichen Bundesländern vom 14. Oktober mit Empfehlungen an die Landespolitik. Die Ergebnisse wurden im Direktverfahren den Ministerpräsidenten und zuständigen Ministern sowie den Fraktionen der Landtagsparteien zugeleitet. Ein viertes Treffen fand deutlich zeitversetzt am 23. und 24. Mai 1992 wiederum in Berlin statt. Die Teilnehmer aus dem Lehr- und Forschungsbereich waren im Wesentlichen identisch mit denen der vorlaufenden Treffen, die aus der Planungspraxis bereits geprägt durch die neuen Verwaltungsstrukturen in den Ländern und Kommunen in den fünf östlichen Bundesländern. „Erörtert wurden erneut die drängenden Probleme und Defizite in der Entwicklung der Regionen und Städte in Ostdeutschland." Bedauert wird, „daß die Substanz dieser Empfehlungen (aus den vorlaufenden Treffen) weder im Einigungsvertrag aufgenommen noch in der bisherigen Praxis genügend berücksichtigt wurde. Die damals zur Begründung der Empfehlungen dargestellten Befürchtungen sind von der Entwicklung nicht nur bestätigt, sondern in verheerender Weise weit übertroffen worden."[3] Insbesondere die letztgenannte Feststellung reagierte auf die damals überall ersichtlichen chaotischen Zustände und die völlige Überforderung der meisten Verwaltungen in der praktischen Anwendung und Durchsetzung des neuen Planungsrechts bis hin zu den Verflechtungen zwischen Bauleitplanung und Landesplanung. Einer der Schwerpunkte in den neuen Empfehlungen war damit naturgemäß auf die Qualität der Planung und der Planungsverfahren gerichtet.

Zusammenarbeit der Ministerien

Bereits ab Dezember 1989 hatte es informelle Kontakte zwischen den Bauministerien der Bundesrepublik und der DDR gegeben, die im Januar 1990 zu einer ersten konkreten Zusammenarbeit beim Modellstadtprogramm führten. Im neu geschaffenen Staatssekretariat für Städtebau, Architektur und Raumordnung des DDR-Bauministeriums war mit der Hauptabteilung „Städtebau und Recht" die personelle Grundlage für das Ziel einer neuen Rechtssetzung für den Städtebau gegeben. Ziel war es, entsprechend der Empfehlung des ersten Treffens der

Städtebauprofessoren Anfang Februar 1990 „eine schrittweise Annäherung und Angleichung an BRD-Baurecht mit Übergangsregeln" anzustreben. Nach den Wahlen vom 18. März 1990 folgte ein mehrwöchiger Prozess der Bildung einer neuen DDR-Regierung. Ergebnis waren auch ein deutlicher Personalwechsel in den ministeriellen Verantwortungen und damit neue Strategien. Innerhalb kürzester Zeit waren umfangreiche neue Rechtssetzungen, vielfach durch Überleitung von bzw. Anpassungen und Angleichungen an solche der Bundesrepublik gefordert.

Kommunale Planungshoheit

Eine wichtige Rahmenbedingung mit hervorragender Bedeutung war die Verabschiedung der Kommunalverfassung der DDR am 17. Mai 1990, die den Kommunen endgültig die Selbständigkeit sicherte, ihre kommunale Planungshoheit wahrzunehmen und ihre Entwicklung demokratisch legitimiert zu vollziehen. Eine zweite unbedingt zu nennende Rahmenbedingung war der Staatsvertrag vom 18. Mai 1990 über die Schaffung einer Währungs-, Wirtschafts- und Sozialunion, in dessen Umfeld eine Fülle von rechtlichen Problemen im Ergebnis der unterschiedlichen Rechtsordnungen in Ost und West aufgerufen waren. In Ergänzung dieses Vertrages wurden in einem „Gemeinsamen Protokoll über Leitsätze" auch solche über einzelne Rechtsgebiete, darunter zum Baurecht, vereinbart: „Die Deutsche Demokratische Republik wird zur Planungs- und Investitionssicherheit für bauliche Vorhaben baldmöglichst Rechtsgrundlagen schaffen, die dem Baugesetzbuch und dem Raumordnungsgesetz der Bundesrepublik Deutschland entsprechen." Die „Gemeinsame Erklärung der Regierungen der BRD und der DDR zur Regelung offener Vermögensfragen vom 15. Juni 1990" legte die Einigung über vermögensrechtliche Eckwerte mit umfangreichen Spezifikationen zum Eigentum an Grund und Boden fest. Letztendlich darüber hinausgehende Klärungserfordernisse wurden einer künftigen gesamtdeutschen Regierung als „alsbald" zu lösende Aufgabe ohne konkrete zeitliche Festlegung übertragen.

Neue Rechtssetzung

In diesem von starken politischen Veränderungen geprägten Umfeld wurde gemeinsam in wenigen Wochen die „Verordnung zur Sicherung einer geordneten städtebaulichen Entwicklung und der Investitionen in den Gemeinden (Bauplanungs- und Zulassungsverordnung – BauZVO)" erarbeitet, auf der Grundlage der Kommunalverfassung am 20. Juni 1990 vom Ministerrat der DDR beschlossen, am 30. Juli 1990 im Gesetzblatt der DDR I Nr. 45, S. 739 veröffentlicht. Am Tage nach ihrer Veröffentlichung trat sie in Kraft. „Nach Erklärungen der Regierung der DDR bedeutet die Bauplanungs- und Zulassungsverordnung den ersten Schritt zur Einführung des Baugesetzbuchs einschließlich notwendiger Übergangsregelungen. Die Gesamteinführung soll nachfolgen. Dieser zweite Schritt bezieht sich vor allem auf solche Teile, die die Klärung in anderen Rechtsbereichen voraussetzen, wie z. B. im Bereich der Eigentumsverhältnisse, des Grundstücksverkehrs und der Grundstückspreise sowie des Rechtsschutzes."

Flankierend zur BauZVO war mit Gesetz vom 5. Juli 1990 das Raumordnungsgesetz der Bundesrepublik Deutschland in der Deutschen Demokratischen Republik in Kraft gesetzt worden, um damit wenigstens formal die Anpassung von Bauleitplanungen an die Ziele der Raumordnung und Landesplanung nach § 1 (4) BauZVO einzufordern.

Zeitdruck des Vereinigungsprozesses

Die BauZVO galt vom 31. Juli 1990 bis zum 2. Oktober 1990. Mit dem Beitritt der DDR zur Bundesrepublik am 3. Oktober 1990 erfolgte, wie im Einigungsvertrag ausgehandelt, die Einführung des Baugesetzbuches in seiner vollständigen Fassung mit Übergangsregelungen für das nun Beitrittsgebiet genannte Gebiet der ehemaligen DDR, die bis Ende 1997 Geltung haben sollten. Letztere waren im § 246 a geregelt und umfassten spezifische Belange, die für eine Übergangszeit für die östlichen Bundesländer relevant waren. Gleichzeitig wurde alles bis dahin in der DDR geltende Recht im Bereich des Städtebaus außer Kraft gesetzt.

Damit war eine Situation geschaffen worden, die die Verfasser der BauZVO wohl gern vermieden hätten. Diese sollte eigentlich lediglich der möglichst weit vorgezogene erste Schritt zur Einführung des Baugesetzbuches einschließlich notwendiger Übergangsregelungen sein und einen allmählichen Lernprozess ermöglichen. Nun galt das neue Städtebaurecht in seinem gesamten Umfang und sollte auch praktiziert werden. Es gab somit im Prinzip keinen Aufschub im Rechtsverständnis und in der Handhabung des Rechts. Diese an sich schon komplizierte Ausgangssituation war gekoppelt mit der grundsätzlichen rechtlichen Neuorientierung der Bürger in der ehemaligen DDR und ihren Lern- und Akzeptanzprozessen in allen Belangen des beruflichen und persönlichen Alltags, der Herausbildung eines neuen bürgerlichen Selbstverständnisses in einem Rechtsstaat, der grundsätzlichen Neustrukturierung der Verwaltungen auf Landes- und kommunaler Ebene und dem auf allen Ebenen der Gesellschaft mehr oder weniger spürbar eintretenden Elitewechsel. Aus der Rückschau nach nunmehr gut 18 Jahren stellt man fest, dass die Situation von allen Beteiligten mehr oder weniger intensiv, nicht überall gleich gut, aber im Prinzip doch irgendwie erfolgreich bewältigt wurde. Natürlich bot die Verunsicherung bei den Privaten und in der Verwaltung viele Möglichkeiten für unsolide Machenschaften von Vereinigungsgewinnlern, andererseits gaben aber die Hilfestellungen vieler wohlgesonnener Helfer aus den westlichen Bundesländern in den Verwaltungen in vielen Positionskämpfen den notwendigen Rückhalt. Gleiches spielte sich unter Planern und Architekten ab. Natürlich gab es auch extreme Entwicklungen. Aber vergleicht man die einerseits nicht zu übersehenden Fehlentwicklungen mit den andererseits auch für jedermann bemerkbaren guten Entwicklungen, so bleibt als Fazit doch ein eindeutig positives. Auch wenn der Begriff der Herstellung der Einheit wohl für alle, die den Prozess mitgemacht haben, mit dem Begriff „Überstülpen" verbunden ist, bleibt heute die Frage: Wie hätte es anders geschehen können, als es abgelaufen ist?!

Für den Bereich des neuen Städtebaurechts bedeutete das, allen Beteiligten – vor allem freien Planern und Architekten sowie Leitern und Mitarbeitern in den Verwaltungen – umfassende Lernprozesse abzuverlangen und diese auch zu organisieren. Hier haben sich Vereinigungen, Fachverbände, Wissenschaftsorganisationen und berufliche Weiterbildungseinrichtungen in großer Breite eingesetzt und umfassend über die Rechtsinstrumentarien und ihre Handhabung aufgeklärt.

Hilfreich bei diesem Lernprozess war auch, dass es immer wieder Weiterentwicklungen gab, dass das Städtebaurecht nicht als etwas Statisches begriffen wurde, dass es auf herangereifte Entwicklungen reagierte und sich als lebendig erwies. Die öffentliche Diskussion in Fachkreisen zum Investitions- und Wohnbaulandgesetz 1993, zum Änderungsgesetz zu § 35 BauGB 1996 und schließlich zur Neufassung und Neuregelung des Baugesetzbuches und des Raumordnungsgesetzes 1998 erforderte immer wieder die Auseinandersetzung mit der Materie und half so bei der Vertiefung.

Fazit

Es mag für viele Bürger der ehemaligen DDR, darunter auch Planer und Architekten und damit Praktiker des Städtebaurechts, eine bittere Erkenntnis zum Ende der DDR und in der Gewinnung der deutschen Einheit gewesen sein, den Prozess der „Vergesellschaftung" und den damit gekoppelten „Eigentumsbegriff" aus heutiger Sicht als „Utopien" sehen zu müssen und diese veränderte Ausgangsposition als Grundlage rechtsstaatlichen Handelns anzuerkennen. Andererseits gab es nicht wenige, die diese Grundlagen aus den unterschiedlichsten Erwägungen und persönlichen Erfahrungen für eine auf bürgerlichen Freiheiten gründende Gesellschaft als unerlässlich ansahen. Der Beitritt der DDR zum Grundgesetz der Bundesrepublik zum 3. Oktober 1990 schuf Tatsachen. Und diese Tatsachen waren das Ergebnis eines langjährigen Erfahrungsprozesses, den die Bundesrepublik und ihr Rechtsgefüge durchlebt hatten. Was lag also näher, als sich diesem Erfahrungsmuster anzuschließen und die damit gekoppelten Rechtstatsachen anzuerkennen? So war auch die Einführung des Städtebaurechts der Bundesrepublik in der DDR aus der Sicht der städtebaulichen Planung ein logischer und unerlässlicher Vorgang. Man hätte sich vorstellen können, dass manches allmählicher und entspannter hätte eingeführt werden können, aber dass es damit einfacher oder für den einen oder anderen verträglicher geworden wäre, darf bezweifelt werden. Die Bereitschaft, stufenweise vorzugehen, war mit der vorlaufenden BauZVO seitens der Fachbehörden gegeben, wurde aber von der Dynamik der Ereignisse im Sommer 1990 eingeholt und letztendlich in ihrer Relevanz verneint. Der den Beteiligten und Betroffenen abverlangte Prozess des Erkennens, des Akzeptierens und des Anwendens war in seiner Konsequenz richtig. Er traf auf eine weitverbreitete Aufbruchsstimmung und die Bereitschaft, sich neuen Bedingungen und Herausforderungen zu stellen.

In der seit dem Jahr 1990 vergangenen Zeit haben alle Bereiche der Verwaltung, alle Planer und Architekten den Umgang mit dem neuen Recht gelernt. Alle Praktizierenden haben auch begriffen, wie das Zusammenspiel von Eigentumsformen im Interesse des Gemeinwohls der Regelung mittels geeigneter Rechtssetzungen bedarf. Auch wenn die von der städtebaulichen Planung zu bedenkenden, zu steuernden und zu absolvierenden Prozesse teilweise sehr kompliziert und zeitraubend anmuten – vor allem im Vergleich zu diktatorischen Grundsatzentscheidungen in der DDR –, so werden sie doch heute von niemandem mehr ernsthaft angezweifelt.

1 Michael Bräuer, Statement im Rahmen der Veranstaltung „Fokus Berlin" am 20. Januar 1991 in der Akademie der Künste, Berlin, in: *hanseatenweg 10*, Zeitschrift der Akademie der Künste, Berlin 1991, H. 2, S. 33 ff.

2 Die im Weiteren verwendeten Formulierungen sind Auszüge aus: Michael Bräuer, „Zur Einführung des Städtebaurechts in der DDR – die Sicht der städtebaulichen Planung", in: Ulrich Battis, Wilhelm Söfker, Bernhard Stüer von Beck (Hg.), *Nachhaltige Stadt- und Raumentwicklung. Festschrift für Michael Krautzberger zum 65. Geburtstag*, München 2008, S. 251 – 262.

3 Ständige Konferenz der Professoren für Städtebau an den deutschsprachigen Hochschulen, „Ergebnisprotokoll der vierten Klausurtagung am 23. und 24. Mai 1992 in der Akademie der Künste, Berlin", interne Verteilung, nicht veröffentlicht.

Bernd Hunger

Parallelität und Divergenz

Gemeinsamkeiten und Unterschiede in der Planungskultur beider
deutscher Staaten

„Es ist schlecht, seine Fehler zu vergessen. Noch verhängnisvoller ist es, seine
Erfolge zu vergessen." (Neil Postman, *Die zweite Aufklärung*)

Je länger die deutsch-deutsche Vereinigung zurückliegt, umso mehr werden mir
Gemeinsamkeiten in der Planungskultur der beiden deutschen Staaten bewusst.
Stichwortartig geschildert, fallen fünf Merkmale auf, die zum Teil bis ins 19. Jahr-
hundert zurückreichen.

Tradierte Planungskultur und Verwaltungsaufbau

Die Grundstruktur der Planung und Verwaltung im Bereich Stadtentwicklung
geht bis in das 19. Jahrhundert, teilweise auf noch frühere Wurzeln zurück. Das
preußische Staatsverständnis lag dem Deutschen Reich zugrunde, es setzte sich,
seinen technokratischen Aufbau betreffend, in der Folgezeit in mal mehr, mal
weniger modifizierter Form fort. Bauämter, rechtliche Regelungen, Berufs- und
Qualitätsverständnis der Planer bis hin zu Ausbildungsinhalten an den Hochschulen schufen einen Kontext, in dem sich deutsche Baukultur über die Jahrzehnte hinweg entwickelte.

Diese Aspekte von Kontinuität fanden angesichts der dramatischen Brüche in
den gesellschaftlichen Verhältnissen, die zu Recht im Mittelpunkt der fachöf-
fentlichen Debatte standen, geringe Beachtung. Sie waren und sind gleichwohl
folgenreich – bis hin zu den personellen Kontinuitäten, die unter anderen Werner
Durth in seinen Biografien deutscher Architekten nachgezeichnet hat.[1]

Städtebauliche Leitbilder im 20. Jahrhundert

Nach der nationalsozialistischen Katastrophe knüpften beide deutsche Staaten
mit dem Leitbild der aufgelockerten Stadtlandschaft wieder an die zwanziger
Jahre an, was vor allem im massenhaften Wohnungsbau der fünfziger und sechziger Jahre zu großer struktureller Übereinstimmung führte. Der Leitbildwechsel

zur „Urbanität durch Dichte" Mitte der sechziger Jahre wurde in der DDR, dem Diskurs in der Bundesrepublik mit geringem *time lag* folgend, nachvollzogen.

In den siebziger und achtziger Jahren gab es in West wie Ost eine Rückbesinnung auf die historische Stadt. Städtebaulicher Denkmalschutz und die Rekonstruktion historischer Stadträume wurden zu Themen der Lehre an den Hochschulen von Aachen bis Dresden. Freilich fand die Parallelität der Leitbilder aufgrund der zunehmend gegensätzlichen Entwicklung der Bautechnologien in der Baupraxis nur teilweise ihren Ausdruck. Der problematische Versuch, mit der Platte Altstadtstrukturen nachzuvollziehen, entsprach diesem Leitbild.

Leitbild der siedlungsstrukturellen Entwicklung

Die Raumordnung griff in beiden deutschen Staaten auf die im 19. Jahrhundert entwickelte Zentrale-Orte-Theorie zurück, gepaart mit dem Verständnis, dass unregulierte Zersiedlung vermieden werden muss. Die raumplanerischen Ordnungsvorstellungen wurden unterstützt durch eine staatliche Förder- und Ansiedlungspolitik, die auf die Gleichwertigkeit von Lebensverhältnissen abzielte. Planungsrechtlich wurde der Verbau der Landschaft erschwert. Dieses Leitbildbündel wurde in Ost wie West aufgrund des unterschiedlichen Staatsverständnisses und -aufbaus auf ganz verschiedenartige Art und Weise instrumentell umgesetzt. Der Ideengehalt war jedoch, trotz konträr konstruierter ideologischer Begründungen, ähnlich.

Technische Leitbilder – Stand der Technik

Die technischen Leitbilder blieben vom deutsch-deutschen Systemwettstreit nahezu unberührt. Das Design von Straßen, Abwasserkanälen, die Statik etc. folgten gleichen Kriterien. Deutsch-deutsche Ingenieure haben sich nach der Vereinigung sofort und problemlos verstanden. Kein Wunder, denn technische Infrastrukturen unterliegen eher naturwissenschaftlichen Prinzipien, wobei allerdings Fragen der Verkehrs- oder Energiepolitik vor einem gesellschaftspolitischen Hintergrund diskutiert und entschieden wurden; so galt in der DDR der Primat des öffentlichen Verkehrs.

Sozialpolitische Leitbilder

Erstaunlicher als die Übereinstimmungen im technischen oder raumordnerischen Bereich sind Ähnlichkeiten in einigen Grundorientierungen der Sozialpolitik, die trotz der grundlegenden Unterschiede zwischen marktwirtschaftlicher und zentralstaatlicher Grundordnung nachzuzeichnen sind. Chancengleichheit wurde in den Bildungssystemen beider deutscher Staaten angestrebt; die Renten-

und Gesundheitssysteme folgten Grundprinzipien, die bereits im Bismarck'schen Sozialstaatsverständnis angelegt waren.

Besonders folgenreich für die Stadtentwicklung war das in den zwanziger Jahren entwickelte Grundverständnis von der sozialen Bedeutung des Mietwohnungsbaus. Auch wenn in der Bundesrepublik die Quote des Wohneigentums deutlich höher lag als in der DDR, verfolgten beide deutsche Staaten einen Mietwohnungsbau, der hinsichtlich seiner Dimension weit über dem internationalen Durchschnitt lag.

Prägend für den deutschen Wohnungs- und Städtebau war das schon von James Hobrecht im 19. Jahrhundert favorisierte sozial-räumliche Leitbild der kleinräumigen sozialen Mischung. Realisierte es sich in der DDR aufgrund der relativ geringen Niveauunterschiede in den materiellen Lebensbedingungen und der Wohnraumvergabepolitik fast von selbst, so blieb es auch in der Bundesrepublik die nicht infrage gestellte Grundorientierung im Wohnungsneubau.

Ursachen von Gemeinsamkeit

Mir ist klar, dass diese holzschnittartige Schilderung von Gemeinsamkeiten deutsch-deutscher Planungskultur nur eine methodologische Folie für ein differenzierteres historisches Nachvollziehen von Gemeinsamem und Verschiedenem, zum Teil Konträrem sein kann. Es ging mir darum, den allgemein üblichen Blick von der Unterschiedlichkeit, ja Gegensätzlichkeit beider deutscher Staaten auf das Gemeinsame zu wenden, das stark genug war, um massive gesellschaftliche Umbrüche zu überstehen – und das deshalb mit Blick auf zukünftige Herausforderungen von besonderem Interesse sein könnte.

Die Ursachen für die skizzierten Gemeinsamkeiten sehe ich zum einen in kulturellen Prägungen und Verhaltensweisen, die deutsche Gesellschaften sehr viel länger als seit der geteilten Entwicklung vor sechzig Jahren beeinflussten. Dazu zählt zum Beispiel das in der Romantik geformte Naturverständnis, das unter anderem bestimmend für den Umgang mit der Landschaft und dem städtischen Freiraum ist. Nicht nur Elias Canetti hat auf die Symbolkraft des Waldes in der deutschen Kultur hingewiesen.[2]

Ein zweiter Grund ist der Systemwettstreit, der nach dem Paradigma der friedlichen Koexistenz die Unterschiede zwischen beiden Staaten phasenweise nicht verschärft, sondern eher gemildert hat: Die Bundesrepublik war angehalten, das Soziale der Marktwirtschaft zu betonen, die DDR war bemüht, das Demokratische an ihrer Staatswirtschaft herauszustellen und Weltoffenheit zu demonstrieren. Drittens ist, die Planungskultur betreffend, der intellektuelle Austausch zwischen den Planern diesseits und jenseits der Mauer, in den fünfziger Jahren noch unterstützt durch biografische Kontinuitäten, die in die Weimarer Republik zurückreichten, eine Ursache für Gemeinsamkeiten in den Vorstellungen vom Wohnungs- und Städtebau.

Brüche in der deutsch-deutschen Planungskultur

Genauerer Beschreibung bedürfen gesellschaftliche Wendepunkte, die auf die Planungskultur durchschlugen. Das ist in diesem Beitrag nicht zu leisten. Zu untersuchen wären zum Beispiel die späten sechziger Jahre, als der Westen mit „Flower-Power" und „Mehr Demokratie wagen" einen Reformschub gestaltete und der Osten nach dem zerschlagenen Prager Frühling erstarrte.

Planungskulturell dokumentierte sich dieser Bruch 1971 in der Einführung der Städtebauförderung West und dem Beschluss des Wohnungsbauprogramms Ost. Das Erste ein intelligentes Bottom-up-Instrument für die komplizierten Aufgaben der Stadterneuerung unter Beteiligung der Betroffenen, das Zweite eine Top-down-Strategie zur Lösung der Wohnungsfrage als soziales Problem mit einer auf die Plattenbauweise beschränkten Wohnungsbautypologie, die den Anforderungen komplexer Stadtentwicklung nicht gerecht werden konnte.

Während im Westen ein Bedeutungsgewinn von „Stadt" stattfand, war im Osten ein fortlaufender Bedeutungsverlust erkennbar. Das wurde von den Planern und zunehmend auch von der Bevölkerung kritisiert. Die DDR-„Städtebauprognose", eine Grundlagenarbeit des Instituts für Städtebau und Architektur der Bauakademie zur Zukunft der Stadtentwicklung,[3] skizzierte diesen Bedeutungsverlust ironisch durch das „Bermudadreieck" von Arbeitsplatz, Wohnung und Datsche, in dem „Stadt" zu verschwinden drohte.

Eine Hauptursache dieser für die Städte negativen Entwicklung war die mit zunehmendem Zentralismus einhergehende Schwächung der kommunalen Entscheidungs- und Planungsebene in der DDR. Von der in der Bundesrepublik bewährten kommunalen Planungshoheit konnte keine Rede sein.

1989: Planer treffen Planer

Die skizzierten Gemeinsamkeiten waren nicht unwesentlich dafür, dass die deutsch-deutsche Vereinigung, aus der Distanz von zwanzig Jahren betrachtet, relativ reibungslos gelang. Aufgrund ihres professionellen Hintergrundes sind die meisten Akteure des Wohnungs- und Städtebaus aus der DDR gut in der Marktwirtschaft angekommen. Im Großen und Ganzen eine Erfolgsgeschichte.

Die Grundlagenstudie der Abteilung Städtebauprognose des Instituts für Städtebau und Architektur der Bauakademie der DDR plädierte für einen grundlegenden Wechsel in der Stadtentwicklungspolitik. Das Erscheinungsdatum, November 1989, hat im Rückblick symbolhaften Charakter.

Das „Bermudadreieck" der Stadtentwicklung in der DDR, Skizze aus der „Städtebauprognose"

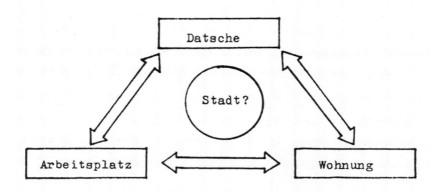

Persönlicher Rückblick

Von 1978 bis 1985 saß ich in den heiligen Hallen des Bauhauses an der Hochschule für Architektur und Bauwesen in meiner Heimatstadt Weimar, als Assistent am Lehrstuhl für Städtebausoziologie der Sektion Gebietsplanung und Städtebau. Uns trieb damals der Unmut über den Verfall der Altstadtkerne um.

Der Zwischenbericht zur
„Städtebauprognose" betonte 1988:
„Die Verhinderung extensiver
Stadtentwicklung muß bei allen
Entscheidungen über Wohnungs-
baustandorte nach 1990 oberste
Priorität haben."

Mit einer ganzen Reihe von Sozial- und Planungsstudien über Innenstädte von Brandenburg bis Eisenach konnten wir nachweisen, dass die Bewohner deren Erhalt wollten und dass der Ersatzneubau mit der Platte ökonomischer Unfug war, vom kulturellen Schaden ganz zu schweigen. Eine Zusammenfassung unserer Vorschläge hat der Lehrstuhlinhaber Fred Staufenbiel 1989 in seinem Buch „Leben in Städten" dargelegt.[4]

1986 kam ich nach Berlin, um am Institut für Städtebau und Architektur der Bauakademie als Leiter der Abteilung Städtebauprognose das gleiche Anliegen weiterzuverfolgen. Die Weimarer Hochschule hatte ebenso wie das schöne, leider in den neunziger Jahren abgerissene Institut an der Ecke Unter den Linden/ Friedrichstraße eine ausgezeichnete Bibliothek, und so konnten wir recht genau die West-Berliner Debatte über Abriss, Instandbesetzung, behutsame Stadterneuerung verfolgen – und Argumente für einen Kurswechsel in der Städtebaupolitik der DDR sammeln, die in der „Städtebauprognose" ihre Zusammenfassung fand.

Im Nachhinein betrachtet: Es gab in Ost und West intellektuelle Parallelwelten – ein gemeinsames geistiges Band zwischen dem „Reformflügel" unter den DDR-Planern und den Streitern für die behutsame Stadterneuerung in Berlin. Die Ostler haben genau nachgelesen, die Westler genau rübergeguckt:

SCHRIFTEN DER
HOCHSCHULE
FÜR ARCHITEKTUR
UND BAUWESEN
WEIMAR

77

Stadtentwicklung und Wohnmilieu

Soziologische Studie/Teil II

Brandenburg
Ausgewählte Stadtgebiete

Die soziologische Studie zur Stadtentwicklung und zu Wohnmilieus in Brandenburg ist ein Beispiel aus einer ganzen Reihe ähnlicher Untersuchungen des Soziologie-Lehrstuhls an der Hochschule für Architektur und Bauwesen in Weimar.

Ich war erstaunt, in Hans Stimmanns Publikation „Stadterneuerung in Ostberlin" von 1987 den Nachdruck eines Artikels meines Freundes und Kollegen Klaus Rasche zu finden, der in einem Artikel in der Architekturzeitschrift der DDR 1979 für den Erhalt der Gründerzeitgebiete plädiert hatte.[5] Ein anderes Beispiel: Das Sanierungsgeschehen am Arnimplatz, dem ersten Sanierungsgebiet Anfang der siebziger Jahre in Prenzlauer Berg, wurde von „Gustav" Hämers Team genau verfolgt: Die Wiederverwendung alter Türen und anderer Bauteile wurde dann auch in Kreuzberg praktiziert.

Was war die kulturelle Grundlage der Gemeinsamkeiten im planerischen Herangehen? Nicht der Bau, sondern die Menschen sind Ausgangspunkt jeder Planung. Die Stadt ist nicht nur *urbs* – gebauter Raum –, sondern vielmehr *civitas* – Gemeinwesen. Getreu nach Perikles: „Die Menschen, nicht die Häuser machen die Stadt." Diese gemeinsame Haltung war der Grund für nicht nur fachliche, sondern auch freundschaftliche Kontakte – bereits vor dem Mauerfall im Zuge von Fachkolloquien in Weimar oder Dessau, umso mehr dann in der Aufbruchsstimmung nach der deutschen Wiedervereinigung.

Resümee

Im Rückblick zeigen sich Gemeinsamkeiten deutsch-deutscher Planungskultur. Der historische Vergleich ist kein akademischer Selbstzweck, sondern verdeutlicht bewahrenswerte Stärken, die über einen längeren geschichtlichen Zeitraum hinweg entwickelt wurden und die sich in der Struktur deutscher Städte und Wohnungsmärkte vergegenständlicht haben.

Die ernüchternden Resultate eines seit zwanzig Jahren anhaltenden Gesellschaftsumbaus nach neoliberalem Duktus legen nahe, sich an länger zurückliegende Leitbilder und planerische Grundsatzentscheidungen zu erinnern, die eine Grundlage dafür waren, dass Stadtentwicklung und Wohnungsbau von außen betrachtet als gesamtdeutsche Erfolgsgeschichte wahrgenommen werden.

Mit Interesse schauen sich die von Finanz- und Immobilienkrisen gebeutelten Staaten zwei Modelle deutscher Stadt- und Wohnkultur an:

- das Modell des qualitativ hochwertigen, über viele Jahrzehnte von Generation zu Generation aufgebauten Mietwohnungsmarktes, der in immer wieder neu justierter Balance zum Wohnen im Eigentum steht und den Immobilienmarkt stabilisiert;
- das Modell der Städtebauförderung, das möglichst viele Akteure einbezieht, privates Kapital akquiriert und eine behutsame Stadterneuerung bewirkt.

Angesichts der neuen Herausforderungen in einer globalisierten, krisengeschüttelten Welt sind diese offenkundig nachhaltigen Modelle mit neuem Blick zu betrachten. Für Eric Hobsbawn ist das Beunruhigendste an der derzeitigen gesellschaftlichen Entwicklung die Entwertung des Erfahrungswissens der vorangegangenen Generationen.[6] Historische Forschung im Bereich der Stadtentwicklung und -planung kann dazu beitragen, dem entgegenzuwirken.

1 Werner Durth, *Deutsche Architekten. Biographische Verflechtungen 1900–1970, Schriften des Deutschen Architekturmuseums zur Architekturgeschichte und Architekturtheorie*, Braunschweig/Wiesbaden 1986, Neuauflage Stuttgart/Zürich 2001.

2 „Der Engländer sah sich gern auf dem Meer, der Deutsche sah sich gern im Wald; knapper ist, was sie in ihrem nationalen Gefühl trennte, schwerlich auszudrücken." Elias Canetti, *Masse und Macht*, Frankfurt a. M. 1980, S. 203.

3 Institut für Städtebau und Architektur der Bauakademie der DDR, Bernd Hunger (Leiter des Bearbeiterkollektivs), „Städtebauprognose". *Städtebauliche Grundlagen für die langfristige intensive Entwicklung und Reproduktion der Städte*, Berlin 1989, S. 9.

4 Fred Staufenbiel, *Leben in Städten*, Berlin 1989.

5 Klaus Rasche, „Gedanken zur Gründerzeitarchitektur", in: *Architektur der DDR*, 28 (1979), H. 11, S. 701.

6 Vgl. Eric Hobsbawn, *Das Zeitalter der Extreme. Geschichte des 20. Jahrhunderts*, München 1998, S. 31.

Anhang

Teilnehmerinnen und Teilnehmer des 7. Hermann-Henselmann-Kolloquiums am 8. April 2011 in Weimar

Autorinnen und Autoren

Christoph Bernhardt, Dr. phil., geboren 1957 in Heidelberg; Studium der Geschichte und Germanistik an der Freien Universität Berlin; 1994–1998 wissenschaftlicher Mitarbeiter am Institut für Geschichte und Kunstgeschichte der Technischen Universität Berlin, 1995 Promotion; seit 1998 wissenschaftlicher Mitarbeiter und Projektleiter am Leibniz-Institut für Regionalentwicklung und Strukturplanung (IRS) in Erkner bei Berlin, seit Anfang 2012 dort Abteilungsleiter der Historischen Forschungsstelle/Wissenschaftliche Sammlungen; 2007 Habilitation an der Technischen Universität Darmstadt und seither dort Privatdozent für Neuere und Neueste Geschichte; Forschungsschwerpunkte: europäische Stadt- und Umweltgeschichte der Neuzeit. bernhardt@irs-net.de

Matthias Bernt, Dr. phil., geboren 1970 in Bad Salzungen; Diplomstudium der Politikwissenschaft an der Freien Universität Berlin; kurze Tätigkeit als wissenschaftlicher Mitarbeiter am Institut für Soziologie der Universität Rostock; 2001 Promotion mit einer Dissertation zur Berliner Stadterneuerungspolitik in den 1990er Jahren; 2001–2008 wissenschaftlicher Mitarbeiter am Department Stadt- und Umweltsoziologie des Helmholtz-Zentrums für Umweltforschung (UFZ) in Leipzig; seit 2008 am Leibniz-Institut für Regionalentwicklung und Strukturplanung (IRS) in Erkner tätig; bearbeitet das Leitprojekt „Stadtkarrieren in peripherisierten Räumen – Entwicklungsdynamiken und Handlungsoptionen"; Forschungsschwerpunkte: städtische Schrumpfungsprozesse, Stadterneuerung und Stadtumbau, Urban Governance and Gentrification. berntm@irs-net.de

Frank Betker, Dr. rer. pol., geboren 1960 in Wiehl-Marienhagen; Studium der Stadtplanung und Sozialwissenschaften in Aachen und Oldenburg; seit 2003 Lehrbeauftragter für Stadtsoziologie an der RWTH Aachen, Lehrstuhl für Planungstheorie und Stadtentwicklung; 2005 historisch-sozialwissenschaftliche Promotion zu den Berufserfahrungen und Institutionen in der kommunalen Stadtplanung der SBZ/DDR (1945–1989/90) und nach der „Wende" (bis 1994); Forschungsschwerpunkte: Stadtforschung, Stadt- und Planungsgeschichte, nachhaltige Stadtentwicklung, sozial-ökologische Forschung. frank.betker@dlr.de

Harald Bodenschatz, Prof. habil. Dr. rer. pol., geboren 1946 in München; 1967–1972 Studium der Sozialwissenschaften an der Ludwig-Maximilians-Universität München und der Freien Universität Berlin; 1972–1975 Lehre und Forschung am Lehrstuhl für Planungstheorie der RWTH Aachen; 1975–1978 Promotion an der Universität Oldenburg mit Aufenthalt in Bologna; 1978–1995 Lehre und Forschung am Institut für Stadt- und Regionalplanung und am Institut für Soziologie (Sozialwissenschaften) der Technischen Universität (TU) Berlin; 1986 Habilitation an der TU Berlin; 1995–2011 Professor für Planungs- und Architektursoziologie an der TU Berlin; längere Lehr- bzw. Forschungsaufenthalte in Italien, Brasilien, USA, Peru, Argentinien und England; seit 1980 planerische Praxis in der Stadterneuerung; 1985 Eintragung in die Stadtplanerliste der Architektenkammer Berlin; Mitglied des AIV, BDA, CEU, CNU, DASL, DWB, GSU, IPHS, SRL, ULI. harald.bodenschatz@tu-berlin.de

Wulf Brandstädter, Dr.-Ing., geboren 1937 in Merseburg; Studium an der Technischen Universität Dresden; 1961 – 1983 Architekt im VEB Hochbauprojektierung Halle, später Wohnungsbaukombinat (WBK) Halle; 1983 – 1990 Stadtarchitekt in Halle; 1991 Amtsleiter des Stadtplanungsamtes; anschließend Architekt bei der Philipp Holzmann AG, Niederlassung Halle; wichtige Bauten: 14-geschossige Y-Wohnhochhäuser in Dessau und Halle, Bebauung Marktplatz, Burgstraße, Entenplan in Merseburg (Architekturpreis der DDR), Wohngebiet Brunos Warte in Halle (Architekturpreis der DDR), 1983 – 1990 Innenstadtumgestaltung Halle. rewubra@arcor.de

Michael Bräuer, Dipl.-Ing., geboren 1943 in Dresden; 1963 – 1969 Architekturstudium an der Hochschule für Architektur und Bauwesen Weimar; 1969 – 1989 Architekt und Stadtplaner im Büro für Stadtplanung des Rates der Stadt Rostock; 1989 Stadtarchitekt in Rostock; 1990 Staatssekretär für Raumordnung, Städtebau und Architektur der beiden letzten DDR-Regierungen; seit 1991 freiberuflich als Architekt und Stadtplaner in Rostock; Mitglied im Bund Deutscher Architekten (BDA), Vereinigung für Stadt-, Regional- und Landesplanung (SRL), Akademie der Künste, Berlin, Abteilung Baukunst, und Deutsche Akademie für Städtebau und Landesplanung; Vorsitzender der Expertengruppe „Städtebaulicher Denkmalschutz" des Bundesministeriums für Verkehr, Bau und Stadtentwicklung; Ortskurator Hansestadt Rostock der Deutschen Stiftung Denkmalschutz; im Jahr 2000 Mitglied der Kommission Wohnungswirtschaftlicher Strukturwandel in den neuen Bundesländern (Lehmann-Grube-Kommission) des BMVBS; 2002 Vorsitzender des Preisgerichts im Bundeswettbewerb Stadtumbau Ost; seit Mai 2012 Direktor der Sektion Baukunst der Akademie der Künste Berlin. mb@ab-braeuer.de

Dorothee Dubrau, Prof. Dipl.-Ing., geboren 1955 in Berlin; 1973 – 1978 Architekturstudium an der Kunsthochschule Berlin-Weißensee bei Prof. Dutschke; 1978 – 1980 Entwurf und Projektierung peripherer Wohnungsneubaugebiete unter der Leitung von Heinz Graffunder; Zusammenarbeit mit Dr. Iris Grund (Stadtarchitektin in Neubrandenburg); 1980 – 1990 Stadtplanerin im Büro für Städtebau bei Roland Korn; innerstädtischer Wohnungsneubau, Stadtsanierung, Teilnahme an mehreren Wettbewerben, Arbeit in Bürgerinitiativen, Sprecherin der BI Luisenstadt; Mai 1990 – Oktober 2006 Baustadträtin in Berlin-Mitte, Prenzlauer Berg und Berlin-Mitte (neu); seit November 2006 selbständig, Büro für Architektur und Stadtplanung; seit 2006 Dozentin an der Technischen Universität Darmstadt; seit 2008 Gastprofessur an der Beuth Hochschule für Technik Berlin; *Architekturführer Berlin Mitte* (DOM publishers, 2009). dorothee@dubrau.eu

Wolf R. Eisentraut, Prof. Dr.-Ing. habil., geboren 1943 in Chemnitz, aufgewachsen in Plauen (Vogtland); 1963 – 1968 Architekturstudium an der Technischen Universität (TU) Dresden; nach Mitarbeit bei Prof. Henselmann in dessen Experimentalwerkstatt an der Bauakademie Berlin, dort mit Wohnungsbauentwicklungen befasst; 1973 – 1988 Entwurfsgruppe Graffunder, dort leitender Mitarbeiter für die Planung des Palastes der Republik in Berlin; verantwortlicher Architekt im Baukombinat Ingenieurhochbau Berlin, öffentliche Bauten, insbesondere Stadtbezirksamt Marzahn; wissenschaftliche Beiträge an der Bauakademie und an der TU Dresden, wo er an den Lehrstuhl Gesellschaftsbau (Öffentliche Bauten) berufen wurde; betreibt ein freies Architekturbüro in Berlin und Plauen; bundesweit und im europäischen Ausland tätig; Wettbewerbsbeteiligungen und -erfolge; Preisrichtertätigkeit; viele Architekturpreise und ein Nationalpreis der DDR; Vorsitzender des wissenschaftlichen Beirats der Hermann-Henselmann-Stiftung. prof.dr.eisentraut@freenet.de

Harald Engler, Dr. phil., geboren 1963 in Villingen-Schwenningen; Studium der Geschichtswissenschaften und Germanistik an der Freien Universität Berlin; 2000 Promotion „Die Finanzierung der

Reichshauptstadt. Untersuchungen zu den hauptstadtbedingten staatlichen Ausgaben Preußens und des Deutschen Reiches in Berlin vom Kaiserreich bis zum Dritten Reich"; seit 2007 wissenschaftlicher Mitarbeiter am Leibniz-Institut für Regionalentwicklung und Strukturplanung (IRS) in Erkner, seit 2012 stellvertretender Leiter der Historischen Forschungsstelle/Wissenschaftliche Sammlungen zur Bau- und Planungsgeschichte der DDR; Forschungsschwerpunkte: Freiraumplanung in der DDR, Geschichte des Institutionensystems im DDR-Bauwesen, biografische Forschungen zur Bau- und Planungsgeschichte der DDR (leitfadengestützte Interviews mit Akteuren), inhaltliche Organisation der Werkstattgespräche zur Bau- und Planungsgeschichte der DDR. engler@irs-net.de

Bruno Flierl, Dr.-Ing., Dr. sc. phil., geboren 1927 in Bunzlau; 1948–1951 Architekturstudium an der Hochschule für bildende Künste Berlin; 1953 Diplom an der Hochschule für Architektur und Bauwesen Weimar; 1952–1961 Deutsche Bauakademie; 1962–1964 Chefredakteur der Zeitschrift *Deutsche Architektur*; 1964–1965 Büro des Chefarchitekten von Berlin/DDR; 1965–1979 Institut für Städtebau und Architektur der Bauakademie der DDR; 1972 Promotion; 1978 Habilitation; 1979–1984 Dozent an der Humboldt-Universität zu Berlin; seitdem selbständiger Publizist als Bauhistoriker und Architekturkritiker; 2001–2002 Mitglied der Internationalen Expertenkommission *Historische Mitte* Berlin. br.flierl@googlemail.com

Thomas Flierl, Dr. phil., geboren 1957 in Berlin; 1976–1981 Studium der Philosophie und Ästhetik an der Humboldt-Universität zu Berlin; 1981–1984 Forschungsstudium und 1985 Promotion ebendort; Tätigkeiten im Kulturbereich; 1990–1996 Leiter des Kulturamts Berlin-Prenzlauer Berg; 1998–2000 Bezirksstadtrat für Stadtentwicklung in Berlin-Mitte; 2002–2006 Berliner Senator für Wissenschaft, Forschung und Kultur; mit Unterbrechungen 1995–2011 Mitglied des Abgeordnetenhauses (MdA) von Berlin; seit 2007 Vorsitzender der Hermann-Henselmann-Stiftung; seit 2012 Angehöriger des Bauhaus-Instituts für Theorie und Geschichte der Architektur und der Planung. mail@thomasflierl.de

Bernd Hunger, Dr. phil., Dr.-Ing., geboren 1953 in Apolda; Stadtplaner und Stadtsoziologe in Berlin; seit 1999 Referent für Wohnungs- und Städtebau, Forschung und Entwicklung des GdW Bundesverband deutscher Wohnungs- und Immobilienunternehmen; seit 1991 freier Planer im StadtBüro Hunger. Stadtforschung und -planung GmbH; seit 2009 Vorsitzender des Kompetenzzentrums Großsiedlungen e.V.; seit 1991 Gastprofessuren und Lehraufträge im Bereich der Stadtsoziologie und Planungstheorie u. a. an der Technischen Universität Berlin, der Humboldt-Universität zu Berlin, der Brandenburgischen Technischen Universität Cottbus und der Universität Oldenburg; 1987–1990 Leiter der Abteilung Städtebauprognose am Institut für Städtebau und Architektur der Bauakademie der DDR; 1978–1986 wissenschaftlicher Assistent am Lehrstuhl für Soziologie der Hochschule für Architektur und Bauwesen Weimar; Mitglied im DASL und SRL. bernd.hunger@berlin.de

Harald Kegler, Dr.-Ing., geboren 1957 in Aschersleben; Studium Architektur und Städtebau an der Hochschule für Architektur und Bauwesen Weimar; 1983 Diplom zur Stadterneuerung; 1986 Promotion über die Geschichte der Disziplin Stadtplanung; Lehrtätigkeit an der Technischen Hochschule Cottbus; 1987–1999 am Bauhaus Dessau, dort 1993–1999 Leiter der Experimentellen Planungswerkstatt und stellvertretender Direktor, Hauptprojekt „Industrielles Gartenreich" – Grundlage für die EXPO-Korrespondenzregion Dessau–Bitterfeld–Wittenberg; 1999/2000 Gastprofessor an der University Miami; seit 2000 freischaffend mit eigenem Büro, Labor für Stadt- und Regionalplanung in Dessau; 2008–2010 Gastwissenschaftler und seit 2011 Vertretungsprofessor für Stadtplanung an der Bauhaus-Universität Weimar; Arbeitsschwerpunkte: energetischer Stadtumbau, die resiliente Stadtregion, internationale Stadt- und Regionalplanung, Geschichte und Theorie der strategischen Planung. harald_kegler@yahoo.com

Wolfgang Kil, geboren 1948 in Berlin, Architekturstudium in Weimar; Arbeit als Architekt und Fachredakteur; seit 1983 freiberuflicher Kritiker und Publizist; lebt in Berlin; zahlreiche Veröffentlichungen, darunter die Bücher: *Werksiedlungen – Wohnform des Industriezeitalters,* Dresden 2003; *Luxus der Leere. Vom schwierigen Rückzug aus der Wachstumswelt,* Wuppertal 2004; *Das Wunder von Leinefelde,* Dresden 2007.

Hanspeter Kirsch, Dr.-Ing., geboren 1935 in Leukersdorf (Erzgebirge); 1953 – 1959 Architekturstudium an der Hochschule für Architektur und Bauwesen Weimar; 1959 – 1964 wissenschaftlicher Mitarbeiter im Institut für Gebiets-, Stadt- und Dorfplanung der Deutschen Bauakademie; ab 1962 sechs Semester Fernstudium (Volkswirtschaft) an der Hochschule für Ökonomie Karlshorst; 1964 – 1966 Stadtarchitekt in Schwedt (Oder); 1966 – 1968 wissenschaftlicher Mitarbeiter im Institut für Städtebau und Architektur der Bauakademie der DDR, in dieser Zeit Promotion; 1968 – 1972 Stadtarchitekt in Jena, Berufung zum Korrespondierenden Mitglied der Bauakademie der DDR; 1972 – 1990 Stadtarchitekt in Magdeburg, in dieser Zeit Nationalpreis und Architekturpreis der DDR; 1991 – 1998 Philipp Holzmann AG, Hauptniederlassung Köln, Projektentwicklung, und Philipp Holzmann AG, Zweigniederlassung Magdeburg; Projektleitung des Vorhabens City Carre Magdeburg. kahp.kirsch@googlemail.com

Norbert Korrek, Dr.-Ing., geboren 1952 in Oranienburg; 1973 – 1978 Architekturstudium an der Hochschule für Architektur und Bauwesen (HAB) Weimar; 1976 Praktikum am Institut für Städtebau und Architektur der Bauakademie der DDR; 1978 – 1983 Assistent am Wissenschaftsbereich Gestaltung und Entwerfen sowie am künstlerischen Bereich der HAB Weimar; 1983 – 1986 Aspirantur am Wissenschaftsbereich Theorie und Geschichte der Architektur der HAB Weimar; 1986 Promotion zur Geschichte der Hochschule für Gestaltung Ulm; 1986 – 1990 Aufbau und Leitung der Künstlerisch-Experimentellen Werkstätten an der Sektion Architektur der HAB Weimar; 1989 wissenschaftlicher Oberassistent; ab 1990 wissenschaftlicher Mitarbeiter der Professur Entwerfen und Architekturtheorie; seit 2008 Professur Theorie und Geschichte der modernen Architektur der Bauhaus-Universität Weimar; Forschungsschwerpunkte: Klassische Moderne, Weimarer Hochschulgeschichte. norbert.korrek@uni-weimar.de

Rolf Kuhn, Prof. Dr. Dr. sc., geboren 1946 in Ratscher; Diplomstudium Gebietsplanung und Städtebau an der Hochschule für Architektur und Bauwesen Weimar; 1970 – 1977 wissenschaftlicher Mitarbeiter am Institut für Städtebau und Architektur der Bauakademie der DDR; 1977 – 1987 Assistent und Dozent an der Hochschule für Architektur und Bauwesen Weimar, Sektion Gebietsplanung; 1978 Promotion zum Dr.-Ing. auf dem Gebiet des Städtebaus; 1985 Promotion zum Dr. sc. phil. auf dem Gebiet der Stadtsoziologie; 1987 Berufung zum Professor an der Bauakademie der DDR in Berlin; 1987 – 1998 Direktor des Zentrums für Gestaltung, später der Stiftung Bauhaus Dessau; 1998 – 2000 Geschäftsführer der Vorbereitungsgesellschaft der Internationalen Bauausstellung (IBA) Fürst-Pückler-Land; 2000 – 2010 Geschäftsführer der IBA Fürst-Pückler-Land GmbH; seit 2011 Liquidator der IBA Fürst-Pückler-Land GmbH i. L. und Aufbau eines Studienhauses auf der Grundlage der IBA-Ergebnisse. kuhn@iba-see.de

Max Welch Guerra, Prof. Dr. phil. habil.; geboren 1956 in Santiago de Chile; Studium der Politikwissenschaft an der Freien Universität Berlin; 1991 Promotion am Fachbereich Gesellschafts- und Planungswissenschaften der Technischen Universität (TU) Berlin über Wirkung und Wirkungsweise der christdemokratischen Förderpolitik in der Stadterneuerung in Berlin-West in den 1980er Jahren; 1987 – 2000 Lehre und Forschung am Institut für Stadt- und Regionalplanung der TU Berlin; 2001 – 2002 Inhaber des Walter-Gropius-Lehrstuhls, Facultad de Arquitectura y Urbanismo, Universidad de Buenos Aires; seit 2003 Professor für Raumplanung und Raumforschung, Institut für Europäische Urbanistik, Fakultät Architektur, Bauhaus-Universität Weimar, dort Leiter der Studiengänge B.Sc. und M.Sc. Urbanistik, Vertrauensdozent der Studienstiftung des Deutschen Volkes; Gründungsmitglied und stellvertretender Direktor des Bauhaus-Instituts für Theorie und Geschichte der Architektur und der Planung; Mitglied im DASL und SRL. max.welch@uni-weimar.de

Bildnachweis

S. 70: „Breughels Babylon vollendet", Zeichnung von Michael Kny, 1975, Titelbild von *babl 1* (Ausgabe eingestampft); Archiv Wolfgang Kil

S. 162: Berlin-Mitte, besetztes Haus in der Brunnenstraße, 1989; Foto Klaus Bädicker

Architektur der DDR, 32 (1983), H. 4: S. 165

Archiv Harald Bodenschatz: S. 195 li., 195 re.

Archiv Wulf Brandstädter: S. 124, eigene Fotos: S. 122, 123, 126, 127

Archiv der Bürgerinitiative Rykestraße, Claudia Nier: S. 210 o., 210 u.

Archiv Dorothee Dubrau: S. 201, eigene Fotos: S. 204, 205, 206, 207

Archiv Wolfgang Kil: S. 70, 156, 159, 160, 161

Archiv der Moderne/Universitätsarchiv Weimar : S. 27 (privat), 28 o., 28 u., 29 o. (privat), 30 o., 30 u., 31, 32 u., 33, 178

Klaus Bädicker: S. 162, 211, 212, 213, 214, 215 o., 215 u.

Bauplanung und Bautechnik, 3 (1949), H. 8: S. 32 o.

Leibniz-Institut für Regionalentwicklung und Strukturplanung (IRS), Erkner, Bildarchiv: S. 79, 80, 90, 91, 95, 224, 225, 228, 229

Philipp Meuser: S. 209

Andreas Münstermann: S. 221, 227

Soziologische Probleme der Rekonstruktion in der Nördlichen Innenstadt von Erfurt, hg. von der HAB, Weimar 1982: S. 140, 142, 143

Städtebauprognose, Berlin 1989: S. 59, 248

Christiane Tessmann: S. 6

Thüringisches Hauptstaatsarchiv Weimar: S. 25 (Zeitungsausschnittsammlung, W 105, Bl. 95) Ullstein: S. 18 (Bild 00197813)

Max Welch Guerra: S. 252

Wissenschaftliche Zeitschrift der Hochschule für Architektur und Bauwesen Weimar, 33 (1987), H. 4/5/6: S. 170, 171 li., 171 re.

Impressum

Die Publikation entstand auf der Grundlage von Beiträgen zum 7. Hermann-Henselmann-Kolloquium, das unter dem Thema „Stadt(planungs)geschichte als Gesellschaftsgeschichte. Der verborgene Reform-diskurs in der Städtebaudebatte der DDR" am 8. April 2011 am Institut für Europäische Urbanistik der Bauhaus-Universität Weimar stattfand.

Das Kolloquium und diese Publikation wurden unterstützt von der Rosa-Luxemburg-Stiftung.

Christoph Bernhardt | Thomas Flierl | Max Welch Guerra (Hg.)
Städtebau-Debatten in der DDR
Verborgene Reformdiskurse

Edition Gegenstand und Raum
Herausgegeben von Thomas Flierl

Verlag Theater der Zeit
Verlagsleitung Harald Müller
Im Podewil | Klosterstraße 68 | 10179 Berlin | Germany

www.theaterderzeit.de

Redaktion: Caroline Kauert, Bauhaus-Universität Weimar
Lektorat: Jana Fröbel, Berlin
Reihengestaltung: Kerstin Bigalke
Gestaltung: Kerstin Bigalke
Bildbearbeitung und Korrektorat: Margret Kowalke-Paz
Umschlagabbildung: Arlett Mattescheck
Druck und Bindung: druckhaus köthen GmbH
Printed in Germany

ISBN 978-3-943881-13-4